마하사띠빳타나숫따 대역

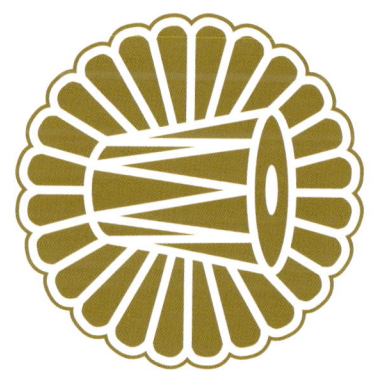

제6차 결집 질문자 최승대현자

마하시 사야도

번역 허가증

ဗုဒ္ဓသာသနာနုဂ္ဂဟအဖွဲ့ချုပ်
မဟာစည်သာသနာ့ရိပ်သာ
အမှတ်-၁၆၊သာသနာ့ရိပ်သာလမ်း၊ဗဟန်းမြို့နယ်၊ရန်ကုန်မြို့။

ဖုန်း - ၅၄၅၉၁၈
၅၄၁၉၇၁
ဖက်စ် - ၂၈၉၉၆၀
၂၈၉၉၆၁
သံကြိုးလိပ်စာ၊မဟာစည်

Buddha Sāsana Nuggaha Organization
MAHASI SĀSANA YEIKTHA
16, Sāsana Yeiktha Road,BaHan TSP, Yangon.(MYANMAR)
Email - Mahasi-ygn@mptmail.net.mm

Phone: 545918
541971
Fax-No. 289960
289961
Cable: MAHASI

Date 1 January 2016

အကြောင်းအရာ ။ ။ ကိုရီးယားဘာသာဖြင့်ပြန်ဆို၍ စာအုပ်ရိုက်နှိပ်ထုတ်ဝေရန် ဗုဒ္ဓသာသနာနုဂ္ဂဟအဖွဲ့ချုပ်မှ ခွင့်ပြုခြင်း။

ကိုရီးယားနိုင်ငံတွင် မြတ်ဗုဒ္ဓ ထေရဝါဒ သာသနာပြန့်ပွားရေးအတွက် ကျေးဇူးတော်ရှင် မဟာစည်ဆရာ တော်ဘုရားကြီး၏ အောက်ဖော်ပြပါ တရားစာအုပ်(၁၀)အုပ်ကို ပထမအကြိမ်အဖြစ် မြန်မာဘာသာမှ ကိုရီးယား ဘာသာသို့ ပြန်ဆို၍ ဓမ္မဒါနဖြန့်ချိရန် တောင်ကိုရီးယားနိုင်ငံ အန်ညန်းမြို့၊ ကိုရီးယားမဟာစည် ရိပ်သာမှ ဥက္ကဋ္ဌဆရာတော် ဦးသောဓနအား အောက်ပါစည်းကမ်းချက်များနှင့်အညီ ဆောင်ရွက်ရန် ခွင့်ပြုပါသည်။

ဘာသာပြန်ဆိုရမည့် ကျမ်းစာအုပ်များ

(၁) မဟာသတိပဋ္ဌာနသုတ် (ပါဠိနိဿယ)
(၂) ဝိပဿနာအလုပ်ပေးတရားတော်၊
(၃) ဝိပဿနာအခြေခံတရားတော်၊
(၄) ကမ္မဋ္ဌာန်းတရားအားထုတ်ရခြင်းအကြောင်း၊
(၅) ဓမ္မဒါယာဒသုတ်တရားတော်
(၆) အရိယာဝါသတရားတော်၊
(၇) စူဠဝေဒလ္လသုတ်တရားတော်၊
(၈) တက္ကသိုလ်ဝိပ္ပသိုလ်ဝိပဿနာတရားတော်၊
(၉) ရှစ်ဖြာမဂ္ဂင်နိဗ္ဗာန်ဝင်တရားတော်၊
(၁၀) သက္ကပဉှသုတ်တရားတော်

စည်းကမ်းချက်များ

၁။ ဤခွင့်ပြုချက်သည် မူပိုင်ခွင့်ပေးခြင်းမဟုတ်ဘဲ ဗုဒ္ဓသာသနာနုဂ္ဂဟအဖွဲ့ချုပ်သာလျှင် မူပိုင်ရှင်ဖြစ်သည်။
၂။ ထုတ်ဝေမည့်စာအုပ်တွင် ဗုဒ္ဓသာသနာနုဂ္ဂဟအဖွဲ့ချုပ်သည် မူပိုင်ရှင် ဖြစ်ကြောင်းဖော်ပြရမည်။
၃။ သာသနာတော်ပြန့်ပွားရေးအတွက် ဓမ္မဒါနအဖြစ် ပုံနှိပ်ဖြန့်ဝေရန်။
၄။ ဤခွင့်ပြုချက်သည် ကိုရီးယားဘာသာဖြင့် ပြန်ဆိုထုတ်ဝေရန်အတွက်သာဖြစ်သည်။
၅။ ပုံနှိပ်ထုတ်ဝေသောစာအုပ်တွင် ကျေးဇူးတော်ရှင်မဟာစည်ဆရာတော်ဘုရားကြီး၏ (ဆေးရောင်စုံ)ဓာတ်ပုံ၊ ဘဝဖြစ်စဉ်နှင့် ထေရုပ္ပတ္တိအကျဉ်း ဖော်ပြပါရှိရမည်။
၆။ ပုံနှိပ်ထုတ်ဝေသောစာအုပ်အရေအတွက် ဖော်ပြရမည်။
၇။ ပုံနှိပ်ထုတ်ဝေသောစာအုပ်( )ကို ဗုဒ္ဓသာသနာနုဂ္ဂဟအဖွဲ့ချုပ်သို့ ပေးပို့ရမည်။
၈။ စည်းကမ်းချက်များနှင့် ညီညွတ်မှုမရှိပါက ခွင့်ပြုချက်ကို ပြန်လည်ရုပ်သိမ်းမည်။
၉။ ဘာသာပြန်ဆိုသည့်မူရင်းစာအုပ်၏ ထူးခြားချက်ကို အမှာစာတွင်ဖော်ပြရန်။

အထက်ဖော်ပြပါစည်းကမ်းချက်များအတိုင်း
လိုက်နာဆောင်ရွက်မည်ဖြစ်ပါကြောင်းဂတိပြု
ပါသည်။

ဘဒ္ဒန္တသောဓန
[၅/မရန(သ)၀၀၀၀၉၄]
(သာသနဓဇဓမ္မာစရိယ) မဟာစည်ကမ္မဋ္ဌာနာစရိယ
မဟာစည်နာယကဆရာတော်(ပြည်ပ)
ပဓာနနာယကဆရာတော်၊ကိုရီးယားမဟာစည်ရိပ်သာ
အန်ညန်းမြို့၊တောင်ကိုရီးယားနိုင်ငံ။

(ဒေါက်တာတင့်စိုးလင်း)
ဥက္ကဋ္ဌ
ဗုဒ္ဓသာသနာနုဂ္ဂဟအဖွဲ့ချုပ်
မဟာစည်သာသနာ့ရိပ်သာ
ဗဟန်း၊ရန်ကုန်မြို့။

Namo tassa bhagavato

Arahato

Sammāsambuddhassa

아라한이시며

정등각자이신

그분 세존께 귀의합니다

한국어판에 부치는 말

Ito ehi imaṁ passa iti vidhānaṁ niyojanaṁ arahatīti ehipassiko.

Ito 이곳에서[1] ehi 여기로 오라. imaṁ 이 가르침을 passa 살펴보라.

iti vidhānaṁ 이러한 초대와 niyojanaṁ 권유를 arahati 하기에 적당하다.

iti tasmā 그래서 ehipassiko "와서 보라고 권유할 만한"이다.[2]

이 구절은 부처님의 가르침이 갖춘 여러 덕목들 중에 "ehipassiko 와서 보라고 권유할 만한" 덕목을 설명한 것입니다. "ehi passa 와서 보라"라고 권유하는 두 구절 중에 "ehi 오라"라는 단어를 통해서는 가르침의 안, 교법의 안으로 들어오도록 초대하는 절차를 보였습니다. "passa 살펴보라"라는 단어를 통해서는 이 가르침을 실천하고 노력하도록, 위빳사나 지혜로 관찰하고 숙고하도록 권유하는 절차를 보였습니다. "오라, 보라"라고 초대하고 권유하는 이 두 가지 구절을 통해 권장하기에 적당하기 때문에 "와서 보라고 권유할 만한 ehipassiko"이라고 합니다. 부처님께서 설하신, 세 가지로 훌륭함[3]을 갖춘 법의 가르침은 자신의 곁에 초

1 특별히 지정되지 않은 어떤 곳을 말한다.

2 *Ledi Sayadaw*, 『*Sāsanasampatti Dīpanī* 교법구족 해설서』, p.352.

3 계로 처음이 훌륭하고 삼매로 중간이 훌륭하고 통찰지로 끝이 훌륭한 것을 말한다. 대림스님 옮김, 『청정도론』 제1권, pp.128~129 참조.

대하고 불러서 다가온 이들에게 최소한으로는 선처 탄생지의 생에 태어나게 할 수 있습니다. 가장 높은 이익으로는 제일 거룩한 열반의 행복까지도 이르게 할 수 있습니다. 그래서 부처님의 가르침은 "ehi 오라"라고 권장하기에 적당합니다.

이 세상에서 어떤 하나의 축제든지, 어떤 하나의 보배든지, 어떤 하나의 정원이든지 "와서 보라"라고 권장하고 권유했을 때 그 권유대로 와서 본 이의 마음을 기쁘고 흡족하게 하는 것, 경이로움을 생겨나게 하는 것, 보게 되어 매우 감사해 하며 평생 기억할 정도로 마음에 간직하게 되는 것 등의 여러 이익들을 생겨나게 할 수 있어야 그 축제나 보배, 정원은 "와서 보라"라고 권유하기에 적당하다고 말할 수 있습니다. 마찬가지로 가르침의 경우에도 "와서 보라"라고 권유하고 권장했을 때 상대방으로 하여금 매우 특별한 의미의 맛과 빠알리어 표현의 맛을 얻게 하는 것, 마음 상속에 법의 희열dhammapīti을 얻어 고요하고 행복하게 하는 것, 마음에 있는 번뇌의 때를 제거하게 하는 것, 지혜와 통찰지가 늘어나고 향상하게 하는 것, 심오한 법 성품의 생멸을 알고 보고 꿰뚫게 하는 것, 현재 자신의 상태에서 특별한 상태에 이르게 하는 것 등의 많은 이익과 결과를 얻게 하고 생기게 할 수 있어야만 "와서 보라"라고 권유하고 권장하기에 적당하다고 할 수 있습니다.

그러한 "와서 보라고 권유할 만한ehipassiko" 덕목을 갖춘, 거룩하신 부처님의 가르침 중에 이제 소개할 「마하사띠빳타나숫따Mahāsatipaṭṭhānasutta 새김확립 긴 경 大念處經」도 포함됩니다. 존경하는 마하시 사야도*Mahāsi Sayadaw*께 이 경의 원문 빠알리에 대한 새로운 대역을 부탁드린 이들은 마하시 사야도에게서 직접 수행방법을 배우고 의지하여 다시 그 수행법을 가르치고 지도하는 수제자들이었던 사야 짠*Saya Kyan*과 사야 쯔웨*Saya Kywe*였습니다. 그들은 "「마하사띠빳타나숫따」의 빠알리 성전의 원문과 의미를 모두 쉽게 수지하고 독송할 수 있도록, 또한 위빳사나 수행방법도 분명하게 드러나도록 대역을 새로 저술해 주십시오"라고 마하시 사야도께 청했습니다.

그러한 청을 연유로 해서 마하시 사야도께서 『디가 니까야 마하왁가Dīgha Nikāya Mahāvagga 긴 경 모음집 대품』에 포함된 「마하사띠빳타나숫따」를 간략하게 새로 대역으로 번역하였고 불기 2493년, 미얀마 력 1311년(서기 1949년) 음력 4월 하현의 1일에 저술을 마치셨습니다.

그리고 마하시 사야도께서 새로 마련해 주신 그 『마하사띠빳타나숫따 대역』을 한국어로 번역한다면 한국 수행자들에게 매우 많은 이익이 될 것이라고 생각하게 되어 한국인 비구 아신 담마간다*Ashin Dhammagandha*에게 번역하도록 권유자abhiyācaka를 자청했습니다. 그러한 권유를 연유로 이번에 아신 담마간다가 지혜의 힘, 노력의 힘을 다해 한국어로 번역하게 된 것입니다.

존경하는 마하시 사야도께서 저술하여 마련해 주신 이 『마하사띠빳타나숫따 대역』은 빠알리어를 단순히 대역으로 번역한 책이 아니라 여러 가지 의미에 대한 해설까지 포함한 것이어서 경전의 의미를 더욱더 선명하게 드러나게 해줄 것입니다. 본문에 각주로 설명된 그러한 여러 중요한 의미들에 대한 해설들은 아신 담마간다가 각 장의 대역 뒤에 따로 모아서 번역하였습니다. 그 해설들은 이 경의 주석서, 복주서들에서 발췌한 의미들이어서 이 책의 진수이자 핵심이기도 합니다. 그러니 주요 내용의 해설도 꼭 읽으시길 권합니다.

그 주요 내용의 해설 중에서 특별히 언급하고 싶은 내용들이 있습니다.

(1) 이 『마하사띠빳타나숫따 대역』 중 "ekāyano 유일한 길"이라는 구

절에 대해서 "여기서 특별히 명심해야 할 것이 있다. 새김확립이라는 길을 '성스러운 도를 얻기 위한, 열반을 실현하기 위한 오직 하나의 길, 한 갈래인 길이다'라고 설하셨기 때문에 '네 가지 새김확립이 포함되지 않은 다른 여러 수행방법들은 도와 과, 열반에 이르는 바른 길, 좋은 길이 아니다. 잘못된 길, 방법들일 뿐이다'라고 확실하게, 확고하게 명심해야 한다. 또한 '새김확립의 가르침에 따라 노력하고 수행하면 절대로 잘못되지 않고, 어긋나지 않고 도와 과, 열반에만 확실하게 도달할 수 있다'라는 사실도 확실하게, 확고하게 명심해야 한다"라고[4] 매우 자신있게 말씀하셨습니다. 이러한 해설은 도와 과, 열반에 이르고 실현하고자 하는 이들이라면 확고하게 믿고서 마음에 새겨둘 만한 설명입니다. 그러한 분명한 해설을 읽게 되면 새김확립의 가르침에 따라 실천하고 노력하고자 하는 마음, 의욕들도 매우 강하게 생겨나게 될 것이라고 생각합니다.

(2) 부처님께서 「마하사띠빳타나숫따」 성전에서 "ātāpī sampajāno satimā(열심히 노력하고 새김을 갖추면서 바르게 알아)"라고[5] 위빳사나 관찰수행을 하는 수행자들이 갖추어야 하는 여러 법들을 설해 놓으셨습니다. 그러한 여러 법들의 의미에 대해서도 마하시 사야도께서 "분명하게 생겨나는 그 모든 물질 현상을 관찰하고 새길 수 있도록 끊임없이 애쓰고 노력해야 한다. 이렇게 애쓰고 노력하는 것이 '열심ātāpa'이라고 표현한 바른 정근sammappadhāna, 정진vīriya이다. 그 강력한 정진을 통해 끊임없이 애쓰고 있으면 수행자는 물질 현상이 생겨날 때마다 그 모든 물질 현상을 놓치지 않고 새길 수 있다. 이렇게 새기는 것이 새김sati이다. 이

4 본서 p.54를 참조하라.

5 원문의 순서와 다르게 번역한 것에 대해서는 본서 p.58을 참조하라.

새김을 통해 새길 때마다 새겨지는 그 물질 현상이라는 대상에 파고 들어가듯이, 또는 탁, 탁 일치하듯이, 또는 착, 착 집중되어 순간, 순간 계속해서 머물듯이 삼매가 분명하게 드러난다. 이 삼매는 새김의 힘 때문에 생겨난 위빳사나 찰나삼매vipassanā khaṇika samādhi이다. 이 삼매를 통해 집중된 그 모든 물질 현상들을 분명하고 확실하게 알게 된다. 부분, 부분 구분하여서도 알게 된다. 생겨나서는 사라져 버린다고도 알게 된다. 항상하지 않다고, 괴로움이라고, 좋지 않다고, 깨끗하지 않다고, 자아가 아니라고도 알게 된다. 이러한 앎이 바른 앎sampajañña이라고 하는 거듭관찰의 지혜anupassanā ñāṇa이다"라고 설명해 놓으셨습니다.[6]

(3) 또한 몸 거듭관찰, 들숨날숨의 장에서 "iti ajjhattaṁ vā … bahiddhā vā … ajjhattabahiddhā vā kāye kāyānupassī viharati(이와 같이 내부에 대해서도 … 외부에 대해서도 … 내부와 외부인 몸 무더기에 대해서도 몸이라고 관찰하며 지낸다)"라는 구절에 대해서[7] 내부ajjhatta인 자신의 들숨날숨을 관찰하는 것은 어느 정도 알더라도 외부bahiddhā인 남의 들숨날숨을 관찰하는 것과 관련하여서는 그것이 어떠한 성품을 말하는지 여러 수행자들이 어리둥절해 하고 있다는 사실을 들어 본 적이 있습니다. 본인도 이전에는 그러한 수행자 중의 한 명이었습니다. 하지만 외부의 들숨날숨을 관찰하는 구절에 대해 마하시 사야도께서 "자신의 들숨과 날숨에 대해 관찰하면서 바른 성품을 알 수 있게 되었을 때 '다른 사람의 상속santati에서[8] 들숨과 날숨이 생겨나고 있을 때에도 이러

6 본서 p.60을 참조하라.

7 대역은 본서 p.67을 참조하라.

8 어떤 한 개인이나 실체가 아니라 물질과 정신이 계속 생멸하면서 이어지는 연속을 '상속santati'이라고 표현한다.

한 성품일 뿐이다'라고 숙고하게 된다. 이렇게 숙고하는 바로 그것을 두고 '다른 이의 들숨과 날숨에 대해 관찰한다'라고 말한 것이다. 다른 이가 숨을 들이쉬고 내쉬는 모습을 일부러 보거나, 혹은 일부러 숙고하면서 관찰하도록 설명한 것이 아니다"라고, 그리고 내부와 외부의 들숨날숨을 관찰하는 것과 관련하여서는 "가끔씩 자신의 들숨과 날숨을 관찰하고 있는 바로 그 중간 중간에 '다른 이의 상속에서도 이러한 성품들일 뿐이다'라고 자주 숙고하게 된다. 그때를 두고 '자신과 남, 두 사람 모두의 물질 무더기에 대해 관찰하고 있다'라고 말한다"라고 해설해 놓으셨습니다.[9]

이러한 사야도의 해설을 읽게 된다면 '내부인 자신의 물질 무더기는 직접관찰 지혜paccakkha ñāṇa를 통해 직접 알고 보아야 하는 직접관찰 지혜의 대상이다. 다른 이의 상속에 생겨나고 있는 외부 물질 무더기는 그 직접관찰 지혜가 성숙되었을 때 직접 알고 보게 된 법들과 비교하고 그것에서 추론하여 숙고하고 반조하는 추론관찰 지혜anūmāna ñāṇa의 대상이다'라고 결정할 수 있을 것입니다.

(4) 또한 "gacchanto vā 'gacchāmī'ti pajānāti(가면 '간다'라고 안다)"라는 부처님의 가르침도 마하시 사야도께서 주석서를 근거로 자세하게 해설해 놓으셨습니다.

(5) 그리고 "yathā yathā vā panassa kāyo paṇihito hoti, tathā tathā naṁ pajānāti(그리고 혹은 그의 몸이 어떠어떠하게 유지된다면 그 몸을 그러그러하게 안다)"라는 구절에 배의 부풂과 꺼짐을 포함한 몸의 여러

9 본서 p.73을 참조하라.

가지 자세한 부분 동작을 모두 포함시켜야 한다고 설명하셨습니다. 이러한 설명은 모두 빠알리 경전이나 주석서, 복주서에 근거한 설명입니다. 이러한 설명의 자세한 내용도 이 책의 부록 1에서 보충설명으로 읽을 수 있을 것입니다.[10]

이러한 여러 가지 특별한 덕목들을 갖춘『마하사띠빳타나숫따 대역』을 존경하는 마하시 사야도께서 저술하여 마련해 주셨고, 이제 한국인 비구 아신 담마간다가 한국어로 번역하여 한국 수행자들에게 법보시하게 되었습니다. 이『마하사띠빳타나숫따 대역』은 원래 빠알리 성전의 가르침인「마하사띠빳타나숫따」도 부처님께서 훌륭하게 설하셨기 때문에 'svākkhāta 잘 설해진' 가르침이고, 마하시 사야도께서 마련해 주신 미얀마어 대역과 해설도 분명하고 확실하며, 한국어 번역도 할 수 있는 만큼 정확하도록 모든 노력과 지혜를 기울여 번역한 책입니다. 그렇기 때문에 자신있게 "ehi, passa 오십시오, 보십시오"라고 권유하고 권장하면서『앙굿따라 니까야Aṅguttara Nikāya 숫자별 경 모음집』의 한 구절을 인용하며『마하사띠빳타나숫따 대역』의 한국어 번역본에 대한 소개를 마칩니다.

> Svākkhāte, bhikkhave, dhammavinaye yo ca samādapeti yañca samādapeti yo ca samādapito tathattāya paṭipajjati sabbe te bahuṁ puññaṁ pasavanti. Taṁ kissa hetu? Svākkhātattā, bhikkhave, dhammassa.
>
> (A.i.35)

10 본서 pp.272~293을 참조하라.

대역

Bhikkhave비구들이여, svākkhāte잘 설해진 dhammavinaye경장과 논장이라는 법, 율장이라는 율, 이러한 법과 율이라는 거룩한 가르침에서 yo ca어떤 이가 samādapeti권장하고 yañca어떤 이에게도 samādapeti권장한다.[11] samādapito권장받은 yo ca이도 tathattāya그렇게 권장받은 대로 paṭipajjati실천하고 노력한다. sabbe te그들 모두는, 즉 권장한 이나 권장받은 이는 evaṁ kate이와 같이 행하면, 즉 이렇게 권장하는 것, 권장받은 대로 실천하면 bahuṁ많은 puññaṁ공덕을 pasavanti쌓게 된다. taṁ그렇게 많은 공덕을 쌓는 것은 kissa hetu무슨 이유인가? bhikkhave비구들이여, dhammassa경장과 논장이라는 법, 율장이라는 율, 이러한 법과 율이라는 거룩한 가르침은 svākkhātattā잘 설해진 가르침이라는 덕목을 구족하고 있기 때문이다.[12]

우 소다나 *U Sodhana, Dhammācariya*
한국마하시선원 선원장
2015년 11월 30일

11 어떤 이는 권장받는다는 뜻이다.

12 대림스님 옮김, 『앙굿따라 니까야』 제1권, pp.157~158 참조.

●● 차 례

(6) 아홉 가지 묘지의 장 ① | 146
(7) 아홉 가지 묘지의 장 ② | 147
(8) 아홉 가지 묘지의 장 ③ | 148
(9) 아홉 가지 묘지의 장 ④ | 149
(10) 아홉 가지 묘지의 장 ⑤ | 150
(11) 아홉 가지 묘지의 장 ⑥ | 151
(12) 아홉 가지 묘지의 장 ⑦ | 153
(13) 아홉 가지 묘지의 장 ⑧ | 154
(14) 아홉 가지 묘지의 장 ⑨ | 155
2. 느낌 거듭관찰 | 164
3. 마음 거듭관찰 | 175
4. 법 거듭관찰 | 182
(1) 장애의 장 | 182
(2) 무더기의 장 | 195
(3) 감각장소의 장 | 200
(4) 깨달음 구성요소의 장 | 208
(5) 진리의 장 | 220
1) 약설 | 220
2) 상설 | 221
① 괴로움의 진리 | 221
② 생겨남의 진리 | 235
③ 소멸의 진리 | 243
④ 도의 진리 | 249

이익에 관한 말씀 | 263

결론의 말씀 | 268

대역의 결어 | 271

부록 1 쟁점에 관한 보충설명 | 272
1. 부풂과 꺼짐 관찰의 근거 | 272
(1) 성전에 따라 근거가 있는 모습 | 273
(2) 주석서와 복주서의 설명 | 278
(3) 복주서의 첫 번째 방법으로 취하는 모습 | 280
(4) 복주서의 두 번째 방법으로 취하는 모습 | 282
(5) 취할 수 있는 모든 의미를 다 보였다 | 286
(6) 관찰하기에 적합한 바른 법이라는 사실이 중요하다 | 287
(7) 다른 방법으로 바꾸어 설명한 이유 | 290
(8) 부풂과 꺼짐을 들숨날숨에 포함시킨 이유 | 293
2. 나타남 관찰의 근거 | 295
(1) 나타남을 통해서 관찰해도 좋은 이유 | 295
(2) 바람 요소의 나타남도 빠라맛타 실재성품이다 | 303
부록 2 마하사띠빳타나숫따 전체 번역 | 307
역자후기 | 333
참고문헌 | 338
주요 번역 술어 | 342
찾아보기 | 347

●● 약어

A.　Aṅguttara Nikāya 앙굿따라 니까야 增支部 숫자별 경 모음집

cha.　삼장의 제6차 결집본

D.　Dīgha Nikāya 디가 니까야 長部 긴 경 모음집
DA.　Dīgha Nikāya Aṭṭhakathā 디가 니까야 주석서
DAṬ.　Dīgha Nikāya Aṭṭhakathā Ṭīkā 디가 니까야 복주서
Dhp.　Dhammapada 담마빠다 法句經
Dhs.　Dhammasaṅgaṇi 담마상가니 法集論
DhsA.　Dhammasaṅgaṇi Aṭṭhakathā = Aṭṭhasālinī 담마상가니 주석서

ka.　삼장의 미얀마 이본異本

M.　Majjhima Nikāya 맛지마 니까야 中部 중간 경 모음집
MA.　Majjhima Nikāya Aṭṭhakathā 맛지마 니까야 주석서
MAṬ.　Majjhima Nikāya Aṭṭhakathā Ṭīkā 맛지마 니까야 복주서

pī.　삼장의 PTS 본
Pm.　Paramatthamañjūsā = Visuddhimagga Mahāṭīkā = Mahāṭīkā 위숫디막가 마하띠까 청정도론 대복주서
Ps.　Paṭisambhidāmagga 빠띠삼비다막가 無碍解道

S.	Saṁyutta Nikāya 상윳따 니까야 相應部 주제별 경 모음집
SA.	Saṁyutta Nikāya Aṭṭhakathā 상윳따 니까야 주석서
SAṬ.	Saṁyutta Nikāya Aṭṭhakathā Ṭīkā 상윳따 니까야 복주서
sī.	삼장의 스리랑카 본
SdṬ.	Sāratthadīpanī Ṭīkā 사랏타디빠니 띠까 要義燈釋
Sn.	Suttanipāta 숫따니빠따 經集
syā.	삼장의 태국 본
Vbh.	Vibhaṅga 위방가 分別論
Vin.	Vinaya Piṭaka 위나야 삐따까 律藏
Vis.	Visuddhimagga 위숫디막가 淸淨道論

●● 역자 일러두기

1. 본문에 인용된 삼장과 주석서, 복주서 등의 빠알리 원본은 저본을 따랐다. 제6차 결집본 등과 다른 경우는 따로 주석으로 표시하였다. 약어로 표시된 문헌은 모두 제6차 결집본이다. 예를 들어 D.ii.338은『디가 니까야』제2권, 338쪽을 나타낸다.

2. 원저자인 마하시 사야도께서 직접 주석하신 것은 ㉯으로 표시하였고, 표시가 없는 것은 역자의 주석이다.

3. 경전 · 주석서 · 복주서 등을 번역할 때 마하시 사야도께서 자세히 설하신 대역의 의미를 살리고자 저본 그대로 번역했으며 원문이 게송인 경우에는 시의 형태로 번역하였다. 하나의 문단이나 문장, 긴 구절의 경우 마하시 사야도께서 직접 번역하신 것은 **대역** 과 **해석** 으로 표시하거나 빠알리 문장의 바로 뒤에 이어서 해석하였고, 역자의 번역인 경우 **역해** 로 표시하거나 괄호로 표시하였다.

4. 빠알리어는 정체로 표기하였고, 영문은 이탤릭체로 표기하였다. 미얀마어는 영어로 표기한 후 이탤릭체로 표기하였다.

5. 미얀마어로 된 참고문헌은 영어의 이탤릭체로 표기한 뒤 그 의미를 이어서 표기하였다.

6. 반복 인용된 문헌은 제일 처음에만 저자를 표기하고 두 번째부터는 책의 제목만 표기하였다.

7. 마하시 사야도께서 직접 보충하신 내용은〔 〕를 사용하였다.

8. 저본은 대역에 바로 각주로 해설하였으나 내용이 긴 것도 많고 중요한 내용들도 있어 대역의 뒤에 따로 엮어서 편집하였다.

9. 대역할 때 한 단어에 대한 여러 가지 의미는 쌍반점; 으로 표시하였다.

10. 대역을 번역한 것이어서 직역 위주로 번역하였다.

●● 마하시 사야도의 일대기

제6차 결집 질문자Chaṭṭhasaṅgītipucchaka, 최승대현자Aggamahāpaṇḍita 最勝大賢者이신 마하시*Mahāsi* 사야도께서는 미얀마의 쉐보 시, 세익쿤 마을에서 1904년 7월 29일 금요일에 태어나셨다. 아버지는 우 깐도, 어머니는 도 쉐옥이었고, 어릴 때의 이름은 마웅 뜨윈이었다.

12세에 소바나Sobhana라는 법명으로 사미계를, 20세에는 비구계를 받았고, 이후 3년 동안 정부에서 주관하는 초급, 중급, 상급 빠알리어 시험에 차례대로 합격하셨다.

법랍 4하夏 때에는 만달레이로 가서 뛰어난 여러 강사들 밑에서 경전을 공부하셨으며, 5하 때에는 몰메인의 따운와인갈레이 강원에서 경전을 가르치셨다.

사야도께서는 법랍 8하 때 명확하고 효과적인 수행법을 찾아나섰고, 따통 밍군 제따완 사야도 회상에서 제따완 사야도의 지도하에 수행방법을 직접 배우고 실천하셨다.

수행이 빠르게 진전된 사야도께서는 1938년에 세익쿤 마을에서 세 명의 제자들에게 처음으로 그 수행방법을 지도하셨고 그 제자들 역시 매우 빠르게 수행이 진전되었다. 그들을 따라 50여 명의 마을사람들이 집중수행에 참가하였다.

1941년에는 경전과 그 주석서에 관련한 시험에 합격한 스님들에게 정부가 수여하는 사사나다자 시리빠와라 담마짜리아Sāsanadhaja Sīripavara

Dhammācariya 칭호를 받으셨다. 이는 보통의 법사인 사사나다자 담마짜리야보다 더 높은 수준의 시험을 통과했을 때 주어지는 칭호이다.

그 후 일본 침공을 계기로 고향인 세익쿤 마을에 머물면서 스스로도 위빳사나 수행에 매진하셨고 다른 이들에게도 수행을 지도하셨다. 이때 머무신 곳이 마하시 짜웅*Mahāsi Kyaung*이었는데 이는 큰*Mahā* 북*si*이 있는 정사*kyaung*란 뜻이었다. '마하시 사야도'란 이름은 여기에서 유래되었다.

이 시기에 위빳사나 수행의 실제와 경전근거에 관해 총망라한 책인 『*Vipassanā Shunyikyan*위빳사나 수행방법론』이라는 위대한 책을 저술하셨다.

마하시 사야도께서는 25안거까지 세익쿤 마을 마하시 정사와 몰메인시 따운와인갈레이 강원에 주로 머무르시면서 교학과 수행방법을 가르치고 지도하셨다.

1949년 11월 10일, 양곤 불교 진흥회*Buddhasāsanānuggaha Organization*의 초청으로 양곤에 가셔서 1949년 12월 4일부터 수행자들에게 위빳사나 수행방법을 설하셨다. 수행센터의 이름도 마하시 수행센터*Mahāsi Sāsanā Yeiktha*라고 명칭하셨다.

제6차 결집 때에는 제6차 결집 질문자Chaṭṭhasaṅgītipucchaka의 역할을 맡으셨고, 그 밖에도 제6차 결집 최종결정자Chaṭṭhasaṅgayanāosānasodhaka, 제6차 결집 준비위원회 국가훈계법사Ovādācariya 등 불교 교단을 위한 여러 역할들도 가능한 만큼 담당하셨다. 당시 제6차 결집 송출자Chaṭṭhasaṅgitivisajjaka의 역할은 밍군 삼장법사께서 맡으셨다. 1957년에는 최승대현자Aggamahāpaṇḍita 칭호를 수여받으셨다.

저술하신 책으로는 앞에서 언급한 『*Vipassanā Shunyikyan*』 두 권 외에도 직접 저술하신 책들과 설법하신 법문들로 만든 책들을 합하여 70권이 넘는다.

마하시 사야도께서 살아계실 때 미얀마 내에 사야도의 가르침대로 수행하는 센터가 300개 이상 생겼으며(2008년 공식 자료로는 351곳이다), 해외 여러 나라에도 센터 지부들이 많이 생겨났다(2008년 공식 자료로는 18곳이다). 사야도께서 가르치신 수행방법에 따라 위빳사나 수행을 한 수행자들은 비구, 띨라신(9계까지만 수지하는 미얀마 여성출가자이다), 재가 수행자를 합하여 70만 명이 넘는다(1980년 통계).

또한 사야도께서는 인도, 스리랑카, 네팔, 싱가포르, 말레이시아, 태국, 베트남, 캄보디아, 라오스, 인도네시아, 일본 등 동양의 여러 국가들과 미국, 영국을 비롯한 유럽의 여러 국가들에 가서 테라와다 불교 교법Theravāda Buddhasāsanā을 널리 보급시키셨다.

수행지도와 저술, 불교 교단을 위한 힘든 일정 속에서도 마하시 사야도께서는 결코 자신의 수행을 게을리하지 않았으며 이 때문에 제자들을 계속해서 현명하게 지도할 수 있으셨다. 사야도께서는 78세를 사는 내내 몸과 마음의 활력이 넘치셨고 가르침Dhamma에 깊이 헌신하셨다.

마하시 사야도께서는 1982년 8월 14일, 세납 78세, 법랍 58하로 마하시 수행센터에서 입적하셨다. 입적하시기 전날까지도 새로 들어온 수행자들에게 기초 수행법을 지도하셨다고 한다.

이렇듯 마하시 사야도께서는 예리한 지성과 해박한 교학적 지식뿐만 아니라 심오하고 뛰어난 수행 경험까지 두루 갖추어 불교 교학이나 실제 수행 모두를 효과적으로 지도할 수 있는 매우 드문 분이셨다.

마하시 사야도의 가르침은 여러 법문과 책을 통해 동서양의 많은 이들에게 유익한 영향을 주었다. 지금도 마하시 사야도께서는 고귀한 성품과 평생의 업적으로 인해 현대 불교사의 위대한 인물 중 한 분으로 추앙받고 있다.

●● 서 문

거룩하신 부처님께서 설하신 오부 니까야, 삼장, 구분교, 팔만 사천 법 무더기라는[13] 매우 많은 가르침들 중 「마하사띠빳타나숫따 Mahāsatipaṭṭhānasutta 새김확립 긴 경 大念處經」라는 이 경의 가르침은 도와 과, 열반을 이번 생에 얻기 위해 관찰하고 노력하는 여러 방법들을 직접적으로 분명하게, 감추지 않고 설해 놓으신, 앞부분 도pubbabhāgamagga라는 위빳사나 수행법에 관한 법문이다.

새김확립이야말로 마음의 때를 깨끗하게 하기 위한, 성스러운 도를 얻기 위한, 열반을 실현하기 위한 오직 하나의 바른 길, 오직 한 갈래인 바른 길이라고 확실하게 결정하여 칭송하셨기 때문에 도와 과, 열반은 새김확립으로만 도달할 수 있지 새김확립이 포함되지 않으면 도달할 수 없다는 사실이 매우 분명하다. 따라서 이 「마하사띠빳타나숫따」라는 가르침은 부처님 교법에 있어 매우 중요한 위치를 차지하는, 수행방법의 기본과 핵심에 대한 가르침이라고도 말할 수 있다.

바로 그렇기 때문에 "숲에 수행하러 들어갈 때는 새김확립 책자를 지니고 가야 한다"라는 옛 성현들의 정형화된 말이 지금까지 격언으로 남아 있는 것이다.

격언 정도만이 아니다. 과거의 여러 청정하고 거룩한 현자들은 이

13 각묵스님 옮김, 『디가 니까야』 제3권, pp.566~586 참조.

「마하사띠빳타나숫따」를 특히 중시했다. 문헌을 예로 들어 설명하자면 법답게 실천하는 500명씩의 회원이 있는 500개의 담미까Dhammika 거사회에서 회장을 맡고 있던 마하담미까Mahādhammika 거사가 임종이 가까워지자 스님들을 초청해서 경전을 독송해 주기를 청하였다. 그때 스님들이 무슨 경을 듣고 싶은지 물었고 마하담미까 거사는 "모든 부처님들께서 내버려 두지 않고 항상 마음에 간직하신 「마하사띠빳타나숫따」를 듣고 싶습니다"라고 대답했다고 한다.[14] 이 내용을 통해 모든 부처님마다 이 「마하사띠빳타나숫따」를 내버려 두지 않고 특히 중시하셨다는 사실과 스님들뿐만 아니라 재가신자인 거사들까지 특히 중시했다는 사실도 매우 분명하다.

미얀마에서도 남자 재가신자, 여자 재가신자들마다 읽거나 듣거나 수행하고 실천하면서 이 새김확립의 맛을 누리고 음미할 수 있도록 과거 여러 거룩한 스승들께서 이 「마하사띠빳타나숫따」를 빠알리어 한 구절마다 미얀마어 한 구절로 대역하여 번역하거나, 또는 미얀마어로만 번역하거나, 또는 의미를 해설하는 것 등으로 특히 중시하여 저술하고 출판하여 배포하였다.

지금 이 새로운 대역을 저술하고 준비하신 마하시 사야도*Mahāsi Sayadaw*께서도 이 「마하사띠빳타나숫따」의 가르침에 따라서만 위빳사나 수행법을 직접 분명하도록 설하고 지도해 오시면서 수행제자들에게 수행방법을 바르고 정확하게 다시 전수하셨다. 그래서 수행을 지도하고 가르칠 수 있는 여러 제자 수행지도자들도 배출되었다. 그런 여러 많은 제자 수행지도자들 중에 제일 첫 번째였던 사야 짠*Saya Kyan*과 사야 쯔웨*Saya Kywe*가 "「마하사띠빳타나숫따」의 빠알리 성전의 원문과 의미를 모두 쉽게 수

14 법구경 게송 16번 일화; 무념 · 응진 역, 『법구경 이야기』 제1권, pp.277~281 참조.

지하고 독송할 수 있도록, 또한 위빳사나 수행방법도 분명하게 드러나도록 대역을 새로 저술해 주십시오"라고 마하시 사야도께 청했다. 그래서 사야도께서 이 「마하사띠빳타나숫따」를 간략하게 새로 대역으로 번역하셨고 불기 2493년, 미얀마 력 1311년(서기 1949년) 음력 4월 하현의 1일에 저술을 마쳐 사야 짠과 사야 쯔웨에게 전해주셨다.

이후 그 필사본 대역 원고를 비구와 띨라신, 재가자들이 거듭거듭 필사하는 것이 너무 힘들다는 점, 또한 원하는 이들마다 구할 수 없다는 점, 정확하게 필사되지 않는다는 점, 보기에 편하지 않다는 점 등의 여러 문제점이 드러나게 되어 그 자필 대역을 기계로 인쇄된 책으로 출판하고자 정법수호 위빳사나 선양회*Saddhammapāla vipassanā phyanphyuyei aphwe*가 그 출판권을 청하였다. 그래서 지금 미얀마 불교 진흥회*Buddhasāsanānuggaha aphwe*의 초청으로 미얀마 력 1311년(서기 1949년)부터 양곤 마하시 수행센터*Mahāsi Sāsanā Yeiktha*에 머물면서 위빳사나 수행법을 지도하고 설하시던 이 책의 저자 마하시 사야도께서 미얀마 력 1311년에 저술을 마친 그 대역을 조금 정도만 편집하고 교정한 뒤 기계로 인쇄하여 출판하도록 허락하셨고 쉐보 시, 세익쿤 마을, 정법수호 위빳사나 선양회가 많은 출가자와 재가자들이 쉽게 구입하여 읽을 수 있도록 이 「*Mahāsatipaṭṭhānathouk Pāḷi Nissaya*마하사띠빳타나 성전 대역」를 인쇄하여 배포한 지가 벌써 4쇄가 되었다. 제2쇄는 양곤 불교 진흥회가 출간하여 배포하였다.[15]

이 대역을 읽게 되면 (1)비록 대역이지만 미얀마어로 쉽게 읽을 수 있고 이해할 수 있다는 것, (2)바르고 정확하게 수행을 마친 이들이라면 자신의 실제 경험과 직접 일치한다는 사실을 알게 된다는 것, (3)수

15 2013년도에 제8쇄가 출판되었다.

행 중인 이들이라면 수행에 관련된 여러 도움을 받을 수 있다는 것, (4) 아직 수행을 하지 않고 있는 이들이라면 수행에 필요한 바른 방법을 아주 정확하게 배울 수 있다는 것 등의 여러 이익을 직접 얻을 수 있을 것이다.

이 책을 읽는 여러분들이 이 대역을 처음부터 끝까지 읽어서 직접 스스로 잘 결정하시길 바라면서.

아신 우 위짜라 *Ashin U Vicāra*
마하시 수행지도 사야도
1951년 11월 14일(음력)

추천사

이 「*Mahāsatipaṭṭhānathouk Pāḷi Nissaya*마하사띠빳타나 성전 대역」는 꿀맛처럼 달콤하고 감미롭고 훌륭하고 거룩한 연꽃 수술과 연꽃 줄기와 연뿌리 등의 여러 가지로 아름답게 장식된 천상의 연못처럼 특별한 해탈의 맛vimuttirasā을 확실하게 줄 수 있는 부처님의 친설인 「마하사띠빳타나숫따」, 그 경의 빠알리-미얀마 대역, 또한 그 경에 대해 여러 가지 알아야 할 사항과 의미들로 매우 훌륭하게 저술된 책입니다.

이 책을 읽는 이들은 연꽃 수술과 연꽃 줄기와 연뿌리 등의 여러 가지로 아름답게 장식된 천상의 연못 안에 들어갈 수 있는 기회를 얻은 젊은이처럼 매우 기쁘고 행복한 마음으로 즐겁게 이 책을 활용할 수 있을 것입니다.

망갈라 우 아웅민 *Maṅgala U Aungmyin*
1951년 11월 23일

새김확립 긴 경 · 大念處經

마하사띠빳타나숫따 대역

Mahāsatipaṭṭhānasutta Pāḷi Nissaya

Paṭiññā

Yeneva yanti nibbānaṁ, buddhā tesañca sāvakā;
Ekāyanena maggena, satipaṭṭhānasaññinā.
Taṁ dīpakassa suttassa, subodho atthanissayo;
Saṅkhepesīnamatthāya, saṅkhepena karīyate.

대역의 서언

Buddhā ca 모든 부처님들과
tesaṁ sāvakā ca 그 부처님들의 모든 제자들께서는
ekāyanena 열반으로 가기 위한 오직 하나뿐인 바른 길, 오직 한 갈래인 바른 길인
satipaṭṭhānasaññinā 새김확립이라고 알려진
yeneva maggena 그 도를 통해서만❶
nibbānaṁ 열반으로
yanti 가서 도달하고 이르셨다네.
Taṁ dīpakassa 새김확립이라는 그 바른 길을 분석하여 설명하고 분명하게 드러내는
suttassa 「마하사띠빳타나숫따」라는 경의[16]

16 '~ 대역을'과 연결하라.

subodho단지 보는 것만으로도 쉽게 알고 볼 수 있는

atthanissayo미얀마어 대역을

saṅkhepesīnaṁ atthāya간략한 핵심을 찾는 출가자,

재가자들이 쉽게 기억하고 수지할 수 있도록

saṅkhepena필요한 주요 내용만 간략하게

mayā아신 소바나*Ashin Sobhana*라는 법명과

지내는 곳을 의지해서 붙여진

마하시*Mahāsi*라는 법호로 불리는 대장로인 나는

karīyate새로 지어 저술하노라.

대역의 서언에 대한 해설

❶ yeneva maggena 그 도를 통해서만

'yeneva'라고 한정avadhāraṇa의 의미가 있는 '~만eva'이라는 단어로 제한하여 말한 근거는 다음과 같다.

> Ekāyanaṁ jātikhayantadassī,
> Maggaṁ pajānāti hitānukampī;
> Etena maggena tariṁsu pubbe,
> Tarissanti ye ca taranti oghaṁ.
>
> (『상윳따 니까야(새김확립 주제)』; S.iii.146)

역해

생의 다함 보시고 번영으로 연민하시는
그분은 유일한 길, 도를 아신다네.
누구든 이 도로 이전에도 격류를
건넜고 건널 것이고 건너고 있다네.[17]

> Ekāyanamaggo vuccati pubbabhāgasatipaṭṭhānamaggo.
>
> (「마하사띠빳타나숫따」의 주석; DA.ii.337)

17 *Myanmarnaingan Buddhasāsanāphwe*, 『*Mahāvaggasaṁyoukpāḷito Nissaya*상윳따 니까야 대품 대역』, p.175; 각묵스님 옮김, 『상윳따 니까야』 제5권, p.495 참조.

역해

유일한 길인 도는 앞부분 새김확립의 도를 말한다.[18]

Maggānaṭṭhaṅgiko seṭṭho,

Saccānaṁ caturo padā.

Virāgo seṭṭho dhammānaṁ;

Dvipadānañca cakkhumā.

Eseva maggo natthañño,

Dassanassa visuddhiyā.

(Dhp. 게송 273 전체와 274의 절반)

역해

길들 가운데는 팔정도가 최고이며

진리들 가운데는 사성제가 최고라네.

법들 가운데는 애착의 빛바램이

두 발 중생 가운데는 눈 있는 자 최고라네.

지견을 청정하게 하기 위한

다른 길은 없다네, 이것만이 길이라네.[19]

Tathā hi imināva maggena … aneka sammāsambuddhā anekasatā paccekabuddhā gaṇanapathaṁ vītivattā ariyasāvakā cāti ime sattā sabbe cittamalaṁ pavāhetvā paramavisuddhiṁ pattā.

18 『네 가지 마음챙기는 공부』, p.84 참조.

19 김서리 역주, 『담마빠다』, p.274 참조.

(「마하사띠빳타나숫따」의 주석; DA.ii.338)

역해

그처럼 실로 이 도를 통해서만 … 수많은 정등각자 부처님과 수백의 벽지불과 헤아릴 수 없이 많은 성제자라는 이러한 중생들이 모두 마음의 더러움을 제거하여 최상의 청정에 이르렀다.[20]

20 *Dhammācariya U Maun Maun Lei*, 『*Thoukmahāvā Aṭṭhakathā Myanmarpyan*디가 니까야 대품 주석서 미얀마 번역』, p.621; 「네 가지 마음챙기는 공부」, p.85 참조.

Nidāna

Evaṁ me sutaṁ; ekaṁ samayaṁ bhagavā kurūsu viharati kammāsadhammaṁ nāma kurūnaṁ nigamo. Tatra kho bhagavā bhikkhū āmantesi; "bhikkhavo" ti. "Bhaddante"ti te bhikkhū bhagavato paccassosuṁ. Bhagavā etadavoca;

경의 서문

Bhante Kassapa마하깟사빠 존자시여, idaṁ suttaṁ이 「마하사띠빳타나숫따 Mahāsatipaṭṭhānasutta 새김확립 긴 경 大念處經」라는 경을 me=mayā저 ānandena아난다는 〔bhagavato부처님의 sammukhā면전에서〕 evaṁ이렇게 앞으로 말할 내용과 같이 sutaṁ잘 듣고 기억했습니다.[21]

Kathaṁ어떻게 듣고 기억했는가 하면, ekaṁ samayaṁ한때 bhagavā거룩하신 세존께서는 kurūsu꾸루 국에❶ kammāsadhammaṁ nāma깜마사담마라는 kurūnaṁ nigamo꾸루 국의 도읍이❷ atthi있는데 tattha그 도읍에 viharati머물고 계셨다. tatra kho그렇게 머물고 계실 때 bhagavā거룩하신 세존께서는 bhikkhū비구들을 "bhikkhavo"ti"비구들이여"라고 āmantesi주목하도록, 주의를 환기시키도록 부르셨다. te bhikkhū그 비구들은 bhagavato거룩하신 세존께 "bhaddante"ti"세존이시여"라고 paccassosuṁ대답했다. bhagavā거룩하신 세존께서는 etaṁ지금 독송할 이 경을 avoca설하셨다.

21 이 부분은 제1차 결집 때 아난다 존자가 마하깟사빠 존자에게 대답하는 구절을 나타낸 것으로 저본에서 존댓말로 해석되어 그대로 따랐다. 또한 그 뒷부분은 저본에 평서체로 해석되어 그대로 따라서 평서체로 해석하였다.

경의 서문에 대한 해설

❶ kurūsu꾸루 국에

'kurūsu'라고 복수로 표시되어 있는 것은 그 나라를 다스리는 왕들이 여러 명인 것을 감안해서 빠알리 문법에 따라 그렇게 표시한 것일 뿐이다. 꾸루 국이 여러 나라인 것은 아니다. 한 나라일 뿐이다. 또 이러한 나라에 대해 복수로 표현하는 미얀마어 문법도[22] 없다. 그래서 "꾸루 국에"라고 단수로만 번역하였다. 'kurūnaṁ'이라는 단어의 번역에서도 마찬가지이다. 그 당시 '꾸루'라는 명칭으로 존재했었던 이 나라에 해당되는 지역은 지금의 인도 서북부에 있는 델리*Deli*이다.

그 당시 꾸루 국민들은 기후의 적당함utusappāya 등의 여러 가지를 갖추어서 몸과 마음이 튼튼하고 건강하여 심오한 법들을 듣고 수지할 능력을 갖추었기 때문에, 또한 제일 낮은 신분의 하인들을 시작으로 해서 많은 출가자와 재가자들이 새김확립의 법을 자주 말하고, 자주 수행하고 있었기 때문에 부처님께서 이 경을 꾸루 국에서 설하셨다고 주석서에서 설명하였다. 이 주석서의 설명은 전체 스물한 장 모두를 완전하게 설하신 첫 번째 설법만을 대상으로 말한 것이다. 무엇 때문인가? "새김확립의 법을 자주 말하고, 자주 수행하고 있었기 때문에 꾸루 국에서 설하셨다"[23]라는 바로 그 주석서의 내용을 통해서 이전에도 부처님께서 설하

22 한국어 문법에도 이러한 용법이 없다.

23 하인들은 물론이고 축생까지도 새김확립 공부에 몰두했던 일화의 마지막에 "이렇게 그들에게 새김확립의 공부를 바르게 알게 하기 위해 이 경을 설하셨다"라고 주석하고 있다(「네 가지 마음챙기는 공부」, p.79 참조).

셨던 적이 있었고 제자들이 들은 적이 있었다는 의미가 분명하다. 또한 『사띠빳타나 상윳따(새김확립 주제)』를 통해서 다른 여러 곳에서 설하셨다는 사실도 알 수 있기 때문이다.[24] 따라서 그 이전에도 여러 번 이 새김확립의 법문을 간략하게는 설하신 적이 있었고, 또한 다른 여러 많은 곳에서도 거듭 설하셨다고 알아야 한다.

❷ kurūnaṁ nigamo꾸루 국의 도읍이

궁전을 세우지 않아 성도nagara라고 말할 수는 없지만 시장이나 상점들이 늘어서 윤택하고 번성하기 때문에 성도의 모습을 띤 마을을 도읍nigama이라고 한다. '깜마사담마라는 도읍에 머무셨다'라고 말했어도 그 도읍을 탁발나가는 곳으로 하여, 그 도읍과 멀지도 가깝지도 않은 숲에서 지내셨다고 주석서에서 설명하였다.[25]

24 웨살리Vesālī의 암바빨리 숲Ambapālivana, 사왓티Sāvatthī의 아나타삔디까Anāthapiṇḍika 원림, 꼬살라Kosala의 살라Sāla라는 바라문 마을 등이다(각묵스님 옮김, 『상윳따 니까야』 제5권, pp.441~ 참조).

25 그 도읍에는 세존께서 머무실 만한 어떠한 정사도 없었다. 그 도읍에서 떨어진 어떤 깊은 숲이 있었는데 그곳은 물도 있고 매우 아름다웠다. 세존께서는 그곳에서 지내시면서 깜마사담마라는 도읍을 탁발나가는 마을gocaragāma로 삼아 지내셨다(MA.i.232; *Myanmamaingan Buddhasāsanāphwe*, 『*Mūlapaṇṇāsa Aṭṭhakathā Nissaya*맛지마 니까야 근본50편 주석서 대역』 제2권, p.7 참조).

Anussāvana

Ekāyano ayaṁ, bhikkhave, maggo sattānaṁ visuddhiyā, sokaparidevānaṁ samatikkamāya dukkhadomanassānaṁ atthaṅgamāya ñāyassa adhigamāya nibbānassa sacchikiriyāya, yadidaṁ cattāro satipaṭṭhānā.

가르침의 선언

Bhikkhave비구들이여, cattāro네 가지의 yadidaṁ=ye ime어떤 이러한 satipaṭṭhānā확고한 새김을 가지는 것; 새김의 확고함; 새김확립❶이 santi있는데 ayaṁ확고한 새김을 가지는 것; 새김의 확고함; 새김확립이라는 이 실천의 길은 sattānaṁ나중에 부처님이나 벽지불, 성제자가 될 이들을❷ 포함한 모든 중생의 visuddhiyā마음의 더러움으로부터 멀리 벗어남, 깨끗함, 청정함을 위한 ekāyano maggo하나뿐인 도, 한 갈래인 도이다.❸ sokaparidevānaṁ걱정하고 근심하는 슬픔과 울고 통곡하는 비탄의 samatikkamāya극복을 위한❹ ekāyano maggo 하나뿐인 도, 한 갈래인 도이다. dukkhadomanassānaṁ몸의 괴로움인 고통과 마음의 괴로움인 근심의 atthaṅgamāya소멸과 사라짐을 위한❺ ekāyano maggo하나뿐인 도, 한 갈래인 도이다. ñāyassa adhigamāya성스러운 도라는 도리의[26] 증득

26 ñāya는 방법, 진리, 체계를 뜻하며 각묵스님은 '옳은 방법'으로(각묵스님, 『네 가지 마음챙기는 공부』, p.45), 전재성 박사는 '방도'로(전재성, 『맛지마 니까야』, p.171 주212) 번역하였다. 여기서는 성스러운 도를 뜻하기 때문에 '도, 길'이라는 의미, '체계'라는 의미가 들어있는 '도리'라는 단어를 채택했다.

을 위한 ekāyano maggo하나뿐인 도, 한 갈래인 도이다. nibbānassa sacchikiriyāya열반의 실현을 위한[6] ekāyano maggo하나뿐인 도, 한 갈래인 도이다.[7]

가르침의 선언에 대한 해설

❶ satipaṭṭhānā 확고한 새김을 가지는 것; 새김의 확고함; 새김확립

'satipaṭṭhānā'라는 단어는 'sati 새김' + 'paṭṭhāna 몸 · 느낌 · 마음 · 법에 밀착하여 머문다; 꿰뚫어 들어가 끊임없이 생겨난다; 확고하다' = 'satipaṭṭhāna 밀착하여 머무는 새김; 꿰뚫고 들어가 끊임없이 생겨나는 새김; 확고한 새김'이라고 분석할 수 있다.

혹은 'sati 새김' + 'paṭṭhāna 밀착해서 머묾; 꿰뚫고 들어가 끊임없이 생겨남; 확고함' = 'satipaṭṭhāna 새김이 밀착하여 머묾; 새김이 꿰뚫고 들어가 머묾; 새김의 확고함'이라고도 분석할 수 있다.[27]

❷ sattānaṁ 나중에 부처님이나 벽지불, 성제자가 될 이들을

사 아승기 십만 대겁 동안 출현하셨던 모든 정등각자 부처님, 벽지불, 성제자는 이 새김확립이라는 길을 통해서만 완전히 청정함에 이르셨다고 설명하는 주석서의 말은 모범이나 대표를 보이는 말nidassana일 뿐이다. 주석서의 원래 의도는 사 아승기 십만 대겁 동안이든 그 밖의 시기든, 어떠한 시기를 막론하고 이미 출현하셨던 분이거나 지금 출현하신 분이나 앞으로 출현하실 그 모든 부처님, 벽지불, 성제자도 이 새김확립의 길을 통해서만 완전한 청정함에 도달한다고 통틀어서 알게 하려는 것이다. 그래서 앞에서 설명했던 『사띠빳타나 상윳따(새김확립 주

27 방법1은 paṭṭhāna를 수식어로, 방법2는 sati를 수식어로 해석하였다.

제)』 빠알리에서 "etena maggena tariṁsu pubbe, tarissanti ye ca taranti oghaṁ(누구든 이 도로 이전에도 격류를 건넜고 건널 것이고 건너고 있다네)"라는 구절을 통해 시간이나 겁의 한계를 두지 않고 세 가지 시간 모두에서 이 새김확립의 길을 통해서만 격류ogha를 건너갈 수 있다고 설해 놓으셨다. 또한 『디가 니까야(빠티까 왁가)』「삼빠사다니야숫따Sampasādanīyasutta 확신경」에서도 세 가지 시간 모두에서 모든 부처님께서 "catūsu satipaṭṭhānesu suppatiṭṭhita cittā 마음이 네 가지 새김확립에 잘 확립되어" 정등각의 지혜에 이르셨다는 것을 확실하게 설해 놓으셨다.[28] 따라서 여기에서 'sattānaṁ 중생들을'이라고 일반적으로 표현한 것은 청정에 이를 수 있는 모든 후보 중생을 뜻한다고 알아야 한다.

❸ ekāyano maggo 하나뿐인 도, 한 갈래인 도이다.

'ekāyano'라는 단어는 'eka 하나뿐인' + 'ayana 길' = 'ekāyana 하나뿐인 길'이라고 분석할 수 있다. 번뇌를 깨끗하게 하기 위해서는, 열반을 실현하기 위해서는 이 새김확립의 실천 하나만 있다. 새김확립 없이 다른 어떠한 길도 없다는 뜻이다. 여기에서 "ekamaggoti eko evamaggo, na hi nibbānagāmimaggo añño atthī ti '하나의 도ekamaggo'란 오직 하나뿐인 도이다. 맞다. 새김확립을 제외하고 열반에 이르게 하는 다른 어떠한 도도 없다고 알아야 한다"라고 설명해 놓은 복주서에 특히 주의해야 한다.

또 다른 방법으로는 『맛지마 니까야(근본50편)』「마하시하나다숫따Mahāsīhanādasutta 사자후 긴 경」에서처럼 'ekāyano maggo'라는 이 구절은 다른 곳으로 잘못 가게 하는 갈림길, 갈라진 길이 없이 오직 한 갈래인 길을

28 D28; 각묵스님 옮김, 『디가 니까야』 제3권, pp.188~189 참조.

말한다. 그래서 'eka 하나의' + 'ayana 갈래' = 'ekāyana magga 오직 한 갈래인 도'라고 단어를 분석하여 이 새김확립의 길을 따라 가면 길의 끝에 도착했을 때 열반에만 확실하게, 정확하게 이른다고도 설명할 수 있다. 열반이 아닌 다른 어떠한 곳에 잘못 이르게 하는 갈림길, 갈라진 길이 없는, 확실한 큰 길이라는 뜻이다.

❹ sokaparidevānaṁ 걱정하고 근심하는 슬픔과 울고 통곡하는 비탄의 samatikkamāya 극복을 위한

이 새김확립의 길을 통해 산따띠Santati 장관처럼 슬픔도 극복할 수 있다. 빠따짜라Paṭācārā 장로니처럼 비탄도 극복할 수 있다. 여기에서 법문을 들으면서 도와 과에 도달한 이들에 대해 새김확립의 방법으로 관찰하지 않고서 단지 법문을 듣고 이해하는 것만으로 수행이 성취된다고 생각할 수 있기 때문에 그렇게 생각하지 말아야 한다는 사실을 주석서에서 "'yaṁ pubbe taṁ visosehi(과거에 대한 것을 깨끗이 하라)'라는 등의 게송을 듣게 되어 산따띠 장로가 아라한이 된 것은 맞다. 또한 'na santi puttā tāṇāya(아들도 의지처가 되지 못하고)'라는 등의 게송을 듣게 되어 빠따짜라 장로니가 수다원이 된 것도 맞다. 그렇지만 몸 · 느낌 · 마음 · 법이라고 하는 새김확립의 대상 네 가지 중의 어느 한 가지도 명상하지 않고, 관찰하지 않고서 위빳사나 지혜, 도의 지혜를 생겨나게 할 수 있는 지혜수행paññābhāvanā이라는 것은 있을 수 없다. 따라서 산따띠 장관이나 빠따짜라 장로니도 새김확립의 대상 중의 어떤 것을[29] 관찰

29 꼭 한 가지만을 관찰해야 하는 것은 아니다(마하시 사야도 지음, 비구 일창 담마간다 옮김, 『위빳사나 수행방법론』 제1권, p.598 참조).

하여 이 새김확립의 길을 통해서만 슬픔과 비탄을 극복했다고 확실하게 명심해야 한다"라고 분명하게 설명해 놓았다.[30]

법문을 들으면서 새김확립을 닦을 수 있는 모습은 다음과 같다. 먼저 산따띠 장관에 대해 설명하겠다.

Yaṁ pubbe taṁ visosehi,
Pacchā te māhu kiñcanaṁ;
Majjhe ce no gahessasi,
Upasanto carissasi.

(Sn. 게송 955)

역해

과거에 대한 것을 깨끗이 하라.
미래에 대한 것을 생기지 않게 하라.
중간의 것들에도 집착하지 마라.
그러면 적정하게 유행할 것이다.[31]

"yaṁ pubbe taṁ visosehi 과거의 형성들에 대해 생겨날 수 있는 번뇌들을 말려버려라, 없애버려라"라는 이 첫 번째 구절을 통해 과거에 보았던 것, 들었던 것, 경험했던 것, 생각했던 것 등을 돌이켜 생각할 때마다 애착이나 성냄 등의 번뇌들이 생겨날 수 있다는 사실, 그러한 번뇌들이 생기지 않도록 관찰해야 한다는 사실을 나타낸다. 그러면 무엇을

30 DA.ii.338; 『네 가지 마음챙기는 공부』, p.86.
31 해석은 『위빳사나 수행방법론』 제1권, p.107 참조.

관찰해야 하는가? 현재 생겨나고 있는 물질과 정신을 끊임없이 관찰하면 과거의 대상들을 생각하지 않게 된다. 생각하지 않으면 그러한 것들을 집착하여 생겨날 수 있는 번뇌가 생겨나지 않는다. 그러므로 과거의 대상들에 대해 돌이켜서 생각하여 번뇌가 생겨나지 않도록 현재 생겨나는 그 순간의 물질법과 정신법들을 끊임없이 관찰해야 한다. 또한 과거의 대상들을 돌이켜 생각했다면 그러한 생각들에 집중해서 새기는 것을 통해 '계속해서 생각하려는 번뇌'를 잘라낼 수 있다. 따라서 다시 돌이켜 생각해서 그 번뇌가 계속해서 일어나지 않도록 그러한 생각도 끊어질 때까지 관찰해야 한다. 산따띠 장관은 이 의미를 이해하고서 자신이 사랑했던 무희와 함께 지냈던 모습과 여러 상황 등을 돌이켜 생각할 때마다 그 마음을 관찰하고 새기는 것을 통해, 또한 과거의 일들을 돌이켜 생각하지 않도록 현재 생겨나는 순간의 물질과 정신을 끊임없이 관찰하고 새기는 것을 통해 법문을 들으면서 새김확립 수행을 증진시켰다고 알아야 한다.

"pacchā te māhu kiñcanaṁ 미래의 형성들에 대해 걱정하는 번뇌들을 일어나지 않게 하라"라는 두 번째 구절을 통해서도 미래를 기대할 때마다 걱정하는 것, 고대하는 것 등의 번뇌들이 생겨날 수 있다는 사실, 그러한 번뇌들이 생겨나지 않도록 관찰해야 한다는 사실을 나타낸다. 그러면 무엇을 관찰해야 하는가? 미래에 대해 기대하며 생각할 기회를 가질 수 없도록 현재 생겨나는 순간의 물질과 정신을 역시 끊임없이 관찰해야 한다. 또한 미래를 생각했다고 하더라도 바로 그 마음을 없어질 때까지 관찰해야 한다. 산따띠 장관은 이 의미를 이해하고서 미래에 그 무희와 만나고자 바라는 것, 함께 지내고자 바라는 것 등의 애착의 마음들, '이제 더 이상 만날 수 없구나. 나 혼자 지내야만 하는구나'라는 등으로 매우 크게 슬퍼하고 걱정하는 등의 마음들이 생겨날 때마다 그러한 마음들을 관찰하는 것을 통해, 또한 미래에 대해서 생각하지 않도록 생겨나는 순간의 정신과 물질을 끊임없이 관찰하는 것을 통해서도 법문을 들으면서 새김확립 수행을 증진시켰다고 알아야 한다.

"majjhe ce no gahessasi 중간의 물질과 정신, 즉 현재의 형성들에도 집착하면 안 된다"라는 세 번째 구절을 통해서도 볼 때, 들을 때 등 현재의 물질과 정신을 좋다고 생각하여 집착하지 않도록, 또한 나라거나 중생이라고 생각하여 집착하지 않도록 현재 생겨나는 순간의 물질과 정신을 계속해서 관찰해야 한다는 사실을 나타낸다. 산따띠 장관은 이 의미를 이해하고서 현재 그 순간에 생겨나고 있는 보는 것, 듣는 것, 생각하는 것 등의 물질과 정신을 끊임없이 관찰하는 것을 통해서 법문을 들으면서 새김확립 수행을 증진시켰다고 알아야 한다.

여기에서 '게송 하나를 듣는 그 짧은 순간에 이 정도로 많고 다양하게 관찰하는 것이 어떻게 생겨날 수 있는가?'라고 숙고하거나 의심하지 마라. 새김확립 수행만을 열심히, 올바르게 수행해 보라. 삼매와 지혜가 어느 정도 좋아졌을 때 이 정도로 많고 다양한 관찰이 짧은 순간 동안에도 생겨날 수 있다는 것을 스스로 경험하게 될 것이다.

이렇게 끊임없이 새기고 있기 때문에 과거를 회상해서도 번뇌가 일어나지 않고, 미래를 기대하여서도 번뇌가 일어나지 않고, 현재 일어나고 있는 보는 것, 듣는 것, 닿는 것, 아는 것 등의 물질과 정신도 생기고 사라지고 항상하지 않은 것 등을 직접 알게 되어, 갈애나 사견 등의 번뇌가 더 이상 일어날 기회가 없게 된다. 산따띠 장관은 이 방법을 통해 계속해서 새길 때마다 번뇌를 잠재워서 한 번 앉은 그 동안에 바로 네 가지 도의 지혜를 차례대로 생기게 하여 아라한 과에 이르게 되었다고 알아야 한다. 이렇게 아라한이 된 것을 두고 "upasanto carissasi 번뇌의 불이 완전히 꺼져 적정하게 될 것이다"라고 마지막 게송을 설하신 것이다.

다음으로 빠따짜라 장로니의 일화를 설명하겠다.

Na santi puttā tāṇāya,
Na pitā nāpi bandhavā;
Antakenādhipannassa,
Natthi ñātīsu tāṇatā.

(Dhp. 게송 288)

역해

아들도 의지처가 되지 못하고
아버지도 친척들도 또한 그러하다.
죽음의 압박에 시달리는 자에게
혈육은 의지처가 되지 못한다.

Etamatthavasaṁ ñatvā,
Paṇḍito sīlasaṁvuto;
Nibbānagamanaṁ maggaṁ,
Khippameva visodhaye.

(Dhp. 게송 289)

역해

이 같은 사실을 잘 알고서
지혜로운 이는 계를 잘 지켜서
열반으로 가는 그 길을
실로 서둘러 닦아야 한다.

이 두 게송을 듣고서 빠따짜라 장로니는 수다원이 되었다고 『담마빠다』에 설명되어 있다.[32] 그 중 첫 번째 게송을 통해 '언젠가는 자신도 죽음의 큰 위험과 맞닥뜨려야 한다. 그때는 아들과 딸, 부모와 친척들이 면전에 있어도 죽음의 위험으로부터 구해주지 못한다. 의지처가 되지 못한다'라는 사실을 생각하고 보게 해서 새김과 경각심의 지혜satisaṁvega ñāṇa를 생기게 하였다. 두 번째 게송을 통해 '다른 사람은 자신의 의지처가 될 수 없다. 의지처가 될 정도로 잘 실천한다면 자신만이 자신의 의지처가 될 수 있다는 사실을 알고 보고 이해하는 이는 계를 구족하고서 열반에 이르는 길을 바로 즉시 닦아야 한다'라는 사실을 나타냈다. 빠따짜라 장로니도 이 의미를 이해하고서 새김과 경각심을 얻어, '과거에 행했던 것과 같은 종류의 행위를 하지 않으리라, 말했던 것과 같은 종류의 말을 하지 않으리라'라고 법문을 들으면서 명심하고 수지하여 먼저 계를 구족한 다음, "nibbānagamanaṁ maggaṁ 열반으로 가는 길"이라는 새김확립의 방법, 길을 따라 관찰하여 한 번 앉은 그 동안에 수다원 과에 이르게 되었다고 알아야 한다. 법문을 듣는 도중에 도와 과에 이르렀다고 하는 이들은 모두 이 방법과 같다. 그래서 주석서에서 "tepi imināva maggena 법문을 들으면서 도와 과에 이르렀다고 하는 이들도 이 새김확립의 도를 통해서만 이르게 된 것이다"라고 알아야 한다는 것을 확실하게 결정지어 설명해 놓았다.[33] 여기에 대해서 복주서에서는 "게송을 들은 후 사성제의 수행법도 듣고서 바로 이 새김확립 수행으로 특별한 법을 얻었다"[34]라고도 설명하였는데 이러한 설명도 적당하다.

'빠따짜라가 수다원 과에 이르러서 비탄을 극복하였다'라는 이 주석서

32 엄밀히 말하자면 『Dhammapada Aṭṭhakathā법구경 주석서』; DhpA.i.442에 설명되어 있다.

33 DA.ii.338; 『네 가지 마음챙기는 공부』, p.86 참조.

34 DAṬ.ii.282.

의 설명에 대해 "비탄은 아나함 도의 지혜로만 남김없이 끊어낼 수 있지 수다원 도의 지혜로는 아직 남김없이 완전히 끊어낼 수 없지 않은가?"라고 반론을 제기할 수도 있다. 수다원 도의 지혜로는 비탄의 원인인 근심 domanassa을 남김없이 잘라낼 수 없는 것이 사실이다. 하지만 빠따짜라는 앞부분 위빳사나pubbabhāga vipassanā 도[35]와 함께 수다원 도를 통해, 생겨나고 있는 그러한 비탄과 근심을 제거하고서 머지않아 위의 세 가지 도에도 이르렀다. 수다원 도에 도달했을 때부터 시작해서 빠따짜라의 상속에 그러한 비탄과 근심이 다시 일어나지 않았고, 아나함 도를 통해서 남김없이 벗어났다는 사실을 두고 말한 것이라고 이해하는 것이 옳다.

이렇게 말할 수 있는 근거는 다음과 같다. 『맛지마 니까야(근본50편)』 「쭐라웨달라숫따Cūḷavedallasutta 교리문답 짧은 경」에서 "모든 행복한 느낌sukha vedanā에 애착 잠재성향rāgānusaya이 존재하는가? 모든 행복한 느낌에 대해 애착 잠재성향을 제거해야 하는가?"라는 질문에 대해 "초선정으로 감각욕망애착kāmarāga에서 떠나버렸고, 감각욕망애착에서 멀리 떨어진 바로 그 상태로 계속 이어서 아나함 도에 이른 수행자들의 경우에는 '초선정에 감각욕망애착이 잠재하지 않는다'라고, 또한 '바로 그 초선정을 통해 감각욕망애착을 제거한다'라고 대답해 놓았다.[36] 그 대답에서 감각욕망애착 잠재성향은 아나함 도를 통해서만 남김없이 제거되지만 초선정이 생겨날 때를 시작으로 그 감각욕망애착 잠재성향은 일어날 기회가 없었기 때문에 '초선정을 통해 제거한다'라고 말한 것이다. 이와 마찬가지로 여기에서도 비탄과 근심은 아나함 도를 통해서만 남김없이 제거되지만 수다원 도가 생겨날 때를 시작으로 그 비탄과 근심은 일어날 기회가 없었기

35 도의 앞부분에 생겨난다고 해서 앞부분 도이다. 위빳사나 관찰을 하는 중에 생겨나는 팔정도를 말한다(마하시 아가 마하 빤디따 지음, 김한상 옮김, 『초전법륜경』, pp.185~195 참조).

36 대림스님 옮김, 『맛지마 니까야』 제2권, pp.329~331 참조.

때문에 '수다원 도를 통해 극복하였다'라고 말해도 적당한 것이다. 제석천왕Sakka이나 수브라흐마Subrahma 천신 등의 근심이 사라지는 것을 설명한 곳에서도 이와 마찬가지 방법으로 이해해야 한다. 맞다. 제석천왕이나 수브라흐마 천신들이 수다원 도에 이르렀을 때를 시작으로 질투나 인색, 사악처의 위험 등과 관련된 근심들은 생겨날 기회가 없게 되었다.[37]

⑤ dukkhadomanassānaṁ몸의 괴로움인 고통과 마음의 괴로움인 근심의 atthaṅgamāya소멸과 사라짐을 위한

몸에서의 통증과 아픔 등 참기 힘든 그 모든 괴로운 느낌을 고통dukkha이라고 한다. 마음에서 생겨나는 불편함, 참기 힘든 그 모든 괴로운 느낌을 근심domanassa이라고 한다. 이 두 가지 괴로움도 새김확립이라는 실천, 길을 통해 완전히 사라지게 할 수 있다. "이 새김확립의 실천, 길을 완전하게 닦는다면 띳사Tissa 존자 등처럼 고통도 사라지게 할 수 있다. 제석천왕 등처럼 근심도 사라지게 할 수 있다"라고 주석서에서 설명하였다.[38] 이 중 띳사 존자의 고통이 사라진 모습은 다음과 같다. 사왓티Sāvatthī에 띳사라는 장자가 아직 분배하지 않은 유산 4억 냥의 재산을 동생인 쭐라띳사Cūḷatissa에게 다 주고 출가하여 어느 한 숲에서 사문의 법을 노력하면서 지내고 있었다. 그때 쭐라띳사의 부인이 시아주버니인 띳사 존자가 가르침에 즐거워하지 않아 환속하면 유산을 나누어 달라고 할까 걱정하여 도적들에게 돈을 주고 띳사 존자를 죽이라고 시켰다. 그 도적들은 띳사 존자를 붙잡고서 죽이려고 하였다. 그때 띳사 존자는 번뇌가

37 『네 가지 마음챙기는 공부』 pp.91~92 참조.
38 DA.ii.338; 『네 가지 마음챙기는 공부』 p.87 참조.

아직 다 제거되지 않은 채 죽어야 하는 것을 매우 혐오하고 두려워하여, "청신사들이여, 나에게 하룻밤 정도만 마음대로 수행할 수 있도록 기회를 주시오. 내가 어디로도 달아날 수 없도록 충분한 담보를 하나 주겠소"라고 청하면서 자신의 두 허벅지 윗부분을 뼈가 부러질 정도로 바위로 스스로 내리쳐 확신을 주고 나서 수행만을 열심히 하였다. 매우 고통스러운 느낌을 관찰하면서 계가 청정한 모습을 반조하게 되어 매우 강력한 희열, 기쁨이 생겨났다. 그때 느낌에 대해 'manasikāra'라는 마음기울임이 없었기 때문에 고통스러운 느낌이 사라진 것처럼 되었다. 이렇게 된 모습을 주석서에서는 "vedanaṁ vikkhambhitvā 느낌을 떠나서[39]"라고 설명하였다. 이렇게 괴로운 느낌들로부터 편안해졌을 때, 현재 그 순간 생겨나는 물질과 정신을 관찰하여 위빳사나를 차례대로 향상시켜 새벽 동이 틀 때 아라한 과에 이르렀다. 아라한 과에 이르러 반열반에 들었을 때 몸의 모든 고통이 완전히 사라지게 되었다.[40]

호랑이에게 물려간 젊은 스님의 고통이 사라진 모습은 다음과 같다. 삼십 분의 스님이 부처님께 수행주제를 받고 어느 숲속 절에 안거하며 수행을 하고 있었다. 나무 아래나 덤불 아래 등 각자 적합한 장소에서 수행하던 중, 새벽에 동이 틀 무렵 호랑이가 스님 한 분, 한 분을 매일 차례대로 물고 가 버렸다. 호랑이에게 물려 가는 스님들은 호랑이에게 물려 간다는 사실을 소리 내어 외쳐 알리게 되면 근처에서 수행하는 스님들의 삼매가 무너질까 염려하여 소리도 내지 않고 조용히 물린 채 갔다. 이러한 방식으로 네 분, 다섯 분, 열 분 이상의 스님들이 줄어든 사실을 알게 되어 승단의 제일 큰 스님이 호랑이가 물고 가면 소리를 내

39 누그러뜨리고, 억압하고.

40 『네 가지 마음챙기는 공부』, pp.87~88 참조.

도록 결정하여 말했다. 어느 날, 호랑이가 젊은 스님 한 분을 앞서 말한 방식대로 와서 물고 갔다. 그 젊은 스님은 "호랑이입니다, 스님. 호랑이입니다, 스님"이라고 외쳤다. 그러자 같이 지내던 스님들이 막대기 등을 잡고서 그 스님을 구하기 위해 여러 방법으로 애썼다. 하지만 호랑이는 그 스님을 놓지 않고 사람들이 쫓아갈 수 없는 절벽으로 물고 올라가 버렸다. 그때 스님들이 "오, 선남자여, 이제 그대가 호랑이로부터 벗어나게 할 수 있도록 우리들은 아무 것도 할 수 없습니다. 이러한 시간이야말로 스님의 특별한 힘을 드러내 보일 때입니다. 그러니 수행만 열심히 실천하십시오"라고 격려의 말을 했다. 그 젊은 스님은 호랑이가 거칠고 잔인하게 뜯어 먹어서 생겨나는 매우 괴롭고 고통스러운 느낌들을 잘 관찰했기 때문에, 또한 희열과 기쁨 등을 통해 그 느낌들에서 떠나 현재 그 순간 생겨나는 물질과 정신을 잘 관찰했기 때문에 복숭아뼈가 먹힐 때 수다원이 되었고, 무릎이 먹힐 때 사다함이 되었으며, 배꼽이 먹힐 때 아나함이 되었고, 심장이 먹히기 직전에 아라한이 되어 모든 고통에서 벗어나게 되었다.[41]

제석천왕Sakka의 근심이 사라진 모습은 다음과 같다. 제석천왕은 죽음의 징조 다섯 가지[42]를 보고서 자신이 죽어야만 한다는 사실, 또한 자신이 죽으면 자신보다 더 나은 다른 제석천왕이 탄생한다는 사실, 또한 자신의 부귀영화를 다른 이가 소유해 버릴 것이라는 사실이 걱정되고 두려워, 매우 고요하고 행복하게 지내기를 바라지만 무엇 때문에 이렇게 마음이 괴로운지 부처님께 가서 "천신들과 사람들이 여러 위험과 고통으로부터 벗어나 항상 행복하고 편안하게 살고자 하면서도 무슨 이

41 『네 가지 마음챙기는 공부』, pp.88~89 참조.

42 화환이 시들고 옷이 낡고 겨드랑이에서 땀이 나고 몸의 용모가 무너지고 천상의 자리에 즐거워하지 못한다(『네 가지 마음챙기는 공부』, p.91 참조).

유로 여러 위험과 고통을 계속해서 겪으면서 지내야 합니까?"라는 질문을 시작으로 물었다. 그때 부처님께서는 "자기보다 더 나은 이를 시기하는 질투issā, 자신처럼 다른 이들이 행복하기를 바라지 않는 인색macchariya이라는 그 두 가지 족쇄가 있기 때문에, 바로 그 때문에 천신들과 인간들이 행복하게 살기 바라지만 행복하지 못하고 또한 여러 위험과 고통을 겪고 싶지 않아도 겪어야만 한다"라고 대답하는 것을 시작으로 「삭까빤하숫따Sakkapañhasutta 제석왕문경」를 설하셨다. 그 법문 중에서 부처님께서 의지해야 할 만한 느낌들과 의지하지 말아야 할 느낌들을 분석하여 설하실 때, 제석천왕은 그 법문을 잘 이해하고서 의지하지 말아야 할 재가에 바탕한gehassita 느낌들을 관찰하여 제거하면서, 의지해야 할 출리에 바탕한nikkhammassita 느낌들을 생겨나게 하면서 새김확립수행을 닦아 수다원이 된 후 이전에 생겨났던, 질투 · 인색과 관련된 마음의 불편함, 즉 근심에서 완전히 벗어났다.[43]

수브라흐마Subrahma 천신의 근심이 사라진 모습은 다음과 같다. 천 명의 천녀들과 함께 난다Nanda라는 천상의 정원에서 연회를 즐기고 있었던 수브라흐마 천신은 꽃나무 위에 올라 춤추고 연주하고 노래 부르며 꽃을 따던 500명의 천녀들이 그렇게 꽃을 따고 있는 중에 임종하여 지옥에 태어나 매우 심한 고통을 당하고 있는 것을 보게 되었고, 또한 자신도 나머지 천녀 500명과 함께 칠 일 안에 임종하여 바로 그 지옥에 태어날 것을 알게 되어 매우 심한 마음의 고통이 생겨났다. 그래서 부처님께 가서 "나머지 500명의 천녀들과 함께 저 자신도 칠 일 안에 지옥에 태어나 겪어야 할, 아직 생겨나지 않았지만 미래에 겪어야 할 고통들anuppannakiccha과, 지옥에 이미 떨어진 천녀들이 지금 겪고 있는, 지금 생겨나 현재 겪

43 『네 가지 마음챙기는 공부』, p.91 참조.

고 있는 고통들uppatitakiccha 때문에 제 마음이 멈출 수 없이 동요하고 두려워하고 있습니다. 두렵지 않은 곳, 두려움이 사라지게 하는 길, 방법이 있으면 말씀해 주십시오"라고 청하였다. 그때 부처님께서는 "깨달음bodhi과 난행tapa, 감각기능단속indriyasaṁvara, 모든 것의 놓아버림sabbanissagga이라는 이 네 가지가 바로 중생들의 위험을 사라지게 하고 행복하게 하는 바른 길이다"라고 설하셨다.[44] 수브라흐마 천신도 그 법문을 이해하고서 모든 것의 놓아버림이라는 열반을 알고 보기 위해 감각기능단속으로 마음을 잘 단속하면서, 난행이라는 바른 정근sammappadhāna과 정진으로 끊임없이 관찰하도록 노력하면서, 깨달음이라는 앞부분 위빳사나 도pubbabhāga vipassanā magga와 더불어 성스러운 도ariya magga를 즉시 생겨나게 하여 500명의 천녀들과 함께 수다원이 되어 사악처의 위험과 관련된 두려움, 동요하고 있는 마음의 근심에서 완전히 벗어났다.[45] 여기에서 깨달음, 난행, 감각기능단속이라는 법들은 새김확립 네 가지에 포함되는 법들이다.

❻ nibbānassa sacchikiriyāya 열반의 실현을 위한

열반을 도의 지혜로 실현하는 것은 이미 'ñāyassa adhigamāya 도리의 증득을 위한'이라는 구절로 분명하므로 'nibbānassa sacchikiriyāya 열반의 실현을 위한'이라는 구절은 과의 지혜로 실현하는 것을 의미한다고 『맛지마 니까야(근본50편) 복주서』에서 설명하였다.[46] 적당한 설명이다.

44 Nāññatra bojjhā tapasā, nāññatrindriyasaṁvarā;
Nāññatra sabbanissaggā, sotthiṁ passāmi pāṇinaṁ.(S2:17)
깨달음과 난행을 제외하고, 감각기능단속을 제외하고,
모든 것 놓아버림을 제외하고, 생명들의 행복을 나는 보지 못하노라.
(『상윳따 니까야』 제1권, p.292 참조).

45 『네 가지 마음챙기는 공부』, p.92 참조.

46 MAṬ.i.334.

❼ ekāyano ayaṁ maggo ~ yadidaṁ cattāro satipaṭṭhānā네 가지 새김확립이 ~ 하나뿐인 길이다

여기에서 "성스러운 도를 얻기 위한, 열반을 실현하기 위한 바른 정근 등의 다른 수행들도 있지 않은가?"라고 질문할 수 있다. 있는 것은 사실이다. 하지만 새김확립이 없이는 바른 정근 등의 다른 수행들이 생겨날 수 없다. 그래서 이 새김확립을 "성스러운 도를 얻기 위한, 열반을 실현하기 위한 하나뿐인 길이다"라고 말한 것이다. 이렇게 앞부분의 구절에서는 새김 하나만 '새김확립'이라고 설명했어도 그것은 대표padhāna 방법으로 나타내어 말한 것일 뿐이다. 사실은 새김 하나만으로는 수행의 일이 성취되지 않는다. 정진vīriya과 통찰지paññā라는 여러 동반법과 함께 생겨나야 수행의 일을 성취하게 할 수 있다. 그래서 자세하게 설명하는 뒷부분에서는 "ātāpī sampajāno(노력하고 바르게 알면서)"라고 정진과 통찰지도 새김확립 수행에 포함시켜 설명해 놓았다.

여기서 특별히 명심해야 할 것이 있다. 새김확립이라는 길을 '성스러운 도를 얻기 위한, 열반을 실현하기 위한 오직 하나의 길, 한 갈래인 길이다'라고 설하셨기 때문에 '네 가지 새김확립이 포함되지 않은 다른 여러 수행방법들은 도와 과, 열반에 이르는 바른 길, 좋은 길이 아니다. 잘못된 길, 방법들일 뿐이다'라고 확실하게, 확고하게 명심해야 한다. 또한 '새김확립의 가르침에 따라 노력하고 수행하면 절대로 잘못되지 않고, 어긋나지 않고 도와 과, 열반에만 확실하게 도달할 수 있다'라는 사실도 확실하게, 확고하게 명심해야 한다.

Uddesa

Katame cattāro; Idha, bhikkhave, bhikkhu kāye kāyānupassī viharati ātāpī sampajāno satimā vineyya loke abhijjhādomanassaṁ, vedanāsu vedanānupassī viharati ātāpī sampajāno satimā vineyya loke abhijjhādomanassaṁ, citte cittānupassī viharati ātāpī sampajāno satimā vineyya loke abhijjhādomanassaṁ, dhammesu dhammānupassī viharati ātāpī sampajāno satimā vineyya loke abhijjhādomanassaṁ.

Uddesavārakathā niṭṭhitā.[47]

약설

Cattāro네 가지 새김확립이란 katame무엇인가? bhikkhave비구들이여, idha bhikkhu이 가르침에서 비구는; 이 가르침에서 수행하고 있는 이는❶ ātāpī 번뇌라는 끈적임, 마음의 때를 뜨겁게 말려버려 없애버리는 정근, 정진, 노력이 있으면서; 매우 열심히 노력하면서 satimā새김이 있으면서; 새김을 갖추면서 sampajāno바르고 다양하게 알면서❷ kāye항상하지 않고 괴로움이고 주재할 수도 없고 깨끗하지 않은 물질 무더기인 몸에 대해

47 Uddeso niṭṭhito(cha.).

kāyānupassī항상하지 않고 괴로움이고 주재할 수도 없고 깨끗하지 않은 물질 무더기인 몸일 뿐이라고 관찰하여[48] loke관찰 대상인 물질 무더기라는 세상에 대해; 다섯 취착무더기라는 세상에 대해 abhijjhādomanassaṁ관찰하지 않으면 생겨날 수 있는 탐애와 근심을; 관찰하지 않으면 생겨날 수 있는 탐욕과 성냄을 vineyya생겨날 기회를 얻지 못하도록 부분제거와 억압제거를 통해 제거하고 없애면서 viharati지낸다.❸

Ātāpī번뇌라는 끈적임, 마음의 때를 뜨겁게 말려버려 없애버리는 정근, 정진, 노력이 있으면서; 매우 열심히 노력하면서 satimā새김이 있으면서; 새김을 갖추면서 sampajāno바르고 다양하게 알면서 vedanāsu항상하지 않고 괴로움이고 주재할 수도 없는, 단지 느끼는 것일 뿐인 느낌에 대해 vedanānupassī항상하지 않고 괴로움이고 주재할 수도 없는, 단지 느끼는 것인 느낌일 뿐이라고 관찰하여 loke관찰 대상인 느낌 무더기라는 세상에 대해; 다섯 취착무더기라는 세상에 대해 abhijjhādomanassaṁ관찰하지 않으면 생겨날 수 있는 탐애와 근심을; 관찰하지 않으면 생겨날 수 있는 탐욕과 성냄을 vineyya생겨날 기회를 얻지 못하도록 부분제거와 억압제거를 통해 제거하고 없애면서 viharati지낸다.

Ātāpī번뇌라는 끈적임, 마음의 때를 뜨겁게 말려버려 없애버리는 정근, 정진, 노력이 있으면서; 매우 열심히 노력하면서 satimā새김이 있으면서; 새김을 갖추면서 sampajāno바르고 다양하게 알면서 citte항상하지 않고 괴로움이고 주재할 수도 없는, 단지 아는 것일 뿐인 마음에 대해 cittānupassī 항상하지 않고 괴로움이고 주재할 수도 없는, 단지 아는 것인 마음일 뿐이라고 관찰하여 loke관찰 대상인 마음 무더기라는 세상에 대해; 다섯 취착무더기라는 세상에 대해 abhijjhādomanassaṁ관찰하지 않으면 생겨날 수

48 'anu'의 의미를 살려서 '거듭 관찰하여'라고 번역할 수 있으나 저본의 번역을 따랐다.

있는 탐애와 근심을; 관찰하지 않으면 생겨날 수 있는 탐욕과 성냄을 vineyya생겨날 기회를 얻지 못하도록 부분제거와 억압제거를 통해 제거하고 없애면서 viharati지낸다.

Ātāpī번뇌라는 끈적임, 마음의 때를 뜨겁게 말려버려 없애버리는 정근, 정진, 노력이 있으면서; 매우 열심히 노력하면서 satimā새김이 있으면서; 새김을 갖추면서 sampajāno바르고 다양하게 알면서 dhammesu항상하지 않고 괴로움이고 주재할 수도 없고 자아도 아닌 성품법에 대해 dhammānupassī항상하지 않고 괴로움이고 주재할 수도 없고 자아도 아닌 단지 성품법일 뿐이라고 관찰하여 loke관찰 대상인 성품법 무더기라는 세상에 대해; 다섯 취착무더기라는 세상에 대해 abhijjhādomanassaṁ관찰하지 않으면 생겨날 수 있는 탐애와 근심을; 관찰하지 않으면 생겨날 수 있는 탐욕과 성냄을 vineyya생겨날 기회를 얻지 못하도록 부분제거와 억압제거를 통해 제거하고 없애면서 viharati지낸다.

Uddesavārakathā간략하게 설한 약설이 niṭṭhitā끝났다.

약설에 대한 해설

❶ bhikkhave비구들이여, idha bhikkhu이 가르침에서 비구는; 이 가르침에서 수행하고 있는 이는

새김확립을 닦는 이들로는 비구, 비구니, 청신사, 청신녀, 천신, 범천 등으로 많이 있지만 여기에서 비구만 드러내어 "비구들이여"라고 설하신 것은 부처님의 가르침을 받아들이고 실천하는 이들 중에 비구가 그 모든 가르침을 다 받아 지니는, 그래서 그 모든 가르침을 간직하는 이들로서 제일 거룩한 이들이기 때문이다. 이렇게 대표padhāna방법으로 비구들에게 설하시면 대표가 아닌 비구니, 청신사, 청신녀, 천신, 범천들도 저절로 포함된다.

또 다른 방법으로 설명하자면 "paṭipannako hi devo vā hotu manusso vā bhikkhūti saṅkhaṁ gacchatiyeva(실로 실천하는 이들이라면 천신이든 사람이든 모두 '비구'라는 명칭을 가지게 된다)"라는[49] 주석서의 설명에 따라 이 새김확립이라는 실천을 실천하는 이라면 누구나 비구라고 말할 수 있다는 뜻이다. 그래서 "이 가르침에서 수행하고 있는 이는"이라고 두 번째로 번역을 다시 보여 놓았다.

❷ ātāpī번뇌라는 끈적임, 마음의 때를 뜨겁게 말려버려 없애버리는 정근, 정진, 노력이 있으면서; 매우 열심히 노력하면서 satimā새김이 있으면서; 새김을 갖추면서 sampajāno바르고 다양하게 알면서

49 DA.ii.346; 『네 가지 마음챙기는 공부』, p.104 참조.

이 세 단어를 통해 몸 거듭관찰자kāyānupassī에게 있어서 몸 거듭관찰kāyānupassanā의 법체를 설명하였다. 느낌 거듭관찰 등에서도 동일하다. 물질 무더기kāya는 항상하지 않고, 괴로운 것이고, 주재할 수 없고, 깨끗하지도 않은 성품이 있다. 그 물질 무더기를 항상하지 않고, 괴로운 것이고, 주재할 수 없고, 깨끗하지도 않다고 사실대로 바르고 분명하게 관찰하고 보는 것이 몸 거듭관찰kāyānupassanā이다. 수행을 하지 않는 일반 사람들은 물질 무더기를 매우 중요한 것으로, 소중한 것으로 생각하고 있다. 평생, 일생 동안 하나의 물질, 하나의 몸이 항상 유지되고 있는 것으로 생각하고 있다. 행복하고 좋다고도 생각하고 있다. 바라는 대로 갈 수 있고 먹을 수 있고 느낄 수 있고 행동할 수 있고 말할 수 있어 주재할 수 있는 중생, 또는 영혼이 있는 한 중생이라고도 생각하고 있다. 아름답고 깨끗한 것이라고도 생각하고 있다. 이렇게 매우 중요하고 소중하게 생각하고 있는 몸 무더기에 대해 항상하지 않고, 괴로운 것이고, 주재할 수 없고, 아름답고 깨끗하지 않은 것이라고 사실대로 관찰하고 알고 보는 것은 그리 쉬운 일이 아니다. 매우 어려운 일이다. 세간의 일반 눈으로는 볼 수 없는 것을 안경이나 현미경, 망원경 등을 이용해서 볼 수 있듯이, 그와 마찬가지로 항상하다는 등으로 생각하고 있는 그 물질 무더기를 항상하지 않다는 등으로 사실대로 바르게 볼 수 있도록 수행자들에게 도움을 주는 무기, 기구, 좋은 보조장치가 필요하다. 그렇게 필요한 좋은 보조장치들, 무기들이 바로 정진vīriya, 새김sati, 삼매samādhi, 지혜ñāṇa이다. 그래서 정진, 새김, 삼매, 지혜라는 이 좋은 보조장치들을 결합해서 물질 무더기를 사실대로 바르게 볼 수 있도록 관찰하라고 가르치시기 위해 "kāye kāyānupassī viharati(몸에 대해 몸이라고 관찰하며 지낸다)"라는 구절에 해당되는 법체들을 설명하시면서 "ātāpī sampajāno satimā(열심히 노력하고 새김을 갖추면서 바르게 알아)"라고 덧붙여 설하신 것이다.

"kāye kāyānupassīti ettha anupassanāya kammaṭṭhānaṁ vuttaṁ, ātāpena sammappadhānaṁ, satiyā paṭiladdha samatho, sampajaññena vipassanā, abhijjhādomanassa vinayena bhāvanāphalaṁ vuttaṁ('몸에 대해 몸이라고 관찰하며'라는 이 구절에서는 거듭관찰을 통한 수행주제를 설하셨다. '열심'으로는 바른 정근을, '새김'으로는 몸 거듭관찰을 통해 얻은 사마타를, '바른 앎'으로는 위빳사나를, '탐애와 근심의 제거'로는 수행의 결과를 설하셨다)"[50]이라는 주석서, "satiggahaṇeneva cettha samādhissāpi gahaṇaṁ daṭṭhabbaṁ(또한 여기서 새김을 취하는 것을 통해 삼매도 취했다고 보아야 한다)"[51]이라는 복주서에 따라 수행자는 분명하게 생겨나는 그 모든 물질 현상을 관찰하고 새길 수 있도록 끊임없이 애쓰고 노력해야 한다. 이렇게 애쓰고 노력하는 것이 '열심ātāpa'이라고 표현한 바른 정근sammappadhāna, 정진vīriya이다. 그 강력한 정진을 통해 끊임없이 애쓰고 있으면 수행자는 물질 현상이 생겨날 때마다 그 모든 물질 현상을 놓치지 않고 새길 수 있다. 이렇게 새기는 것이 새김sati이다. 이 새김을 통해 새길 때마다 새겨지는 그 물질 현상이라는 대상에 파고 들어가듯이, 또는 탁, 탁 일치하듯이, 또는 착, 착 집중되어 순간, 순간 계속해서 머물듯이 삼매가 분명하게 드러난다. 이 삼매는 새김의 힘 때문에 생겨난 위빳사나 찰나삼매vipassanā khaṇika samādhi이다. 이 삼매를 통해 집중된 그 모든 물질 현상들을 분명하고 확실하게 알게 된다. 부분, 부분 구분하여서도 알게 된다. 생겨나서는 사라져 버린다고도 알게 된다. 항상하지 않다고, 괴로움이라고, 좋지 않다고, 깨끗하지 않다

50 『*Mūlapaṇṇāsa Aṭṭhakathā Nissaya*맛지마 니까야 근본50편 주석서 대역』 제2권, p.57; 『네 가지 마음챙기는 공부』, p.111 참조.

51 DAṬ.ii.295.

고, 자아가 아니라고도 알게 된다. 이러한 앎이 바른 앎sampajañña이라고 하는 거듭관찰의 지혜anupassanā ñāṇa이다.

따라서 물질 현상이 생겨날 때마다 그 모든 물질 현상들을 놓치지 않도록 끊임없이 애쓰고 노력하고 관찰하고 있는 수행자에게는, 앞에서 언급했던 정진, 새김, 삼매, 지혜라는 이 네 가지 모두가 새기는 순간마다 생겨나서 항상하지 않고, 괴로움이고, 깨끗하지 않고, 무아인[52] 물질 무더기에 대해 항상하지 않고, 괴로움이고, 깨끗하지 않고, 무아인 물질 무더기일 뿐이라고 사실대로 바르게 관찰하여 아는 것인 몸 거듭관찰kāyānupassanā을 구족하게 되는 것이다. 따라서 "kāye kāyānupassī viharati ātāpī sampajāno satimā(열심히 노력하고 새김을 갖추면서 바르게 알아 몸에 대해 몸이라고 관찰하며 지낸다)"라는 이 구절을 통해 몸 거듭관찰을 할 때는 이와 같이 완전하게 갖추어 관찰하도록 다시 드러내어 설명하신 것이라고 알아야 한다.

❸ loke관찰 대상인 물질 무더기라는 세상에 대해; 다섯 취착무더기라는 세상에 대해 abhijjhādomanassaṁ관찰하지 않으면 생겨날 수 있는 탐애와 근심을; 관찰하지 않으면 생겨날 수 있는 탐욕과 성냄을 vineyya 생겨날 기회를 얻지 못하도록 부분제거와 억압제거를 통해 제거하고 없애면서 viharati지낸다.

"vineyya loke abhijjhādomanassaṁ(세상에 대한 탐애와 근심을 제거하면서)"이라는 구절은 수행의 이익을 나타내는 구절이다. 어떻게 나타내는가? 분명한 물질 현상들을 지금까지 설명했던 방법에 따라 관찰

52 '항상하지 않고 괴로움이고 무아이고 깨끗하지 않고'라는 순서가 일반적이나 저본의 순서를 따랐다.

하여 볼 수 없다면 그 물질 현상에 대해 '항상 머물고 있는 나라거나 중생', '행복하고 좋은 나라거나 중생'이라고 생각하고 집착하여 탐애abhijjhā라는 원함, 좋아함인 탐욕lobha도 생겨날 수 있다. 근심domanassa이라는 마음의 불편함과 함께 실망함, 화냄, 싫어함, 원한 등의 성냄dosa도 생겨날 수 있다. 중생들마다 각자의 상속에 탐욕과 성냄이 생겨날 때는 바로 이와 같은 방식으로 모두 생겨나고 있는 것이다. 따라서 이렇게 관찰하지 않았기 때문에 생겨날 수 있는 탐욕과 성냄을 두고 "관찰하지 않으면 생겨날 수 있는 탐욕과 성냄"이라고 대역하였다. 끊임없이 관찰하여 물질 현상이 생겨날 때마다 그 물질 현상을 무상하다고, 괴로움이라고, 깨끗하지 않다고, 무아라고 확실하게 이해하여 알고 보는 수행자는 그렇게 보고 알게 된 그 물질 현상을 '항상하다, 행복하다, 좋다, 아름답다, 자아다, 나다'라고 생각하지 않고 집착하지 않는다. 그래서 항상하다고nicca, 행복하다고sukha, 자아라고atta, 깨끗하다고subha 집착해야만 생겨날 수 있는 탐욕과 성냄이, 그렇게 알고 본 그 물질 현상에 대해서는 생겨날 기회가 전혀 없게 된다. 이렇게 탐욕과 성냄이 생겨날 기회를 얻지 못하도록, 생겨나지 못하도록 사실대로 바르게 계속해서 알고 보는 것을 두고 "거듭관찰의 지혜anupassanā ñāṇa가 부분제거tadaṅga pahāna를 통해 제거한다"라고 말한다. 이것이 관찰하는 대상에 대해 부분제거tadaṅga vinaya[53]를 통해 탐욕과 성냄을 제거하는 모습이다.

또한 물질 현상이 분명하게 생겨날 때마다 그 모든 물질 현상들을 끊임없이 관찰하면서 '무상하다, 괴로움이다, 깨끗하지 않다, 무아다'라고 분명하게 계속해서 알 때마다 정진, 새김, 삼매라는 삼매 무더기samādhikkhandhā, 즉 사마타samatha 법들이 매우 강하게 생겨난다. 그 사마타

53 pahāna와 vinaya 모두 제거로 번역하였다.

의 힘을 통해 마음은 매우 부드럽고 유연하게 된다. 시간이 지나면 지날수록 더욱더 부드럽게 된다. 그래서 관찰하지 않은 다른 어떠한 물질, 느낌, 인식, 형성, 의식들에 대해서도 그것들을 숙고하거나 생각하면서 생겨날 탐욕과 성냄들이 대부분 생겨나지 않은 채 고요하게 된다. 관찰하지 않고 쉬고 있을 때도 거친 탐욕이나 성냄들이 이전처럼 생겨나지 않고 고요하게 되기도 한다. "거친 번뇌들이 더 이상 생겨날 수 없다"라고까지 수행자들이 생각하게 된다. 〔이렇게 번뇌들이 고요해진 모습을 직접 수행해서 경험하여 결정해 보라.〕 이렇게 관찰의 힘 덕분에, 관찰하지 않은 대상에 대해서도 번뇌들이 사라져 고요한 것은 관찰에 포함된 삼매 무더기, 사마타의 억압제거vikkhambhana vinaya를 통해 제거된 것이다. 즉 억압제거를 통해 탐욕과 성냄을 제거하는 것이다.

따라서 "vineyya loke abhijjhādomanassaṁ(세상에 대한 탐애와 근심을 제거하면서)"이라는 구절은 "관찰한 대상에 대해 번뇌가 사라져 고요함이라는 '부분제거'와, 관찰하지 않은 대상에 대해서도 번뇌들이 사라져 고요해져 있음이라는 '억압제거', 이 두 가지 이익을 수행자는 계속해서 관찰할 때마다 얻게 된다. 이러한 이익 두 가지를 얻도록 물질 현상이 분명하게 생겨날 때마다 그 물질 현상을 끊임없이 관찰하여 몸 거듭관찰을 닦아야 한다"라는 뜻이다. 느낌 거듭관찰 등에서도 마찬가지 방법으로 자세히 알아야 한다. 다른 점은 몸에 대해서는 더러움asubha이라고 관찰하도록, 느낌 · 마음 · 법에 대해서는 차례대로 괴로움dukkha이라고, 무상anicca이라고, 무아anatta라고 관찰하는 것이 특히 필요하다고 주석서에서 설명해 놓았다. 일반적으로 말하자면 몸 · 느낌 · 마음 · 법 모두에 대해 무상하다고, 괴로움이라고, 무아라고, 깨끗하지 않다고 관찰하는 것이 필요하다.

Niddesavāra

1. Kāyānupassanā (1) Ānāpānapabba

Kathañca pana, bhikkhave, bhikkhu kāye kāyānupassī viharati; Idha, bhikkhave, bhikkhu araññagato vā rukkhamūlagato vā sunnāgāragato vā nisīdati pallaṅkaṁābhujitvā ujuṁ kāyaṁ paṇidhāya parimukhaṁ satiṁ upaṭṭhapetvā. So satova assasati, satova passasati. Dīghaṁ vā assasanto 'dīghaṁ assasāmī'ti pajānāti, dīghaṁ vā passasanto 'dīghaṁ passasāmī'ti pajānāti. Rassaṁ vā assasanto 'rassaṁ assasāmī'ti pajānāti, rassaṁ vā passasanto 'rassaṁ passasāmī'ti pajānāti. 'Sabbakāyapaṭisaṁvedī assasissāmī'ti sikkhati 'sabbakāyapaṭisaṁvedī passasissāmī'ti sikkhati. 'Passambhayaṁ kāyasaṅkhāraṁ assasissāmī'ti sikkhati, 'passambhayaṁ kāyasaṅkhāraṁ passasissāmī'ti sikkhati.
Seyyathāpi, bhikkhave, dakkho bhamakāro vā bhamakārantevāsī vā dīghaṁ vā añchanto 'dīghaṁ añchāmī'ti pajānāti, rassaṁ vā añchanto 'rassaṁ añchāmī'ti pajānāti evameva kho, bhikkhave, bhikkhu dīghaṁ vā assasanto 'dīghaṁ assasāmī'ti pajānāti, dīghaṁ vā passasanto 'dīghaṁ passasāmī'ti pajānāti, rassaṁ vā assasanto 'rassaṁ assasāmī'ti pajānāti, rassaṁ vā passasanto 'rassaṁ passasāmī'ti pajānāti, 'sabbakāyapaṭisaṁvedī assasissāmī'ti sikkhati, 'sabbakāyapaṭisaṁvedī passasissāmī'ti sikkhati, 'passambhayaṁ kāyasaṅkhāraṁ assasissāmī'ti sikkhati, 'passambhayaṁ kāyasaṅkhāraṁ passasissāmī'ti sikkhati.
Iti ajjhattaṁ vā kāye kāyānupassī viharati, bahiddhā vā kāye

kāyānupassī viharati, ajjhattabahiddhā vā kāye kāyānupassī viharati. Samudayadhammānupassī vā kāyasmiṁ viharati, vayadhammānupassī vā kāyasmiṁ viharati, samudayavayadhammānupassī vā kāyasmiṁ viharati. 'Atthi kāyo'ti vā panassa sati paccupaṭṭhitā hoti yāvadeva ñāṇamattāya paṭissatimattāya anissito ca viharati, na ca kiñci loke upādiyati. Evampi kho bhikkhave, bhikkhu kāye kāyānupassī viharati.

Ānāpānapabbaṁ niṭṭhitaṁ.

상설

1. 몸 거듭관찰 (1) 들숨날숨의 장

Bhikkhave비구들이여, bhikkhu비구는 kāye몸 무더기에 대해 kathañca어떻게 kāyānupassī몸 무더기라고 관찰하며 viharati pana지내는가?

Bhikkhave비구들이여, idha bhikkhu이 가르침에서 비구는; 이 가르침에서 수행하고 있는 이는 araññagato vā숲으로 가거나, rukkhamūlagato vā나무 아래로 가거나, sunnāgāragato vā사람들이 없는 한적한 처소에 가서 pallaṅkaṁābhujitvā가부좌를 하고 ujuṁ kāyaṁ paṇidhāya몸 윗부분을 곧추세우고 satiṁ새김을 parimukhaṁ upaṭṭhapetvā관찰할 대상 쪽으로 향하여 생겨나게 하고[54] nisīdati앉는다.❶

54 각묵스님 옮김, 『네 가지 마음챙기는 공부』 p.46에는 '전면에 확립하여'라고 해석되었다.

So 〔앉은 후〕 그 수행자는 sato eva새기면서만; 오직 새기면서 assasati숨을 들이쉰다. sato eva새기면서만; 오직 새기면서 passasati숨을 내쉰다.❷

Dīghaṁ vā assasanto길게 들이쉬어도[55] 'dīghaṁ assasāmī'ti'길게 들이쉰다'고 pajānāti안다.[56] dīghaṁ vā passasanto길게 내쉬어도 'dīghaṁ passasāmī'ti'길게 내쉰다'고 pajānāti안다.

Rassaṁ vā assasanto짧게 들이쉬어도 'rassaṁ assasāmī'ti'짧게 들이쉰다'고 pajānāti안다. rassaṁ vā passasanto짧게 내쉬어도 'rassaṁ passasāmī'ti'짧게 내쉰다'고 pajānāti안다.

'Sabbakāyapaṭisaṁvedī들숨이라는 몸 무더기의 처음과 중간과 끝, 그 모두를 분명하게 알면서[57] assasissāmī'ti들이쉬리라'고 sikkhati수련한다.[58] 'sabbakāyapaṭisaṁvedī날숨이라는 몸 무더기의 처음과 중간과 끝, 그 모두를 분명하게 알면서 passasissāmī'ti내쉬리라'고 sikkhati수련한다.

'Kāyasaṅkhāraṁ격렬하고 거친 들숨을 passambhayaṁ고요하게 하면서 assasissāmī'ti들이쉬리라'고 sikkhati수련한다. 'kāyasaṅkhāraṁ격렬하고 거친 날숨을 passambhayaṁ고요하게 하면서 passasissāmī'ti내쉬리라'고 sikkhati수련한다.

Bhikkhave비구들이여, seyyathāpi비유하자면 dakkho능숙하고 유능한 bhamakāro vā도공이나 bhamakārantevāsī vā도공의 제자가 dīghaṁ vā añchanto물렛줄을 길게 당겨도[59] 'dīghaṁ añchāmī'ti'길게 당긴다'고 pajānāti seyyathāpi아는 것처럼, 또한 rassaṁ vā añchanto물렛줄을 짧게 당겨도 'rassaṁ añchāmī'ti'짧게 당긴다'고 pajānāti

55 '길게 들이쉬면 그때도'라는 뜻이다. 뒤의 구절들도 마찬가지이다. 한국어 어법상으로는 '~도'를 처음에 사용하지 않지만 'vā'라는 단어까지 정확하게 번역한 저본을 따랐다.

56 pajānāti를 '분명히 안다'라고 해석할 수 있으나 저본에 그냥 '안다'라고 번역되어 이를 따랐다. 본서 p.81 주76을 참조하라.

57 『네 가지 마음챙기는 공부』 p.46에는 '경험하면서'라고 해석되었다.

58 배우고 익히고 연마하는 것을 나타내는 'sikkhati'라는 단어를 '수련한다'라고 번역하였다. 『네 가지 마음챙기는 공부』 p.46에는 '공부짓고'라고 해석되었다.

59 『네 가지 마음챙기는 공부』 p.47에는 '돌리면서'라고 해석되었다.

seyyathāpi아는 것처럼,❸ 또한 〔'sabbañchana paṭisaṁvedī당기는 처음과 중간과 끝, 그 모두를 분명하게 알면서 añchissāmīti당기리라'고 sikkhati seyyathāpi수련하는 것처럼, 또한 'oḷārikañchinaṁ격렬하고 거칠게 당기는 것을 passambhayaṁ 고요하게 하면서 añchissāmīti당기리라'고 sikkhati seyyathāpi수련하는 것처럼〕 bhikkhave비구들이여, evameva kho바로 그 도공과 그의 제자와 마찬가지로 bhikkhu들숨과 날숨이라는 두 가지에 새김을 행하고 있는 비구는 dīghaṁ vā assasanto길게 들이쉬어도 'dīghaṁ assasāmī'ti'길게 들이쉰다'고 pajānāti 안다. … 'kāyasaṅkhāraṁ격렬하고 거친 날숨을 passambhayaṁ고요하게 하면서 passasissāmī'ti내쉬리라'고 sikkhati수련한다.

Iti이렇게 말한 방법을 통해 ajjhattaṁ vā kāye내부인 자신의 들숨과 날숨이라는 몸 무더기에 대해서도 kāyānupassī viharati'몸 무더기일 뿐이다'라고 관찰하며 지낸다. bahiddhā vā kāye외부인 다른 이의 들숨과 날숨이라는 몸 무더기에 대해서도 kāyānupassī viharati'몸 무더기일 뿐이다'라고 관찰하며 지낸다.❹ ajjhattabahiddhā vā kāye내부와 외부인 자신과 남, 둘 모두의 들숨과 날숨이라는 몸 무더기에 대해서도 kāyānupassī viharati'몸 무더기일 뿐이다'라고 관찰하며 지낸다.❺

Kāyasmiṁ들숨과 날숨이라는 몸 무더기에 대해 samudayadhammānupassī vā viharati 생겨나게 하는 원인법과 생겨남의 성품을 관찰하면서도 지낸다. kāyasmiṁ 들숨과 날숨이라는 몸 무더기에 대해 vayadhammānupassī vā viharati사라지게 하는 원인법과 사라짐의 성품을 관찰하면서도 지낸다. kāyasmiṁ들숨과 날숨이라는 몸 무더기에 대해 samudayavayadhammānupassī vā viharati생겨나게 하는 원인법과 사라지게 하는 원인법, 생겨남과 사라짐의 성품을 관찰하면서도 지낸다.❻

Vā pana그리고 혹은; 새김이 드러나는 모습의 또 다른 방법은 'atthi kāyo'ti'들숨과 날숨이라는 몸 무더기만 존재한다. 〔들이쉬고 내쉴 수 있는 어떠한

개인은 없다]'라고 assa sati 그 비구의 새김이 paccupaṭṭhitā hoti 현전한다.[60] sā sati 그렇게 현전한 새김은 yāvadeva ñāṇamattāya 지혜를 단계적으로 향상시키기만 한다. yāvadeva paṭissatimattāya 되새김을[61] 단계적으로 향상시키기만 한다.[62]

So bhikkhu 새겨 아는 그 비구는 anissito ca 또한 갈애나 사견으로 의지하지 않고 viharati 지낸다고 말한다.[63] loke 계속 생멸하는 취착무더기라는 형성 세상 중에 kiñci 어떠한 것도 na ca upādiyati 나, 자아, 나의 것이라고 갈애와 사견으로 더 이상 집착하지 않는다.

Bhikkhave 비구들이여, bhikkhu 비구는 evampi kho 이와 같이; 이렇게 설명한 대로 kāye 몸 무더기에 대해 kāyānupassī '몸 무더기일 뿐이다'라고 관찰하며 viharati 지낸다.

Ānāpānapabbaṁ 들숨날숨을 관찰하는 장이 niṭṭhitaṁ 끝났다.

60 마치 앞에 드러나듯이 분명하게 나타나는 것을 말한다.

61 sati를 '새김'으로 번역하였기 때문에 새김을 다시 새기는 paṭissati는 '되새김'으로 번역하였다.

62 '지혜의 단계적인 향상만을 위함이다. 되새김의 단계적인 향상만을 위함이다'라는 저본의 번역을 의역하였다.

63 원문은 'viharati 지낸다'라고 되어 있으나 '지낸다고 말한다'라는 저본의 번역을 따랐다.

상설에 대한 해설

1. 몸 거듭관찰 (1) 들숨날숨의 장에 대한 해설

❶ arañnagato vā숲으로 가거나, rukkhamūlagato vā나무 아래로 가거나, sunnāgāragato vā사람들이 없는 한적한 처소에 가서 pallaṅkaṁābhujitvā가부좌를 하고 ujuṁ kāyaṁ paṇidhāya몸 윗부분을 곧추세우고 satiṁ새김을 parimukhaṁ upaṭṭhapetvā관찰할 대상 쪽으로 향하여 생겨나게 하고 nisīdati앉는다

이 구절을 통해 수행하기 전 미리 준비해야 하는 것parikamma을 설명하였다. 이 구절 중에 숲이나 나무 아래, 사람이 없는 한적한 처소를 선택하여 설명하신 것은 처음 수행을 시작한 이들에게 특히 적당하기 때문일 뿐이다. 삼매나 지혜가 성숙된 이들은 어느 장소를 막론하고 수행할 수 있다. 그 세 가지 장소 중에도 한적한 곳만이 기본이 되는 곳이다.

또한 앉은 자세 하나만을 설명하신 것도 처음 수행을 시작한 이들에게 특히 적당하기 때문일 뿐이다. 나중에는 네 가지 자세 모두에서 끊임없이 노력해야 한다. 가부좌를 하라고 지시하신 것도 오랫동안 앉아 있게 하기 위함이다. 나중에는 다른 앉는 자세로도 수행할 수 있다. 특히 주의해야 할 것은 앉을 때 다리나 허벅지를 서로 너무 꽉 조이게 누르며 굽혀 앉지 말아야 한다는 점이다. 누르지 않고 편안하게 앉아야 한다. 그래야 오래 앉을 수 있어 계속해서 오랫동안 삼매와 지혜를 생겨나게 할 수 있을 것이다.

❷ so 〔앉은 후〕 그 수행자는 sato eva새기면서만; 오직 새기면서 assasati숨을 들이쉰다. sato eva새기면서만; 오직 새기면서 passasati숨을 내쉰다.

이 구절을 통해 들숨날숨ānāpāna 수행법을 간략하게 설명하였다. 들이쉴 때마다, 내쉴 때마다 그것을 새기는 이 방법으로 수행하고 있는 수행자는 ①"dīghaṁ"을 시작으로 하는 첫 번째 방법, ②"rassaṁ"을 시작으로 하는 두 번째 방법, ③"sabbakāya paṭisaṁvedī"로 시작하는 세 번째 방법, ④"passambhayaṁ"으로 시작하는 네 번째 방법으로 자세하게 설명해 놓은 네 가지 방법 모두에 따라 특별하게 아는 모습, 특별하게 되는 모습 모두가 저절로, 차례대로 생겨나 성취하게 된다.

맞다. 들숨과 날숨이 닿는 곳인 코끝이나 윗입술에 새김을 통해 집중해서 숨이 들어오고 나갈 때마다 놓치지 않도록 '들이쉰다, 내쉰다'라고 끊임없이 새기고 있는 수행자는, 삼매의 힘이 어느 정도 생겨나게 되었을 바로 그때 길게 숨을 들이쉬고 내쉬는 것도 알게 된다. 짧게 숨을 들이쉬고 내쉬는 것도 알게 된다. 그보다 더 삼매의 힘이 좋아졌을 때라면 들숨날숨이 매우 미세하게 닿으며 생겨나는 것을 시작으로 희미하게 사라져 갈 때까지 처음과 중간과 끝, 그 모든 것을 분명하고 확실하게 알게 된다. 이렇게 알게 될 때까지 집중해서 관찰하며 지내야 한다는 것을 "'sabbakāyapaṭisaṁvedī assasissāmī'ti sikkhati, 'sabbakāyapaṭisaṁvedī passasissāmī'ti sikkhati('들숨이라는 몸 무더기의 처음과 중간과 끝, 그 모두를 분명하게 알면서 들이쉬리라'고 수련한다. '날숨이라는 몸 무더기의 처음과 중간과 끝, 그 모두를 분명하게 알면서 내쉬리라'고 수련한다)"라고 설하신 것이다. 이 구절에서 "들숨날숨의 처음과 중간과 끝의 그 모든 것을 분명하게 알기 위해 일부러 고쳐서 노력하여 들이쉬고 내쉬어야 한다"라고 잘못 생각하지 말기 바란다. 자연스럽게 미세해진 대상에 대해 관찰할 수 있고 알 수 있어야 삼매와 지혜가 좋아진 것이다. 대상이 거칠면서 분명하게 드러나는 것은 삼매와 지혜의 힘이 아니다. 대상의 힘일 뿐이다. 수행의 본래성품에 따라 말하자면 사마타 수행자에게든 위빳사나 수행자에게든, 삼매와 지혜가 성숙되면 성숙될수록 들숨날숨은 더욱더 미세해지는 것이 법칙이다.

삼매가 매우 힘이 좋아졌을 때에는 들숨날숨이 완전히 사라져버린 것처럼 되기도 한다. 하지만 완전히 사라진 것이 아니다. 지혜의 힘이 적어서 알 수 없는 것일 뿐이다. 계속 이어서 집중하여 관찰하고 새기고 있으면 미세한 그 들숨날숨에 대하여 사마타 수행으로는 닮은표상paṭibhāga nimitta이 드러나 근접삼매upacāra samādhi나 몰입삼매appanā samādhi에 이를 수 있다. 위빳사나 수행에 따른다면 생멸의 지혜 등 여러 위빳사나 지혜에 이를 수 있다. 이렇게 거친 들숨날숨들이 사라지고 미세한 들숨날숨들에 대해 사마타나 위빳사나 수행들이 생겨날 때까지, 또한 그 사마타나 위빳사나의 힘을 통해 도의 지혜에 이를 때까지 끊임없이 노력해야 한다는 사실을 두고 "'passambhayaṁ kāyasaṅkhāraṁ assasissāmī'ti sikkhati, 'passambhayaṁ kāyasaṅkhāraṁ passasissāmī'ti sikkhati('격렬하고 거친 들숨을 고요하게 하면서 들이쉬리라'고 수련한다. '격렬하고 거친 날숨을 고요하게 하면서 내쉬리라'고 수련한다)"라고 설하신 것이다. 이 구절에 대해서도 "들숨날숨을 일부러 참아야 한다. 지식止息해야 한다"라고 잘못 생각하지 말기 바란다.

앞에서 설명했던 대로 '들이쉰다, 내쉰다'라고 단지 끊임없이 새기는 것만으로 길게 호흡하는 것도 알 수 있고, 짧게 호흡하는 것도 알 수 있고, 처음과 중간과 끝 모두도 분명하게 알 수 있고, 거친 호흡이 고요해지는 것도 알 수 있기 때문에 "satova assasati, satova passasati(오직 새기면서 숨을 들이쉰다. 오직 새기면서 숨을 내쉰다)"라는 이 구절을 "자세하게 설명한 네 가지 방법 모두에 대한 간략한 요약글이다"라고 『빠띠삼비다막가Paṭisambhidāmagga 無礙解道』, 『위숫디막가Visuddhimagga 淸淨道論』의 설명에 따라 기억해야 한다.

특히 주의해야 할 점은 일반적으로는 'assāsa'를 날숨으로, 'passāsa'를 들숨으로 번역하지만 제3쇄부터 'assasati'를 '들이쉰다'로, 'passasati'를 '내쉰다'라는 등으로 바꾸었다. 이렇게 바꾼 것은 수행자의 노력하는 차례와, 또한 여러 경전과 주석서들, 그리고 아래 『빠띠삼비다막가』 성전과도 일치한다.[64]

Assāsādimajjhapariyosānaṁ satiyā anugacchato ajjhattaṁ vikkhepagataṁ cittaṁ samādhissa paripantho, passāsādimajjhapariyosānaṁ satiyā anugacchato bahiddhā vikkhepagataṁ cittaṁ samādhissa paripantho.

(Ps.163)

해석

들숨의 처음과 중간과 끝에 대해 새김을 통해 따라가는 수행자에게 몸 안에 대해 산란함에 이르는 마음이 삼매의 장해이다. 날숨의 처음과 중간과 끝에 대해 새김을 통해 따라가는 수행자에게 몸 밖에 대해 산란함에 이르는 마음이 삼매의 장해이다.

❸ 'rassaṁ añchāmī'ti'짧게 당긴다'고 pajānāti seyyathāpi아는 것처럼

여기에서 'pajānāti'라고는 하였지만 '길게 당긴다, 짧게 당긴다'라고 아는 정도일 뿐이다. 이 물렛줄을 당기는 것에 대해 여러 가지로 자세하게 아는 것을 의미하지 않는다. 따라서 'pajānāti'라고 할 때마다 다양하게 아는 모습들을 자세하게 상설하지 않도록 주의해야 한다.

64 대림스님 옮김, 『청정도론』 제2권, pp.93~94 참조.

❹ bahiddhā vā kāye 외부인 다른 이의 들숨과 날숨이라는 몸 무더기에 대해서도 kāyānupassī viharati '몸 무더기일 뿐이다'라고 관찰하며 지낸다.

자신의 들숨과 날숨에 대해 관찰하면서 바른 성품을 알 수 있게 되었을 때 '다른 사람의 상속santati에서 들숨과 날숨이 생겨나고 있을 때에도 이러한 성품일 뿐이다'라고 숙고하게 된다. 이렇게 숙고하는 바로 그것을 두고 '다른 이의 들숨과 날숨에 대해 관찰한다'라고 말한 것이다. 다른 이가 숨을 들이쉬고 내쉬는 모습을 일부러 보거나, 혹은 일부러 숙고하면서 관찰하도록 설명한 것이 아니다.

❺ ajjhattabahiddhā vā kāye 내부와 외부인 자신과 남, 둘 모두의 들숨과 날숨이라는 몸 무더기에 대해서도 kāyānupassī viharati '몸 무더기일 뿐이다'라고 관찰하며 지낸다.

가끔씩 자신의 들숨과 날숨을 관찰하고 있는 바로 그 중간 중간에 '다른 이의 상속에서도 이러한 성품들일 뿐이다'라고 자주 숙고하게 된다. 그때를 두고 "자신과 남, 두 사람 모두의 물질 무더기에 대해 관찰하고 있다"라고 말한다.

❻ kāyasmiṁ 들숨과 날숨이라는 몸 무더기에 대해 samudayadhammānupassī vā viharati 생겨나게 하는 원인법과 생겨남의 성품을 관찰하면서도 지낸다. kāyasmiṁ 들숨과 날숨이라는 몸 무더기에 대해 vayadhammānupassī vā viharati 사라지게 하는 원인법과 사라짐의 성품을 관찰하면서도 지낸다. kāyasmiṁ 들숨과 날숨이라는 몸 무더기에 대해 samudayavayadhammānupassī vā viharati 생겨나게 하는 원인법과 사라지게

하는 원인법, 생겨남과 사라짐의 성품을 관찰하면서도 지낸다.

①풀무의 본체, ②풀무의 입구관, ③당김이라는 세 가지 원인 때문에 풀무에 바람이 단계적으로 끊임없이 들어가는 것처럼, 그와 마찬가지로 ①배라는 몸, ②콧구멍, ③마음이라는 세 가지 원인 때문에 수행자의 몸에 들숨과 날숨이라는 물질 무더기가 단계적으로 들어오고 나가는 것이 생겨난다. 따라서 배 등의 몸체, 콧구멍, 마음이라고 하는 이 세 가지가 "samudayadhamma 생겨나게 하는 원인법"이다. 수행자가 들숨과 날숨을 관찰하다가, 바로 그렇게 관찰하면서 이러한 세 가지 원인 때문에 들숨과 날숨이 생겨나고 있다고 거듭 이해하게 되면 "samudayadhammānupassī 생겨나게 하는 원인법을 관찰하는 이"라고 한다고 주석서에서 설명하였다.[65] 콧구멍 끝 등의 닿는 곳에서 들숨과 날숨이 단계적으로 부딪치면서 부분 부분, 새로 새로, 거듭 생겨나는 것을 분명히 구분하여 알고 보는 수행자도 'samudayadhammānupassī 생겨남의 성품을 관찰하는 이'라고 말할 수 있다.

또한 풀무의 본체도 없고, 풀무의 입구관도 없고, 바람이 빠져 나오도록 당기는 행위도 없으면 풀무에서 바람이 나오는 일이 없는 것처럼, 배 등의 몸도 없고, 콧구멍도 없고, 마음도 없다면 들숨날숨이라는 물질이 더이상 생겨나지 않고 소멸된 상태일 것이다. 그래서 '몸과 콧구멍과 마음이 없는 것이 들숨날숨을 사라지게 하는, 없게 하는 원인이다'라고 이해하게 되면 "vayadhammānupassī 사라지게 하는 원인법을 관찰하는 이"라고 한다고 주석서에서 설명하였다. 콧구멍 끝 등의 장소에 거듭 닿으면서 휙, 휙 단계적으로 거듭 사라져 가는 것을 새기는 중에 알고 보고 있는

65 DA.ii.355; 『네 가지 마음챙기는 공부』, p.128 참조.

수행자도 'vayadhammānupassī 소멸함의 성품을 관찰하는 이'라고 말할 수 있다.

여기에서 '생겨남과 사라짐에 대한 위의 설명은 주석서보다 더 넘어선 사족이다'라고 생각하지 말기 바란다.[66] 생겨나게 하는 원인과 사라지게 하는 원인을 알면 생겨남과 사라짐도 알게 되므로 생겨남과 사라짐을 생겨나게 하는 원인과 사라지게 하는 원인 속에 포함시켜 주석서에서 설명해 놓았다고 기억해야 한다. 무엇 때문인가? '들숨과 날숨이라는 물질이 생겨남과 사라짐이 없이 원래 그대로만 항상 머물러 있다'라고 생각하고 있으면 생겨나게 하는 법, 사라지게 하는 법이라고 하는 것조차 드러날 수 없기 때문이다. 또한 자세의 장 등에서 생겨남과 소멸함도 주석서에서 설명해 놓았기 때문이다.[67] 그 설명에서 주석해야 할 성전의 구절saṁvaṇṇetabba은 그 자세의 장에서나 이 들숨날숨의 장에서나 "samudayadhammānupassī, vayadhammānupassī"라고만 동일하게 되어 있다. 구절이 동일하면 그 의미도 동일해야 한다. 다르면 안 된다. 따라서 '생겨남과 사라짐'을 '생겨나게 하는 원인, 사라지게 하는 원인'에 포함시켜 설명해 놓았다고 확실하게 기억해야 한다.

특별한 것은 "samudayadhammānupassī, vayadhammānupassī"라는 등의 구절을 통해, 이 들숨날숨의 장도 「마하사띠빳타나숫따」에서 위빳사나만을 기본으로 해서 설하신 것이라는 사실이 분명하다. 무엇 때문인가? 사마타 수행에 있어서는 생겨나게 하는 원인법과 사라지게 하는 원인법, 혹은 생겨남과 사라짐의 법들을 관찰하고 볼 필요가 없다. 갈

66 주석서에서는 생겨나게 하는 원인과 사라지게 하는 원인의 관점으로만 설명하였기 때문에 이러한 생각을 할 수도 있다.

67 '무명이 생겨나기 때문에 물질이 생겨난다'는 등의 방법으로 다섯 가지 측면에서 물질 무더기의 생겨남과 사라짐을 분명히 이해해야 한다. DA.ii.358; 『네 가지 마음챙기는 공부』 p.134 참조.

애와 사견으로 의지하거나 집착하는 것이 아직 사라지지 않았기 때문에 'anissita(의지하지 않음)'도 될 수 없다. 'na upādiyati(집착하지 않는다)'에도 해당될 수 없다. 위빳사나 수행에서만이 이 모든 것을 성취할 수 있다. 이것이 위빳사나를 기본으로 설하신 것이라고 알아야 한다는 설명의 이유이다.

따라서 들숨날숨의 장에서 위빳사나가 생겨나는 모습을 다음과 같이 알아야 한다. 들숨날숨의 닮은 표상에 대해 어떤 선정 한 가지나 두 가지, 세 가지, 네 가지를 이미 얻은 수행자라면, 그 선정에 입정하고 나서 바로[68] 그 선정이나 선정의 대상인 들숨날숨을 관찰하여 생멸을 분명하게 알고 보는 것을 통해 위빳사나 지혜가 단계적으로 생겨나 의지하지 않음anissita, 집착하지 않음anupādāna이라는 작용이 성취되어 도의 지혜, 과의 지혜를 통해 열반을 실현하고 증득한다고 기억해야 한다. 이것은 "so jhānā vuṭṭhahitvā assāsa passāse vā pariggaṇhāti jhānaṅgāni vā(그는 선정으로부터 출정하여 들숨과 날숨이나 혹은 선정 구성요소들을 파악한다)"[69]라는 등의 주석서와 일치하는, 사마타 행자samatha yānika에게 위빳사나가 생겨나는 모습이다.

위빳사나 행자vipassanā yānika의 경우에는 콧구멍 끝이나 윗입술 등에 들숨과 날숨이 계속해서 닿을 때마다 관찰하면서 닿고 부딪치는 바람 요소, 감촉 물질의 생멸이나 닿아 아는 것의 생멸, 또는 관찰함의 생멸을 분명하게 알고 보는 것을 통해 위빳사나 지혜가 단계적으로 향상되어 의지하지 않음anissita, 집착하지 않음anupādāna이라는 작용이 성취되어 도의 지혜, 과의 지혜를 통해 열반을 실현하고 증득한다고 기억해야 한다.

68 저본에는 이렇게만 설명되어 있으나 '선정에 입정하였다가 출정하고 나서'라는 의미로 알아야 한다.
69 DA.ii.355; 『네 가지 마음챙기는 공부』, p.126 참조.

1. Kāyānupassanā (2) Iriyāpathapabba

Puna caparaṁ, bhikkhave, bhikkhu gacchanto vā 'gacchāmī'ti pajānāti, ṭhito vā 'ṭhitomhī'ti pajānāti, nisinno vā 'nisinnomhī'ti pajānāti, sayāno vā 'sayānomhī'ti pajānāti, yathā yathā vā panassa kāyo paṇihito hoti, tathā tathā naṁ pajānāti.
Iti ajjhattaṁ vā kāye kāyānupassī viharati, bahiddhā vā kāye kāyānupassī viharati, ajjhattabahiddhā vā kāye kāyānupassī viharati.
Samudayadhammānupassī vā kāyasmiṁ viharati, vayadhammānupassī vā kāyasmiṁ viharati, samudayavayadhammānupassī vā kāyasmiṁ viharati.
'Atthi kāyo'ti vā panassa sati paccupaṭṭhitā hoti yāvadeva ñāṇamattāya paṭissatimattāya anissito ca viharati, na ca kiñci loke upādiyati.
Evampi kho, bhikkhave, bhikkhu kāye kāyānupassī viharati.

Iriyāpathapabbaṁ niṭṭhitaṁ.

1. 몸 거듭관찰 (2) 자세의 장

Bhikkhave비구들이여, puna ca또한 aparaṁ다른 관찰모습이, bhikkhu비구는 gacchanto vā갈 때도; 가면서도; 가는 중에도; 가는 동안에도; 가는 순간에도; 가는 차례에도[70] 'gacchāmī'ti'간다'라고 pajānāti안다.❶ ṭhito vā설 때도; 서

70 본서 p.66 주55와 마찬가지로 처음이지만 저본에 충실하게 'vā'라는 단어를 포함해서 '갈 때도; 가는 차례에도'라고 번역하였다. 중간의 '가면서' 등도 마찬가지이다. 또한 저본에는 '가는 중에; 가는 동안에; 가는 순간에'에는 '~도'를 붙이지 않았지만 표현의 통일을 위해 모두 붙여 해석하였다.

면서도; 서는 중에도; 서는 동안에도; 서는 순간에도; 서는 차례에도 'ṭhitomhī'ti'선다'라고 pajānāti안다. nisinno vā앉을 때도; 앉으면서도; 앉는 중에도; 앉는 동안에도; 앉는 순간에도; 앉는 차례에도 'nisinnomhī'ti'앉는다'라고 pajānāti안다. sayāno vā누울 때도; 누우면서도; 눕는 중에도; 눕는 동안에도; 눕는 순간에도; 눕는 차례에도 'sayānomhī'ti'눕는다'라고 pajānāti안다.

Vā pana그리고 혹은; 또 다른 아는 모습과 방법이, assa그 수행하는 비구의 kāyo몸 무더기가 yathā yathā어떠어떠한 모습으로 paṇihito hoti유지되고 있다면 naṁ kāyaṁ그 몸 무더기를 tathā tathā그러그러한 모습으로; 그렇게 유지되고 있는 모습대로 pajānāti안다.❷

Iti이렇게 말한 방법을 통해 ajjhattaṁ vā kāye내부인 자신의 몸 무더기에 대해서도 kāyānupassī viharati'몸 무더기일 뿐이다'라고 관찰하며 지낸다. bahiddhā vā kāye외부인 다른 이의 몸 무더기에 대해서도 kāyānupassī viharati'몸 무더기일 뿐이다'라고 관찰하며 지낸다. ajjhattabahiddhā vā kāye때로는 자신의 몸 무더기에 대해서, 때로는 남의 몸 무더기에 대해서도[71] kāyānupassī viharati'몸 무더기일 뿐이다'라고 관찰하며 지낸다.❸

Kāyasmiṁ몸 무더기에 대해 samudayadhammānupassī vā생겨나게 하는 원인법과 생겨남의 성품을 관찰하면서도 viharati지낸다. kāyasmiṁ몸 무더기에 대해 vayadhammānupassī vā사라지게 하는 원인법과 사라짐의 성품을 관찰하면서도 viharati지낸다.❹ kāyasmiṁ몸 무더기에 대해 samudayavayadhammānupassī vā viharati생겨나게 하는 원인법과 사라지게 하는 원인법, 생겨남과 사라짐의 성품을 관찰하면서도 지낸다.

Vā pana그리고 혹은; 새김이 드러나는 모습의 또 다른 방법은 'atthi kāyo'ti'가

71 앞서 들숨날숨의 장과 약간 다르게 저본에 해석되어 그대로 따랐다. 이후에도 계속 이렇게 해석되었다.

는 등의 몸 무더기만 존재한다'라고 assa sati그 비구의 새김이 paccupaṭṭhitā hoti현전한다.❺ sā sati그렇게 현전한 새김은 yāvadeva ñāṇamattāya지혜를 단계적으로 향상시키기만 한다. yāvadeva paṭissatimattāya되새김을 단계적으로 향상시키기만 한다.

So bhikkhu새겨 아는 그 비구는 anissito ca또한 갈애나 사견으로 의지하지 않고 viharati지낸다고 말한다. loke다섯 취착무더기라는 세상 중에 kiñci어떠한 물질, 느낌, 인식, 형성, 의식도 na ca upādiyati자아나 나의 것이라고 갈애와 사견으로[72] 더 이상 집착하지 않는다.❻[73]

Bhikkhave비구들이여, bhikkhu비구는 evampi kho이와 같이; 이렇게 설명한 대로 kāye몸 무더기에 대해 kāyānupassī'몸 무더기일 뿐이다'라고 관찰하며 viharati지낸다.

Iriyāpathapabbaṁ자세를 관찰하는 장이 niṭṭhitaṁ끝났다.

72 '나의 것'으로 집착하는 것이 갈애로 집착하는 것이고 '자아'로 집착하는 것이 사견으로 집착하는 것이다. 순서는 저본 그대로 따랐다.

73 앞서 들숨날숨의 장과 약간 다르게 저본에 해석되어 그대로 따랐다. 이후에도 계속 이렇게 해석되었다.

1. 몸 거듭관찰 (2) 자세의 장에 대한 해설

❶ gacchanto vā갈 때도; 가면서도; 가는 중에도; 가는 동안에도; 가는 순간에도; 가는 차례에도 'gacchāmī'ti'간다'라고 pajānāti안다.

"가면 '간다'라고 알아야 한다"고 가르치신 부처님의 이 말씀에 대해 잘 알지 못하고 이해하지 못하는 이들은 대수롭지 않게 생각하기도 한다. 그래서 주석서에서는 그렇게 잘 알지 못하고 이해하지 못하는 이들의 견해로 반박하는 것을 드러내어 소개한 뒤에 다음과 같이 설명하면서 부처님의 가르침을 뒷받침해 놓았다.

> Kāmaṁ soṇasiṅgālādayopi gacchantā "gacchāmā"ti jānanti, na panetaṁ evarūpaṁ jānanaṁ sandhāya vuttaṁ. Evarūpañhi jānanaṁ sattūpaladdhiṁ na pajahati, attasaññaṁ na ugghāṭeti, kammaṭṭhānaṁ vā satipaṭṭhānabhāvanā vā na hoti. Imassa pana bhikkhuno jānanaṁ sattūpaladdhiṁ pajahati, attasaññaṁ ugghāṭeti kammaṭṭhānañceva satipaṭṭhānabhāvanā ca hoti. Idañhi "ko gacchati, kassa gamanaṁ, kiṁ kāraṇā gacchatī"ti evaṁ sampajānanaṁ sandhāya vuttaṁ. Ṭhānādīsupi eseva nayo.
>
> (DA.ii.356)

대역

Soṇasiṅgālādayopi개나 들개 등의 저열한 중생들도 gacchantā가면서

"gacchāmā"ti'간다'라고 kāmaṁ jānanti아는 것이 당연하겠지만[74] pana그렇긴 해도 etaṁ"가면 '간다'라고 안다"라는 부처님의 이 말씀은 evarūpaṁ jānanaṁ sandhāya일반 비구나 일반 사람들을 포함한 개나 들개 등의 저열한 중생들이 〔관찰하고 새기지 않고 자연스럽게 생겨나는〕 저절로 알게 되는 이러한 앎을 두고 na vuttaṁ말한 것이 아니다.[75] hi저절로 생겨나는 앎을 대상으로 한 것이 아닌 이유는 다음과 같다. evarūpaṁ jānanaṁ저절로 생겨나고 있는 이러한 앎은 sattūpaladdhiṁ na pajahati중생이라고 집착하는 견해를 제거하지 못했다. attasaññaṁ na ugghāṭeti자아나 나라고 생각하는 것도 떠나지 못했다; 빼내지 못했다. kammaṭṭhānaṁ vā수행주제나 satipaṭṭhānabhāvanā vā새김확립수행, na hoti어느 하나도 될 수 없다. pana사실은 imassa bhikkhuno〔"가면 '간다'라고 안다"라는 부처님의 가르침에 따라 관찰하고 있는〕 이 비구의 jānanaṁ특별한 앎은[76] sattūpaladdhiṁ pajahati중생이라고 집착하는 견해를 제거한다. attasaññaṁ ugghāṭeti자아나 나라고 생각하는 것도 떠날 수 있다; 빼낼 수 있다. kammaṭṭhānañceva진짜 수행주제이기도 하다. satipaṭṭhānabhāvanā ca hoti새김확립수행이기도 하다. hi수행주제이기

74 ㉯ 이 구절을 통해 위빳사나 지혜가 아직 생겨나지 않아 위빳사나에 대해 이해하지 못한 이들의 견해를 한 부분 인정하면서 보여주고 있다. 펌하garahā의 의미가 있는 '~도pi'라는 단어를 통해 "위빳사나 수행을 하지 않는 일반 비구, 사람들도 개나 들개 등처럼 알 수 있는 것은 말할 필요도 없다"라고 포함해서 설명해 준다.

75 ㉯ 이 구절을 통해 "관찰함이 없이 저절로 생겨나고 있는 앎들을 말하고자 하는 것이 아니라는 사실, 관찰함이 없이 저절로 생겨나고 있는 보통의 앎과 관찰하면서 생겨나는 수행자의 앎을 특별하게 잘 구별해서 대수롭지 않게 여기지 말아야 한다는 사실"을 설명해 준다.

76 ㉯ 이 구절에서 'pa'라는 접두사가 포함되지 않았어도 그 의미하는 바를 고려한다면 'pajānana'만을 뜻한다. 따라서 "pajānāti, pajānanaṁ"이라는 구절에 의지해서 'pa'라는 접두사를 포함하지 않고서 "jānāti, jānanaṁ"이라고 말할 수 있다는 사실, 그리고 그렇게 말하더라도 목적하는 바로서의 그 의미가 훼손되지 않는다는 사실을 알아야 한다. 미얀마어로 번역할 때도 'pa'라는 접두사를 포함시키지 않고 "pajānāti 안다, pajānanaṁ 앎, 지혜"라고 할 수 있다는 사실, 이렇게 번역해도 목적하는 바로서의 그 의미가 훼손되지 않는다는 사실을 알아야 한다.

도 하고 새김확립 수행이기도 한 모습은 다음과 같다. idaṁ"가면 '간다'라고 안다"라는 이 구절은 "ko gacchati누가 가는가?", "kassa gamanaṁ누구의 감인가?", "kiṁ kāraṇā gacchati무슨 이유 때문에 가는가?"iti라는 이러한 세 가지로 evaṁ sampajānanaṁ sandhāya이렇게 바르게, 다양하게 아는 것을 대상으로 vuttaṁ설하신 구절이다. ṭhānādīsupi섬 등의 자세들에 대해서도 eseva nayo이와 같은 방법이다.

위 주석서의 구절은 부처님의 말씀인 경전내용을 배제한 것이 아니다. 첨가하거나 변형시킨 것도 아니다. 사실은 부처님의 말씀에 대해 대수롭지 않게 생각할 사람들로 하여금 견해를 바르게 가지게 하여 공손하게 대하도록 설명하고 보여주어 부처님의 가르침을 뒷받침해 주는 말일 뿐이다. 그렇기 때문에 본승本僧도 이곳에서 바로 그 주석서를 의지하여 의심이 생겨날 만한 점을 제거하고 깨끗이 하여 빠알리 경전의 방법그대로가 바른 수행방법임을 수행자에게 실제 경험과 함께 뒷받침하는 말을 쓰려 한다.

부처님의 말씀에 대해 대수롭지 않게 여기는 이들이 "관찰하지 않는 일반 출가자나 재가자들도 갈 때는 '간다'라고 알지 않는가? 출가자나 재가자 등의 사람은 둘째 치고 개나 들개 등의 동물들조차 이렇게 알 수 있지 않은가?"라고 묻는다면 "알 수 있는 것은 맞다"라고 인정은 해야 할 것이다. "그렇게 알 수 있다면 '갈 때는 간다라고 안다'라는 수행자의 앎과 수행하지 않는 일반 출가자나 재가자들의 앎은 서로 같은 것 아닌가? 개나 들개 등 동물들의 앎과도 같은 것 아닌가?"라고 한다면 "같지 않다. 반대이다. 다르다. 동일하지 않다"라고 대답해야 한다. 자세하게 설명하겠다.

관찰하지 않는 일반인들, 또는 개나 들개 등의 동물들은 갈 때 가려는 마음과 앞으로 움직이는 물질을 그 마음과 물질이 계속해서 생겨날 때마다 자세하게 아는 것이 아니다. 마음과 물질을 분리해서 알지도 못한다. 단계적으로 생겨나는 가려고 함 때문에 단계적인 움직임이 생겨나는 것도 직접 경험하여 알지 못한다. 단계적인 가려고 함과 단계적인 움직임만 존재하는 것도 직접 경험하여 알지 못한다. 한 움직임에서 다음 움직임으로 이르지 못하고 부분, 부분 끊어져서 사라져 가는 것도 직접 경험하여 아는 것이 아니다. 사실은 개나 들개 등의 동물들을 포함해서 수행하지 않는 일반 사람들은 가는 동작이나 뻗는 동작의 처음이나, 중간이나, 끝이나 짧은 순간 정도만, 그것도 가끔씩만 안다. 대부분은 자신이 스스로 가고 있는 것을 인식하지 못하고 다른 어떠한 생각을 하면서 숙고하고 계획하며 새김 없이 무심코 가고 있는 시간만 한계를 알 수 없을 정도로 매우 많다. 혹은 스스로 가고 있는 것을 가끔 인식한다 하더라도 항상 존재하고 있는 나로만 생각한다. 가기 전에 존재하고 있던 마음과 물질, 바로 그대로 가고 있다고 생각한다. 가고 있는 중에 존재하고 있는 마음과 물질, 바로 그것이 새로운 장소에 도달한다고 생각한다. 가기 전이든, 가는 중이든, 가고 난 후에든, 한 사람, 한 몸, 한 실체라고만 생각한다.

따라서 이렇게 아는 종류는 중생이라고 생각하여 집착하는 견해도 제거하거나 버릴 수 없다. 자아라거나 나라고 생각하는 것도 제거하거나 빼낼 수 없다. 그러한 종류의 앎을 대상으로 하여서는 그들의 상속에 다시 관찰하여 아는 위빳사나가 생겨나지 않기 때문에 'bhāvanākammassa ṭhānaṁ(수행 행위의 토대이다)'[77]이라는 단어 분석에 따라서도 수행주제kammaṭṭhāna라고 말할 수 없다. 그러한 앎에 계속 이

77 수행의 대상이 되기 때문에 수행주제라고 한다는 뜻이다. 일반 사람들이 아는 것을 대상으로 해서는 수행이 생겨나지 않기 때문에 수행의 대상이 되지 못한다. 그래서 수행주제가 아니다.

어서 위빳사나 지혜들이 생겨나지 않기 때문에 'bhāvanākammameva uttaruttarabhavanāyaṭhānaṁ(수행 행위 자체가 그보다 여러 윗단계 수행의 토대이다)'[78]이라는 단어 분석에 따라서도 수행주제라고 말할 수 없다. 확고한 새김이라는 새김확립과 함께 생겨나는 앎이 아니기 때문에 새김확립수행satipaṭṭhānabhāvanā도 될 수 없다. 따라서 "가면 '간다'라고 안다"라는 부처님의 말씀은 개나 들개 등의 동물들을 포함해 관찰하지 않은 일반 사람들의 그러한 앎을 대상으로 해서 말한 것이 아니라고 알아야 한다.

갈 때마다, 즉 다리를 들 때마다, 뻗을 때마다, 놓을 때마다 끊임없이 자세하게 관찰하고 있는 수행자들은 가려고 하는 마음도 물질과 섞임 없이 따로 구분하여 확실하게 안다. 팽팽하고 밀어주고 움직이는 몸도 마음과 섞임 없이 따로 구분하여 확실하게 안다. 단계적으로 생겨나는 가려고 함 때문에 단계적인 팽팽함과 움직임이 생겨나는 것도 직접 경험하여 안다. 단계적인 가려고 함과 단계적인 팽팽함, 움직임만 존재하는 것도 분명하게 안다. 가려고 함들이 움직임에 이르지 못하고, 움직임들도 한 움직임에서 다음 움직임에 이르지 못한 채 부분, 부분 끊어져서 사라져 가는 것도 직접 경험하여 안다. 한 걸음마다에도 〔주석서에서 설명한 대로 듦-올림-뻗음-내림-놓음-누름의〕 여섯 부분씩이든지 그보다 더 많게든지 부분, 부분 끊어져 사라져 가는 것도 그렇게 관찰하고 있으면서 분명하게 계속해서 알게 된다.

따라서 이 수행자의 앎은 "①ko gacchati 누가 가는가? 갈 수 있는 자아, 나가 있는가? ②kassa gamanaṁ 누구의 감인가? 감의 주인인 자아, 나가 있는가? ③kiṁ kāraṇā gacchati 무슨 이유 때문에 가는가? 감이 생

78 그보다 위의 단계, 또 그보다 위의 단계 수행의 토대이기 때문에 수행주제라고 한다는 뜻이다. 일반 사람들이 아는 것을 대상으로 해서는 계속해서 더 높은 단계의 수행이 생겨나지 않는다. 그래서 수행주제가 아니다.

겨나는 것의 원인은 무엇인가?"라는 이러한 질문 세 가지에 대해 잘 대답할 수 있을 정도로 알기 때문에 '바른 앎의 지혜sampajānana ñāṇa'라고 말한다. '미혹없음 바른 앎asammoha sampajañña'이라고 말한다. 바로 이 지혜는 재관찰paṭivipassanā의 대상이 되기 때문에 'bhāvanākammassa ṭhānaṁ(수행 행위의 토대이다)'이라는 단어 분석에 따라서도 수행주제kammaṭṭhāna라고 말할 수 있다. 그러한 앎에 계속 이어서 위빳사나 지혜들이 강하게 생겨나게 하기 때문에 'bhāvanākammameva uttaruttarabhavanāyaṭhānaṁ(수행 행위 자체가 그보다 여러 윗단계 수행의 토대이다)'이라고 하는 단어 분석에 따라서도 수행주제kammaṭṭhāna라고 말할 수 있다. 확고한 새김이라는 새김확립과 함께 생겨나는 앎이기 때문에 새김확립수행satipaṭṭhānabhāvanā도 된다.

세 가지 질문에 대해 잘 대답할 수 있을 정도로 아는 모습은 다음과 같다. 몸과 마음의 여러 현상들이 생겨날 때마다 그것을 자세하게 끊임없이 관찰하고 있는 수행자는 삼매와 지혜가 성숙해졌을 때, 갈 때마다, 움직일 때마다 잘 집중해서 관찰하기 때문에 가려고 하는 마음과, 팽팽함과 밀어줌인 바람 요소라는 물질 무더기만 단계적으로 생멸하고 있는 것을 직접 경험할 수 있다. 그래서 "어떤 누가 가는 것이 아니다. 갈 수 있는 자아, 나, 중생이라는 것은 없다. 가려고 하는 마음과 팽팽함, 밀어줌, 움직임 등의 물질 무더기만 존재한다"라고 분명하게 알게 된다. 이 앎이 "ko gacchati 누가 가는가?"라는 첫 번째 질문에 대해 잘 대답할 수 있을 정도로 아는 모습이다.

또한 수행자는 팽팽함, 밀어줌, 움직임이라고 하는 그 가는 현상에 대해 주재하고 준비할 수 있는 주인을 경험하지 못한다. 단계적인 가려고 하는 마음 때문에 단계적인 팽팽함, 밀어줌, 움직임만 새로, 새로 끊임없이 생겨나고 있는 것만 경험할 수 있다. 그래서 "감이라는 것은 어느 누구의 행위가 아니다. 감을 지배하고 소유하고 있는 자아, 나라는 것은 없다"고 분명하게 알게 된다. 이 앎이 "kassa gamanaṁ 누구의 감인가?"라는 두 번째 질문에 대해 잘 대답할 수 있을 정도로 아는 모습이다.

또한 수행자는 아직 가기 전, 가려고 하는 마음이 생겨나는 것을 새겨 안다. 그 마음의 힘 때문에 단계적으로 생겨나고 있는 팽팽함, 밀어줌, 움직임들도 단계적으로 알 수 있다. 그래서 "'내가 간다, 그가 간다' 라는 말은 단지 부르고 표현하는 말일 뿐이다. 사실대로 말하자면 가려고 하는 마음 때문에 한 동작, 한 동작 단계적으로 생멸해 가는 팽팽함, 밀어줌, 움직임들의 무더기만 존재한다"라고 분명하게 알 수 있다. 이 앎이 "kiṁ karaṇā gacchati 무슨 이유 때문에 가는가?"라는 세 번째 질문에 대해 잘 대답할 수 있을 정도로 아는 모습이다.

여기에서 확실하게 명심할 수 있도록 주석서의 구절도 설명해 보겠다.

> Tattha ko gacchatīti? Na koci satto vā puggalo vā gacchati. Kassa gamananti? Na kassaci sattassa vā puggalassa vā gamanaṁ. Kiṁ kāraṇā gacchatīti? Cittakiriyavāyodhātuvipphārena gacchati. Tasmā esa evaṁ pajānāti– "gacchāmī"ti cittaṁ uppajjati, taṁ vāyaṁ janeti, vāyo viññattiṁ janeti, cittakiriyavāyodhātuvipphārena sakalakāyassa purato abhinīhāro gamananti vuccati. Ṭhānādīsupi eseva nayo. Tatrāpi hi "tiṭṭhāmī"ti cittaṁ uppajjati, taṁ vāyaṁ janeti, vāyo viññattiṁ janeti, cittakiriyavāyodhātuvipphārena sakalakāyassa koṭito paṭṭhāya ussitabhāvo ṭhānanti vuccati. "Nisīdāmī"ti cittaṁ uppajjati, taṁ vāyaṁ janeti, vāyo viññattiṁ janeti, cittakiriyavāyodhātuvipphārena heṭṭhimakāyassa samiñjanaṁ

uparimakāyassa ussitabhāvo nisajjāti vuccati. "Sayāmī"ti cittaṁ uppajjati, taṁ vāyaṁ janeti, vāyo viññattiṁ janeti, cittakiriyavāyodhātuvipphārena sakalasarīrassa[79] tiriyato pasāraṇaṁ sayananti vuccatīti.

(DA.ii.357)

대역

Tattha"세 가지 질문에 대해 잘 대답할 수 있을 정도로 안다"라고 하는 그 구절에서, 또는 그 세 가지 질문 중에 ko gacchatīti"누가 가는가?"라는 질문에 대해서는 koci satto vā puggalo vā어떤 한 중생, 어떤 한 개인이 na gacchati가는 것이 아니다. kassa gamananti"누구의 감인가?"라는 질문에 대해서는 kassaci sattassa vā puggalassa vā어떤 한 중생이나 개인의 na gamanaṁ감이 아니다. kiṁ kāraṇā gacchatīti"무슨 이유 때문에 가는가?"라는 질문에 대해서는 cittakiriyavāyodhātuvipphārena마음에 의해 만들어진 팽팽함, 움직임이라는 바람요소의 퍼짐, 확산 때문에 gacchati간다. tasmā따라서 esa가면 '간다'라고 관찰하는 이 수행자는 evaṁ pajānāti이렇게 다양하게 안다.[80] "gacchāmī"ti cittaṁ'가리라'고 생각하는 마음이 uppajjati제일 먼저 생겨난다. taṁ그 마음은 vāyaṁ janeti팽팽함, 움직임이라는 바람 요소를 생겨나게 한다. vāyo팽팽함, 움직임이라는 바람은 viññattiṁ몸 암시라는 밀어주는 특별한 힘을 janeti생겨나게 한다.[81] cittakiriyavāyodhātuvipphārena마음에 의해 만들어진 팽팽함, 움

79 저본에는 'sakalakāyassa'로 되어 있으나 제6차 결집본을 따랐다.

80 저본에서 pajānāti를 '다양하게, 여러 가지로 안다'라고 해석하였다.

81 ㉥ 가는 중에 관찰하고 있는 수행자에게 다리 등의 몸 부분에서 팽팽함이 분명하다. 이러한 팽팽함은 바람 요소의 팽팽함vitthambhana이라는 고유특성이다. 한 동작씩, 한 동작씩 움직임도 분명하다. 이 움직임은 바람 요소의 움직임samudīraṇa이라는 역할이다. 가려고 하는 곳, 앞쪽으로 밀어주고 당겨주고 있는 것

직임이라는 바람 요소의 퍼짐, 확산 때문에 sakalakāyassa온몸 전체가 purato abhinīhāro앞의 방향으로 이끌려 가는 것을 gamananti vuccati'감'이라고 말한다. ṭhānādīsupi서는 것 등에 대해서도 eseva nayo이 방법과 동일하다. hi상설하자면 다음과 같다. tatrāpi그 서는 것 등에서도 "tiṭṭhāmī, nisīdāmī, sayāmī"ti cittaṁ'서리라, 앉으리라, 누우리라'고 생각하는 마음이 uppajjati제일 먼저 생겨난다. taṁ그 마음은 vāyaṁ janeti팽팽함, 움직임이라는 바람 요소를 생겨나게 한다. vāyo팽팽함, 움직임이라고 하는 바람은 viññattiṁ몸 암시라는 밀어주는 특별한 힘을 janeti생겨나게 한다. …[82] cittakiriyavāyodhātuvipphārena마음에 의해 만들어진 팽팽함, 움직임이라는 바람 요소의 퍼짐, 확산 때문에 sakalakāyassa온몸 전체가 koṭito paṭṭhāya ussitabhāvo아래 끝으로부터 시작해서 곧게 선 상태를 ṭhānanti vuccati'섬'이라고 말한다. … heṭṭhimakāyassa samiñjanaṁ uparimakāyassa ussitabhāvo아래 부분의 몸은 구부리고 윗부분의 몸은 곧게 편 상태를 nisajjāti vuccati'앉음'이라고 말한다. … sakalasarīrassa온 신체 전체가[83] tiriyato pasāraṇaṁ옆으로 펴져 있는 상태를 sayananti vuccatī'누움'이라고 말한다. iti이와 같이 pajānāti다양하게 안다.[84]

처럼 분명하기도 하다. 이러한 밀어줌, 당겨줌의 모습은 바람 요소의 이끎abhinīhāraṇa이라는 나타남, 즉 수행자의 지혜에 분명하게 드러나는 모습, 현상이다. 그래서 알기 쉽도록 바람 요소를 '팽팽함, 움직임이라는 바람은'이라고 번역하였다. "(팽팽함, 움직임이라는) 바람 요소가 (몸 암시라는 밀어주는 특별한 힘인) 바람 요소를 생겨나게 한다"라는 구절에서 밀어줌의 특별한 힘과 함께 바람 요소 물질이 생겨나는 것을 설명하는 것만이 원래 말하고자 하는 바다. 사실은 바람 요소와 함께하는 암시 물질은 마음 때문에 생겨나는 마음생성물질이다. 바람 때문에 생겨나는 바람생성물질이 아니다.

82 ㉾ 동일한 내용은 일부 생략하였다.

83 역시 저본에는 'sakalakāyassa온몸 전체가'로 되어 있으나 제6차 결집본을 따라 대역하였다.

84 ㉾ 이 주석서에서 설명한 수행자의 분명한 앎의 지혜pajānana ñāṇa, 즉 다양하게 아는 모습 중에 '온몸이 앞으로 이동함, 온몸이 곧게 펴져 있음, 한 부분은 굽혀져 있고 한 부분은 펴져 있음, 온몸이 옆으로 펴져 있음'이 포함되어 있다는 사실에 특히 주의해야 한다. 또한 눈 한 번 깜짝할 사이에도 1조 번 이상 미립자 같은 물질들이 생겨나고 있는 것을 관찰하는 모습, 알고 보는 모습, 숙고하는 모습들은 포함되지 않았다는 사실, 마음과 바람 요소만 관찰하는 모습, 알고 보는 모습이 분명하다는 사실, 이 점에도 매우 신중하게 주의해야 한다.

Tassa evaṁ pajānato evaṁ hoti. "satto gacchati, satto tiṭṭhatī"ti vuccati, atthato pana koci satto gacchanto vā ṭhito vā natthi. Yathā pana "sakaṭaṁ gacchati, sakaṭaṁ tiṭṭhatī"ti vuccati, na ca kiñci sakaṭaṁ nāma gacchantaṁ vā ṭhitaṁ vā atthi, cattāro pana goṇe yojetvā chekamhi sārathimhi pājente "sakaṭaṁ gacchati, sakaṭaṁ tiṭṭhatī"ti vohāramattameva hoti, evameva pājanīyaṭṭhena[85] sakaṭaṁ viya kāyo, goṇā viya cittajavātā, sārathi viya cittaṁ. "Gacchāmi, tiṭṭhāmī"ti citte uppanne vāyodhātu viññattiṁ janayamānā uppajjati, cittakiriyavāyodhātuvipphārena gamanādīni pavattanti, tato "satto gacchati, satto tiṭṭhati, ahaṁ gacchāmi, ahaṁ tiṭṭhāmī"ti vohāramattaṁ hotiti.

(DA.ii.357)

대역

Evaṁ pajānato이렇게 말한 대로 '가려는 마음 등의 원인 때문에 생겨나는 팽팽함, 움직임이라는 바람 요소의 힘을 통해 감 등이 생겨나고 있다'라고 아는 tassa그 수행자에게 evaṁ hoti다음과 같은 결정함, 이해함이 생겨난다; 다음과 같이 결정하고 이해하게 된다. "satto gacchati, satto tiṭṭhatī"ti'중생이 간다, 중생이 선다'라고 vuccati많은 이들이 말하고 표현한다. pana하지만 atthato바른 성품에 따른다면 gacchanto vā ṭhito vā갈 수 있는, 설 수 있는 koci satto어떤 한 중생이라고는 natthi없다. pana비유를 보여주자면, "sakaṭaṁ gacchati, sakaṭaṁ tiṭṭhatī"ti'수레가 간다, 수레가 멈춘다'라고 vuccati많은 사람들이 말하고 표현한다. ca그렇다 해도

85 ajānanaṭṭhena(cha.).

gacchantaṁ vā ṭhitaṁ vā 저절로 갈 수 있거나, 저절로 멈출 수 있는 kiñci sakaṭaṁ nāma 어떤 한 수레라고는 na atthi 있지 않다. pana 사실대로 말하자면 cattāro goṇe yojetvā 네 마리의 소를 묶어서[86] chekamhi sārathimhi pājente 수레를 잘 몰고 갈 수 있는 달구지꾼이 몰면 "sakaṭaṁ gacchati, sakaṭaṁ tiṭṭhatī"ti '수레가 간다, 수레가 멈춘다'라는 vohāramattameva 명칭 정도만 hoti yathā 있는 것처럼 evameva 바로 이와 마찬가지로 pājanīyaṭṭhena 몰아진다, 가게 된다는 의미로[87] kāyo 몸은 sakaṭaṁ viya 수레와 같다. cittajavātā 가려 함, 서려 함, 앉으려 함, 누우려 함이라는 마음 때문에 생겨나는 팽팽함, 움직임이라는 바람 요소 네 가지는 goṇā viya 네 마리의 소와 같다. cittaṁ 가려고 함, 서려 함, 앉으려 함, 누우려 함 등으로 생각하는 마음은 sārathi viya 수레를 모는 달구지꾼과 같다. "gacchāmi, tiṭṭhāmī"ti citte uppanne '가리라, 서리라'는 등의[88] 마음이 생겨나면 vāyodhātu 바람 요소는[89] viññattiṁ janayamānā uppajjati 팽팽하게 하고 움직이게 하는 특별한 힘까지[90] 생겨나게 하면서 생겨난다. cittakiriyavāyodhātuvipphārena 마음에 의해 만들어진 팽팽함과 움직임의[91] 확산 때문에 gamanādīni 감 등이 pavattanti 끊임없이 생겨난다. tato 그렇게 끊임없이 생겨나기 때문에 "satto gacchati, satto tiṭṭhati, ahaṁ gacchāmi, ahaṁ tiṭṭhāmī"ti '중생이 간다, 중생이 선다, 내가 간다, 내가 선다'라는 등으로 vohāramattaṁ hoti 표현하는 명

86 ㉯ 네 가지 자세와 관련된 바람 요소 네 가지와 대비되도록 소 네 마리를 예로 들었다고 알아야 한다.

87 원문이 피동문으로 번역되어 한국어로 번역하기가 쉽지 않다. 수레가 달구지꾼에 의해 몰아지는 것처럼 몸도 마음에 의해 몰아지는 것을 뜻한다. 제6차 결집본에는 'ajānanaṭṭhena(알지 못한다는 의미로)'라고 되어 있다.

88 ㉯ 여기에서 'iti'라는 단어는 '~등[ādi]'이라는 의미이다.

89 '바람 요소는'이라는 해석은 역자가 첨가하였다. *Ashin Nandavaṁsa*, 『*Thoukmahāvā Aṭṭhakathā Nissaya*디가 니까야 대품 주석서 대역』 제2권, p.389 참조.

90 몸 암시를 말한다.

91 바람 요소를 말한다.

칭만 있을 뿐이다. iti이러한 결정함, 이해함이 생겨난다; 이와 같이 결정하고 이해하게 된다.

Tenāha

Nāvā mālutavegena, jiyāvegena tejanaṁ;
Yathā yāti tathā kāyo, yāti vātāhato ayaṁ.
Yantaṁ suttavaseneva, cittasuttavasenidaṁ;
Payuttaṁ kāyayantaṁpi, yāti ṭhāti nisīdati.
Ko nāma ettha so satto, yo vinā hetupaccaye;
Attano ānubhāvena, tiṭṭhe vā yadi vā vajeti.

(DA.ii.357)

대역

Tena이렇게 결정하고 이해할 수 있기 때문에 āha옛 주석서에서 다음과 같이 게송으로 말해 놓았다.

nāvā돛을 달아 가는 돛단배가
mālutavegena바람의 힘 때문에
yāti yathā가는 것처럼, 또는
tejanaṁ활이
jiyāvegena활줄의 힘 때문에
yāti yathā가는 것처럼
tathā그와 마찬가지로
ayaṁ kāyo이 몸, 물질도
vātāhato마음에서 생성된 바람이 밀어주기 때문에

yāti간다.[92]

yantaṁ꼭두각시가

suttavaseneva줄의 힘에 따라

payuttaṁ조정되어

yāti iva가는 것처럼

idaṁ kāyayantampi이 몸이라는 꼭두각시도

cittasuttavasena마음이라는 줄의 힘에 따라

yāti가기도 가고

ṭhāti서기도 서고

nisīdati앉기도 앉고

sayati눕기도 눕는다.[93][94]

yo어떤 중생이

vinā hetupaccaye마음이라는 근본원인과 팽팽함, 움직임이라는 지지하는 조건이 없이

attano ānubhāvena자신의 힘만으로

tiṭṭhe vā설 수도 있고

yadi vā vaje갈 수도 있는

so satto그러한 어떤 중생이

ettha이 세상에

ko nāma어떠한 이름의 중생이겠는가?;

---

92 ㉑ 이 구절을 통해 'paccaya'라는, 지원해 주고 지지해 주는 조건인 바람 요소 때문에 몸의 가는 동작이 성취되는 모습을 설명하였다.

93 ㉑ 이 구절을 통해 'hetu'라는, 근본원인인 마음 때문에 몸이 가는 것 등이 성취되는 모습을 설명하였다. 이 두 구절을 통해 원인조건인 마음과 일반조건인 바람 요소 때문에 몸의 가는 동작 등이 성취되는 모습을 설명하였다.

94 '눕기도 눕는다'라는 표현은 본문 게송에는 없으나 저본에 첨가되어 있어 그대로 따랐다.

어떻게 있을 수 있겠는가; 없다.[95]

iti이렇게 과거 주석서에서 설명하였다.

Tasmā evaṁ hetupaccayavaseneva pavattāni gamanādīni sallakkhento esa "gacchanto vā 'gacchāmī'ti pajānāti, ṭhito vā, nisinno vā, sayāno vā 'sayānomhī'ti pajānātī"ti veditabbo.

(DA.ii.357)

대역

Tasmā가면 '간다'라고 이러한 등으로 관찰하여 알고 있는 수행자는 가려는 마음 등과 그 마음 때문에 생겨나는 팽팽함, 움직임이라는 물질 무더기만 경험하게 되어 "갈 수 있는, 설 수 있는, 앉을 수 있는, 누울 수 있는 개인, 중생이라고는 없다. 가려는 마음 등과 가려는 마음 때문에 생겨나는 팽팽함, 움직임 등만 존재한다. 이 마음, 이 물질에 따라서 감 등이 끊임없이 생겨나고 있다"라고 결정하고 이해할 수 있기 때문에, 바로 그 이유 때문에[96] evaṁ이렇게 말한 대로 hetupaccayavaseneva pavattāni마음이라는 근본원인, 팽팽함과 움직임이라는 지지하는 조건, 바로 그것에 따라서 끊임없이 생겨나고 있는 gamanādīni감 등을 sallakkhento[97]잘 새기고 있는[98] esa이 수행자를 두고[99] gacchanto vā 'gacchāmī'ti

95 ⓦ "ko nāma"에서 'kiṁ'이라는 단어는 반어paṭikkhepa의 의미가 있다. '없다natthi'라는 의미와 동일하다.

96 ⓦ 여기에서 'ta'라는 단어는 'evaṁ jānato evaṁ hoti 이와 같이 알기 때문에, 이렇기 때문에'라는 구절을 고려했다. 그래서 쉽고 분명하게 하기 위해 자세하게 드러내어 그 의미를 설명하였다.

97 ⓦ 여기서 'sallakkhento'라는 빠알리어를 사용한 점, 또한 그 의미에 특히 주의하라.

98 보통 '주시한다'라고 번역을 한다. 이곳에서는 대상을 새김을 통해 관찰하는 것을 뜻한다는 것에 주의하라는 말이다.

99 ⓦ 'veditabbo ~라고 알아야 한다'와 연결하여 해석하라.

pajānāti, ṭhito vā, nisinno vā, sayāno vā 'sayānomhī'ti pajānātīti"가면 '간다'라고 안다"라고 한다고, "서면 '선다'라고 안다"라고 한다고, "앉으면 '앉는다'라고 안다"라고 한다고, "누우면 '눕는다'라고 안다"라고 한다고 veditabbo 알아야 한다.

위 주석서의 구절에서 "hetupaccayavaseneva pavattāni gamanādīni(마음이라는 근본원인, 팽팽함과 움직임이라는 지지하는 조건, 바로 그것에 따라서 끊임없이 생겨나고 있는 감 등을)"라는 구절을 통해 "가려는 것, 가는 동작 등을 통해 끊임없이 생겨나고 있는 마음과 물질들, 바로 그것을 감, 섬, 앉음, 누움이라고 한다는 사실"을 알게 한다. "gamanādīni sallakkhento esa(감 등을 잘 새기고 있는 이 수행자를 두고)"라는 구절을 통해 "바로 그 감 등을 자세하게 잘 새겨야 한다"라는 사실과, 또한 "그렇게 새기고 있는 바로 그 수행자를 두고 가면 '간다'라고, 서면 '선다'라고, 앉으면 '앉는다'라고, 누우면 '눕는다'라고 아는 이"라고 말한다는 사실을 알게 한다.

여기에 드러내 설명했던 주석서의 구절 모두는 "gacchanto vā 'gacchāmī'ti pajānāti(가면 '간다'라고 안다)"라는 빠알리 성전에서 'pajānāti'라는 단어대로 다양하게 아는, 바른 앎sampajāna이라고 말하는 미혹없음 바른 앎의 지혜asammoha sampajañña ñāṇa가 생겨나는 모습을 구족하게 설명한 내용이다. 다양하게 아는 모습에 대해 이 주석서의 구절보다 더 자세하게 설명한 어떠한 성전, 주석서, 복주서도 더 이상 없다. 따라서 여기에서 설명한 대로 질문 세 가지에 따라 구족하게 안다면 'pajānāti'라는 단어대로 다양하게, 바르게 아는 미혹없음 바른 앎이 생겨난다고 확실하게 기억해야 한다. 이 미혹없음 바른 앎도 갈 때마다, 움직일 때마다, 자세하고 끊임없이 관찰하고 새기는 것인 영역 바른 앎

gocara sampajañña[100]을 갖추어야만 생겨날 수 있다. 영역 바른 앎을 구족하지 않으면 생겨날 수 없다. 따라서 "수행자는 미혹없음 바른 앎이 생겨나게 하기 위해서 갈 때마다, 움직일 때마다 자세하게 관찰하여 새기는 것인 바로 그 영역 바른 앎을 끊임없이 생겨나게 해야 한다"라고 알게 하기 위해서 "gacchanto vā 'gacchāmī'ti pajānāti"라는 이 가르침의 구절을 부처님께서 설하신 것이라고 의심 없이 명심해야 한다.

여기에서 특히 주의해야 할 점이 있다. 이러한 설명에 대해 '주석서나 성전을 변형했거나 왜곡한 설명이다'라고 생각하는 것은 성전의 여러 방법을 거부하는 것이 되어, 주석서 스승들이 바라는 바도 아닐 뿐더러 부처님의 말씀도 거부하는 것이 되기 때문에 매우 큰 허물이 될 것이라는 사실을 신중하게 주의해야 한다. 사실대로 말하자면 성전에서는 영역 바른 앎에 따라 관찰하는 모습과 방법을 숨기지 않고 직접적으로 드러내어 설명해 놓았다. 주석서에서는 그 방법대로 관찰하고 새기고 있는 이, 바로 그에게 삼매와 지혜가 성숙되었을 때 미혹없음 바른 앎이 생겨나는 모습을 드러내어 설명하여 바로 그 성전의 방법을 뒷받침해 주었다. 부처님의 가르침은 스스로 보아 알 수 있는sandiṭṭhika 공덕을 구족하였다. 진실로 노력하면 스스로 직접 경험하여 알 수 있다. 스스로 경험하여 알 수 있는, 이렇게 스스로 보아 알 수 있는 공덕을 구족한 법을 들어서sutamaya, 생각해서cintāmaya, 책을 보는 것 정도만으로 분석하고, 숙고하고, 의심하면서 거부하고 배제하고 있는 것으로는 아무런 이익도 생겨날 수 없다. 진실로 노력해 보아야만 성전이나 주석서에서 설명해 놓은 대로 법의 특별한 맛을 직접 경험하여 진실로 많은 이익들을 얻을 수 있다. 따라서 확실하고 자세하게 가르쳐 줄 수 있는 스승에게 가

100 『네 가지 마음챙기는 공부』, pp.136~151 참조.

서 공손하게 그 방법을 받아들여 '성전이나 주석서에서 말한 그 모든 것이 사실이구나'라고 직접 스스로 확실하게, 당당하게 주장할 수 있을 정도로 구족하게 노력하도록 특히 주의하기 바란다.

❷ vā pana그리고 혹은; 또 다른 아는 모습과 방법이, assa그 수행하는 비구의 kāyo몸 무더기가 yathā yathā어떠어떠한 모습으로 paṇihito hoti유지되고 있다면 naṁ kāyaṁ그 몸 무더기를 tathā tathā그러그러한 모습으로; 그렇게 유지되고 있는 모습대로 pajānāti안다.

이 구절을 "모든 것을 포함하여 말하는 구절sabbasaṅgāhika"이라고 주석서에서 설명하였다. 따라서 몸 무더기가 어떠한 자세나 모습으로 머물고 있든지 그 머물고 있는 모습이나 자세 그대로 그 몸 무더기를 새겨 알아야 한다. 종류로 나누어서 설명하자면 "가는 자세로 머물고 있으면 그 몸을 '간다, 간다'라고 새겨 알아야 한다. 서 있거나 앉아 있거나 누워 있는 자세로 머물고 있으면 그 몸을 '선다, 앉는다, 눕는다'라고 새겨 알아야 한다"라는 말이다. 또한 가고 있는 동안이나 서 있는 동안에, 앉아 있는 동안에, 누워 있는 동안에 흔들림이나 넘어짐, 굽힘, 내밂 등의 여러 가지 움직임들, 혀나 입술을 가다듬는 것, 배의 부풂과 꺼짐[101] 등 신체 각 부분을 여러 가지로 움직이면서 머물고 있어도 '흔들린다, 넘어진다, 굽힌다, 내민다, 움직인다, 가다듬는다, 부푼다, 꺼진다'라고 그 각각의 모습을 통해서 새겨 알아야 한다. 맞다. 이러한 동작들이 분명함에도 불구하고 신체 각 부분의 동작들을 관찰하지 않아 무상이라고, 괴로움이라고, 무아라고 알지 못하면 그러한 것들에 대해서도 항상하다고, 행복하다고, 자아라

101 본서 p.272를 참조하라.

고 생각하여 집착하는 번뇌가 생겨날 수 있다. 위빳사나라는 것은 번뇌가 생겨날 수 있는 그 모든 것을 관찰하여 잠재번뇌의 토양anusaya bhūmi을 무너뜨려 통찰지의 토양paññā bhūmi이 생겨나도록 바꿔주고 지지해 주는 법이다. 따라서 이 구절은 주요한 네 가지 자세와 함께 이러한 신체 각 부분의 여러 움직임도 남김없이 포함해서 관찰하도록 나타내어 설명한 "모든 것을 포함하여 말하는 구절sabbasaṅgāhika"이라고 기억해야 한다.[102]

또 다른 설명 방법은 다음과 같다. "ye vā pana; yaṁ yaṁ vā pana"라는 등으로 설하신 다른 성전의 구절들에서는 "vā pana"와 함께 표현한 이러한 구절을 통해서 이미 설명한 것을 제외한 나머지 의미만을 취한다. 이미 설명을 마친 것을 다시 한 번 더 취하는 경우는 거의 없을 정도로 매우 적다. 따라서 "vā pana"라는 구절과 함께 표현한 이 구절을 통해서는 이미 설명을 마친 네 가지 기본자세를 제외한 나머지 부분적인 몸 동작들만을 취하는 것이 적당하다. 이렇게 취한다면 다른 성전들에서 그 의미를 취하는 방법이나 모습과 하나로 잘 일치하기 때문에 매우 분명하다.[103]

특히 다음의 사실에 주의해야 한다. 부분적인 여러 작은 동작들 중에 배의 부풂과 꺼짐은 들숨과 날숨과 관련되어 생겨나기 때문에 여섯 가지 바람 요소[104]에 포함된 들숨날숨이라는 바람 요소에 포함된다고 알아야 한다. 무엇 때문인가? 들숨날숨은 배 등의 몸과 연결된kāya paṭibaddha 것이기 때문에 몸 형성kāyasaṅkhāra이라고 하기 때문이다.[105]

❸ bahiddhā vā kāye 외부인 다른 이의 몸 무더기에 대해서도 kāyānupassī

102 복주서의 첫 번째 방법이다. ㉯ 이것에 대한 자세한 설명은 본서 pp.280~282를 참조하라.

103 복주서의 두 번째 방법이다. 본서 pp.282~286을 참조하라.

104 『네 가지 마음챙기는 공부』 p.186; 본서 p.144 참조.

105 이렇게 설명한 이유는 본서 p.293에 다시 설명되었다.

viharati‘몸 무더기일 뿐이다’라고 관찰하며 지낸다. ajjhattabahiddhā vā kāye때로는 자신의 몸 무더기에 대해서, 때로는 남의 몸 무더기에 대해서도 kāyānupassī viharati‘몸 무더기일 뿐이다’라고 관찰하며 지낸다.

이 구절을 통해 다른 이가 가고 있는 모습 등을 숙고하거나 보면서 관찰하도록 가르친 것이라고 알아서는 안 된다. 사실대로 말하자면 자신의 가는 동작 등을 새기고 있는 동안 가려는 마음 등 때문에 팽팽함과 움직임이라는 물질 무더기만 단계적으로 끊임없이 생멸하고 있는 것을 경험하게 되어 “갈 수 있는 나라는 것은 없다. 가려는 마음 등 때문에 가는 등의 물질 무더기만 단계적으로 생겨나고 있는 것, 바로 그것을 두고 ‘내가 간다’라고 표현하는 것일 뿐이다”라고 스스로의 지혜로 확실하게 이해하게 될 때 “‘다른 이가 간다, 선다’ 등으로 말하는 것도 같은 방법이다”라고 이해하여 결정하게 된다. 이렇게 이해하고 결정하는 것을 설명하는 구절이라고만 알아야 한다. “ajjhattabahiddhā vā”라는 구절을 통해서도 자신의 감 등을 관찰하고 새기며 이해하는 것을 한 번, 다른 이의 몸에 대해 이해하고 결정하는 것을 한 번, 이렇게 직접관찰paccakkha의 지혜와 추론관찰anumāna의 지혜가 번갈아가면서 생겨나고 있는 모습을 보여준다고 기억해야 한다.

❹ kāyasmiṁ몸 무더기에 대해 samudayadhammānupassī vā생겨나게 하는 원인법과 생겨남의 성품을 관찰하면서도 viharati지낸다. kāyasmiṁ몸 무더기에 대해 vayadhammānupassī vā사라지게 하는 원인법과 사라짐의 성품을 관찰하면서도 viharati지낸다.

물질을 생겨나게 하는 원인 네 가지와 생겨남이라는 한 가지, 이러한 생겨남의 법 다섯 가지를 관찰하고 보면 ‘생겨남의 법을 관찰하는 이

samudayadhammānupassī'라고 한다. 물질을 사라지게 하는 원인 네 가지와 사라짐이라는 한 가지, 이러한 사라짐의 법 다섯 가지를 관찰하고 보는 것을 '사라짐의 법을 관찰하는 이vayadhammānupassī'라고 한다. 여기에서 생겨나게 하는 원인 네 가지란 무명이 있음 한 가지, 갈애가 있음 한 가지, 업이 있음 한 가지, 먹는 음식이 있음 한 가지, 이 네 가지이다. 생겨남이라는 한 가지란 물질이 계속해서 새로 생겨남이라고 하는 발생함의 특성nibbatti lakkhaṇā이다. 사라지게 하는 원인 네 가지란 무명이 없음 한 가지, 갈애가 없음 한 가지, 업이 없음 한 가지, 먹는 음식이 없음 한 가지, 이 네 가지이다. 사라짐이라는 한 가지란 생겨나서는 그 물질이 사라져 없어지고 소멸해 가는 변함의 특성vipariṇāma lakkhaṇā이다.

이것을 관찰하는 모습은 다음과 같다. 감 등의 자세라는 몸 현상을 자세하게 끊임없이 관찰하고 있는 수행자에게 조건파악의 지혜라는 단계를 시작으로 계속해서 새로 생겨남이라는 발생함의 특성nibbatti lakkhaṇā이 드러난다. 그때를 시작으로 물질의 생겨남을 관찰하여 보게 된다. 생겨남을 경험하기 때문에 새로운 생을 시작으로 처음 생겨나는 모습도 이해할 수 있게 된다. 따라서 바로 그렇게 계속해서 새로 생겨나고 있는 물질 현상들을 관찰하여 알고 있으면서 중간 중간에 '사실대로 알지 못함, 잘못 앎이라고 하는 무명avijjā이 있기 때문에 이 물질이 생겨난다'라거나, '좋다고 생각하는 좋아함, 즐김이라는 갈애taṇhā가 있기 때문에 이 물질이 생겨난다'라거나, '결과를 줄 수 있는 행위라는 업kamma이 있기 때문에 이 물질이 생겨난다'라거나, '먹은 음식āhāra이 있기 때문에 이 물질이 생겨나던 그대로 생겨나고 있다', '가려는 마음이 있기 때문에 이 물질이 생겨난다', '차갑고 뜨거운 불 요소 때문에 차가운 물질, 뜨거운 물질이 생겨난다', '무명과 갈애 등이 없으면 이러한 물질이 생겨날 수 없다'라고 물질을 생겨나게 하는 법, 사라지게 하는 법들도 바라밀과 지혜에 따라서 숙고하며 관찰하여 볼 수 있게 된다.

생겨난 물질의 사라짐, 소멸함, 없어져 버림이라는 변함의 특성 vipariṇāma lakkhaṇā은 명상의 지혜sammasana ñāṇa 단계를 시작으로 수행자에게 드러난다. 그때를 시작으로 물질의 소멸, 사라짐, 부서짐을 관찰하여 볼 수 있다. 특히 물질의 생성과 소멸을 관찰하는 것은 생멸의 지혜udayabbaya ñāṇa가 성숙되었을 때부터 특별히 깨끗하게 생겨난다. 그 중에서도 물질의 생성과 소멸을 관찰하는 것은 무너짐의 지혜bhaṅga ñāṇa를 시작으로 특별히 분명하다.

❺ 'atthi kāyo'ti'가는 등의 몸 무더기만 존재한다'라고 assa sati그 비구의 새김이 paccupaṭṭhitā hoti현전한다.

이 구절을 통해 삼매와 지혜가 매우 특별하게 성숙되었을 때 새김이 생겨나는 모습을 보였다. 삼매와 지혜가 아직 성숙하지 못한 수행자에게는 그가 감 등을 끊임없이 관찰하고 있더라도, 관찰하기 전처럼 여러 가지 집착이 여전히 존재한다. 또한 감 등을 행하게 할 수 있는 중생이나 자아가 있는 것처럼 여전히 생각한다. 팔이나 다리 등의 신체 부분의 모습, 형체, 표상들도 여전히 분명하게 드러나 있다. 그 신체 부분을 자신의 한 부분으로도, 자신과 관련되어 좋아할 만한 것으로도 여전히 생각하고 있다. 이렇게 생각하는 그 모든 것은 무너짐의 지혜가 매우 예리하고 강하게 생겨나는 때부터 시작하여 완전히 사라지게 된다. 그때는 새겨서 알게 되는 그 물질 현상, 물질 무더기가 감 등을 관찰하고 새기고 있는 수행자에게 휙, 휙 빠르게 사라지고 없어져 버리고 소멸해 버리는 것으로 분명하다. 팔이나 다리 등의 모양, 표상들도 더 이상 드러나지 않는다. 그래서 수행자는 계속해서 관찰하고 새길 때마다 사라져 버리는 물질 현상만을 경험하게 된다. 감 등의 행위를 성취하게 할 수 있는 중생이나 개인으로 집착할 만한 것을 더 이상 경험하지 못한다. 자신과 관련된 팔이나 다리 등으로 집착할 만한 것도 더 이상 경험하지 못한다. 이렇게 새김이 매우 예리하고 강하게 생겨나는 모습, 바로 그것을 두고 주석서에서는 다음과 같이 설명하였다.

'Atthi kāyo'ti vā panassāti 'kāyova atthi, na satto, na puggalo, na itthī, na puriso, na attā, na attaniyaṁ, nāhaṁ, na mama, na koci, na kassacī'ti evamassa sati paccupaṭṭhitā hoti.

(DA.ii.355)

대역

'Atthi kāyo'ti vā panassāti 또한 '몸 무더기만 존재한다'라는 구절의 의미는 kāyova atthi 감 등의 몸 무더기, 몸만 있을 뿐이다. na satto 감 등을 행하게 할 수 있는 중생이라는 것은 없다. na puggalo 감 등을 행하게 할 수 있는 개인이라는 것은 없다. na itthī 감 등을 행하게 할 수 있는 여성이라는 것은 없다. na puriso 감 등을 행하게 할 수 있는 남성이라는 것은 없다. na attā 감 등을 행하게 할 수 있는 자아라는 것은 없다. na attaniyaṁ 자아와 관련되어 좋아할 만한 것은 어떠한 부분도 없다. nāhaṁ 감 등을 행하게 할 수 있는 나라는 것은 없다. na mama 나와 관련되어 좋아할 만한 것은 어떠한 부분도 없다. na koci 감 등을 행하게 할 수 있는 어떠한 이라는 것은 없다. na kassaci 어떤 이와 관련되어 좋아할 만한 것은 어떠한 부분도 없다. iti evaṁ 이렇게 assa sati 그 수행자의 새김이 paccupaṭṭhitā hoti 현전한다.[106]

106 『네 가지 마음챙기는 공부』, p.128 참조.

이 설명에서 부정하는nivattetabba 열 가지 구절 중[107] "na attaniyaṁ, na mama, na kassaci"라는 이 세 구절을 통해 "자아atta와 관련된 어떠한 부분도 없음"을 보였다. "na satto" 등의 나머지 일곱 구절을 통해 자아라는 것이 없음을 보였다. 그 열 가지 구절 모두를 통해 자아가 공suñña 空한 상태를 보였다.

이렇게 새김이 드러나는 모습을 『위숫디막가』의 형성평온의 지혜saṅkhārupekkhā ñāṇa를 설명하는 모습 중 "열 가지 모습의 공함 거듭관찰dasākāra suññatānupassanā"에서 설명해 놓았다. 따라서 이렇게 새김이 현전하는 모습은 형성평온의 지혜 단계에서 구족하게 생겨난다고 기억해야 한다.

❻ so bhikkhu새겨 아는 그 비구는 anissito ca또한 갈애나 사견으로 의지하지 않고 viharati지낸다고 말한다. loke다섯 취착무더기라는 형성 세상에 대해 kiñci어떠한 물질, 느낌, 인식, 형성, 의식도 na ca upādiyati자아나 나의 것이라고 갈애와 사견으로 더 이상 집착하지 않는다.

의지함과 집착함이 사라지는 모습은 다음과 같다. 분명함에도 불구하고 관찰하지 않은 법들에 대해 항상하다고, 행복하다고, 자아라고 생각하여 갈애와 사견이 생겨날 수 있다. 그렇게 갈애와 사견이 생겨날 수 있다는 바로 그것을 두고 "갈애와 사견으로 의지하고 있다"라고 말한다. 분명하게 드러날 때마다 바로 그것을 관찰하여 무상하다고, 괴로움이라고, 무아라고 분명하게 알게 된 법에 대해서는 갈애와 사견이 생겨날 수 없다. 이렇게 갈애와 사견이 생겨날 수 없다는 바로 그것을 두고 "갈애

107 ①na satto, ②na puggalo, ③na itthī, ④na puriso, ⑤na attā, ⑥na attaniyaṁ, ⑦nāhaṁ, ⑧na mama, ⑨na koci, ⑩na kassaci.

와 사견으로 의지함이 사라졌다"라고 말한다.

여기에서 감 등을 끊임없이 관찰하면서 휙, 휙 생멸하고 있는 물질 무더기만을 경험하기 때문에 '항상하지 않다, 괴로움이다, 자아가 아니다'라고 분명하게 알고 있는 수행자에게는 그 알고 난 물질법에 대해 갈애와 사견이 더 이상 생겨날 수 없다. 이것은 부분 소멸tadaṅga nirodha을 통해 소멸하게 된 것이다. 그래서 '의지함이 사라졌다'라고 말할 수 있다. 또한 관찰되어지는 대상에 대해 부분 제거tadaṅga pahāna를 통해 의지함이 사라지면, 관찰하지 않은 물질, 느낌, 인식, 형성, 의식에 대해서도 집착이 더 이상 생겨날 수 없다. 이것은 억압 소멸vikkhambhana nirodha을 통해 소멸하게 된 것이다. 그래서 '더 이상 집착도 하지 않는다'라고 말할 수 있다.

사성제를 알고 보는 모습은 다음과 같다. 이미 말한 방법을 통해 감 등을 끊임없이 새기며, 의지함과 집착함이 사라지도록 알고 있는 수행자라면 새길 때마다 가려고 함 등의 마음이나 감 등의 물질, 새겨 아는 것, 새김, 지혜 등의 생겨남과 사라짐[108], 무상의 특성 등을 아는 것을 통해 괴로움의 진리를 구분하여 앎이라는 '구분하여 아는 작용pariññā kicca'도 성취한다. 알게 된 그 괴로움의 법에 대해 바라고 좋아하는 생겨남의 진리를 부분 제거tadaṅga pahāna를 통해 제거함이라는 '제거하는 작용pahāna kicca'도 성취한다. 생겨남과 사라짐, 무상의 특성 등을 알지 못함, 잘못 앎이라는 무명을 시작으로 생겨날 수 있는 번뇌, 업, 과보 무더기라는 윤전 괴로움의 소멸을 성취하는 것을 통해 부분 소멸tadaṅga nirodha이라고도 말하는 부분 열반tadaṅga nibbāna을 실현함이라는 '실현하는 작용sacchikiriyā kicca'도 성취한다.[109] 사실대로 바르게 앎이라는 바른 견해 등의

108 '가려고 함 등의 마음의 생겨남과 사라짐, 감 등의 물질의 생겨남과 사라짐, 새겨 아는 마음이나 새김이나 지혜 등의 생겨남과 사라짐'으로 이해해야 한다.

109 ㉾ 소멸의 작용을 성취하는 것만을 말한다. 그 소멸을 알고 보는 것을 말하는 것이 아니다.

앞부분 도pubbabhāga magga를 생겨나게 하는 것을 통해 세간적인 도의 진리를 생겨나게 함이라고 하는 '수행하는 작용bhāvanā kicca'도 성취한다.

네 가지 작용을 성취하게 하는 이 방법을 통해 수행자는 새길 때마다 네 가지 진리를 동시에 알면서 위빳사나 지혜를 단계적으로 향상시켜 성스러운 도를 통해 열반에 이르게 된다. 그때에는 열반을 직접 알고 보는 것을 통해 관찰하여 새기는 새김과 함께 생멸하는 그 모든 형성법들을 괴로움이라고 혼동됨 없이 알 수 있다. 따라서 괴로움의 진리dukkhasaccā를 구분하여 아는 작용도 성취된다. 이것은 구분 통찰pariññā paṭivedha이다. 괴로움이라고 알 수 있기 때문에 그 형성법들의 무더기에 대해 좋아하고 애착하고 즐기고 사랑하는 것도 뿌리까지 소멸한다. 따라서 생겨남의 진리samudayasaccā를 제거하는 작용도 성취한다. 이것은 제거 통찰pahāna paṭivedha이다. 열반을 알고 보면서 성스러운 도가 생겨나기 때문에 도의 진리maggasaccā를 수행하는 작용도 성취한다. 이것은 수행 통찰bhāvanā paṭivedha이다. 소멸의 진리nirodhasaccā를 직접 실현하는 작용이 성취되는 모습은 분명하다. 이것은 실현 통찰sacchikiriyā paṭivedha이다. 이렇게 성스러운 도의 순간에 열반이라는 소멸의 진리를 직접 알고 보면서 괴로움의 진리, 생겨남의 진리, 도의 진리에 대해서는 구분 통찰, 제거 통찰, 수행 통찰의 작용을 성취하는 바로 그것을 두고 "성스러운 도의 순간에 네 가지 진리를 동시에 알고 본다"라고 여러 문헌들에서 설명하였다.[110] 이렇게 설명한 대로 네 가지 진리를 동시에 알고 보아 네 가지 성스러운 도의 작용을 성취하게 하기 때문에 자세의 장에서 설명한 가르침에 따라 관찰하는 이 수행방법을 "윤전 괴로움에서 벗어나게 하는 바른 길, 바른 방법 중의 하나이다"라고 주석서에서 설명해 놓았다.

110 『위빳사나 수행방법론』 제1권, pp.554~563 참조.

1. Kāyānupassanā (3) Sampajānapabba

Puna caparaṁ, bhikkhave, bhikkhu abhikkante paṭikkante sampajānakārī hoti, ālokite vilokite sampajānakārī hoti, samiñjite pasārite sampajānakārī hoti, saṅghāṭipattacīvaradhāraṇe sampajānakārī hoti, asite pīte khāyite sāyite sampajānakārī hoti, uccārapassāvakamme sampajānakārī hoti, gate ṭhite nisinne sutte jāgarite bhāsite tuṇhībhāve sampajānakārī hoti. Iti ajjhattaṁ vā …[111] evampi kho, bhikkhave, bhikkhu kāye kāyānupassī viharati.

Sampajānapabbaṁ niṭṭhitaṁ.

1. 몸 거듭관찰 (3) 바른 앎의 장

Bhikkhave비구들이여, puna ca또한 aparaṁ다른 관찰모습이, bhikkhu비구는 abhikkante앞으로 나아가게 되면 paṭikkante뒤로 물러나게 되면 sampajānakārī hoti 아는 지혜를 통해 행한다; 아는 지혜를 행한다; 알면서 행한다.❶ ālokite 바로 보게 되면 vilokite옆으로 보게 되면 sampajānakārī hoti알면서 행한다.❷[112] samiñjite펴져 있는 손발을 굽히게 되면 pasārite굽혀져 있는 손발을 펴게 되면 sampajānakārī hoti알면서 행한다.❸ saṅghāṭipattacīvaradhāraṇe대가사나 발우나 가사를 두르거나 잡게 되면 sampajānakārī hoti알면서 행한다. asite먹게 되면

111 ㉮ 여기에서 드러내지 않고 생략하였어도 앞에서 모두 다 보여 놓은 들숨날숨의 장, 자세의 장에 나타낸 성전대로 드러낼 수 있고 또 그대로 알라는 뜻이다.

112 이 단락부터 '알면서 행한다'라고 하나로만 대역한 이유는 본서 p.108을 참조하라

pīte마시게 되면 khāyite씹게 되면 sāyite맛보게 되면 sampajānakārī hoti알면서 행한다. uccārapassāvakamme대소변을 보게 되면 sampajānakārī hoti알면서 행한다.[4] gate가게 되면 ṭhite서게 되면 nisinne앉게 되면 sutte잠들게 되면[5] jāgarite잠깨게 되면 bhāsite말하게 되면 tuṇhībhāve침묵하게 되면 sampajānakārī hoti알면서 행한다.

Iti이렇게 말한 방법을 통해 ajjhattaṁ vā kāye내부인 자신의 몸 무더기에 대해서도 … 'atthi kāyo'ti'앞으로 나아가는 등의 몸 무더기만 존재한다'라고 … evampi kho이와 같이; 이렇게 설명한 대로 kāye몸 무더기에 대해 kāyānupassī'몸 무더기일 뿐이다'라고 관찰하며 viharati지낸다.

Sampajānapabbaṁ바르고 다양하게 앎이라는 바른 앎을 수행하는 장이
niṭṭhitaṁ끝났다.

❶ sampajānakārī hoti아는 지혜를 통해 행한다; 아는 지혜를 행한다; 알면서 행한다.

먼저 "sampajānakārī hoti"라는 구절의 의미를 설명하겠다. 주석서에서 'sampajāna'라는 단어를 'sampajañña'라는 단어처럼 지혜를 뜻한다고 취해서 "sampajaññena sabbakiccakārī, sampajaññameva vā kārī(바른 앎을 통해서 모든 행위를 한다, 또는 바른 앎만을 행한다)"[113]라고 설명해 놓았다. 그 설명에 따라 'sampajānakārī'라는 구절을 "아는 지혜를 통해 행한다"라거나, 혹은 "아는 지혜를 행한다""라고 두 가지 의미로 번역해 놓았다. 그 중 첫 번째 의미에 따르자면 '앞으로 감 등의 그 모든 행위들을 행하고자 한다면 아는 지혜를 통해서만 행해야 한다. 아는 지혜 없이 행하면 안 된다'는 의미다. 두 번째 의미에 따르자면 '앞으로 감 등을 행할 때 아는 지혜를 생겨나게 해야 한다'는 의미다. 또한 '알면서 행한다'라는 세 번째 의미는 "sampajāno hutvā kārī sampajānakārī(아는 상태가 되어서 행한다. 그래서 알면서 행하는 것이다)"라고 단어 분석을 하는 것이 문법의 측면에서 적당할 뿐만 아니라 의미의 진행도 매우 직접적이기 때문에 번역하기에 제일 적당한 의미이다. 이 의미에 따라 번역한다면 '앞으로 감 등을 행할 때 알면서 행해야 한다. 알지 못하고서는 행하지 마라'고 그 말하는 바가 제일 잘 드러나고 분명하다. '알면서 행한다'라고 번역한 이 세 번째 의미는 'sampajānaṁ kataṁ 알면서 행해야 한다'라는 구절의 의미, 'sampajānamusāvādo 알면서 거짓말을 하는

113 DA.i.165; 『네 가지 마음챙기는 공부』, p.136 참조.

것'이라고 하는 구절의 의미와도 일치한다. 따라서 이후의 구절들에서는 이 세 번째 의미로만 번역할 것이다.[114]

이어서 sampajañña의 의미에 대해 설명하겠다.

Sammā, samantato, sāmañca pajānanto sampajāno, asammissato vavatthāne aññadhammānupassitābhāvena sammā aviparītaṁ, sabbākārapajānanena samantato, uparūpari visesāvahabhāvena pavattiyā sāmaṁ pajānantoti attho.

(「마하사띠빳타나숫따」 약설에 대한 복주, DAṬ.ii.294)

대역

Sammā ca바르게, samantato ca완전하게, sāmaṁ ca스스로 pajānanto안다고 해서 sampajāno'sampajāna'이다. asammissato느낌 · 마음 · 법과 섞이지 않고 vavatthāne각각 잘 구분하여 aññadhammānupassitābhāvena몸을 제외한 다른 느낌 · 마음 · 법이라는 법을 거듭관찰하는 상태가 없기 때문에 sammā바르게, 즉 aviparītaṁ틀리지 않게, sabbākārapajānanena무상 · 고 · 무아 · 부정이라는 모든 방면으로 알기 때문에 samantato완전하게, uparūpari계속해서 그 위로 visesāvahabhāvena특별함으로 이끌어주는 상태로 pavattiyā생겨나기 때문에 sāmaṁ스스로 pajānantoti안다고 해서 'sampajāna'라고 한다는 attho의미다.[115]

114 저본에는 앞의 대역 부분에 이 자세한 설명이 주석으로 되어 있어서 이렇게 표현하였다. 이점은 앞의 대역에 언급해 놓았다.

115 대역은 *Asin Paññissara*, 『*Dīgha Nikāya Mahāvagga Ṭīkā Nissaya*디가 니까야 대품 복주서 내역』 제2권, p.323을 참조해서 역자가 하였다.

Samantato pakārehi, pakkaṭṭhaṁ vā savisesaṁ jānātīti sampajāno sampajānassa bhāvo sampajaññaṁ, tathā pavattañāṇaṁ.

(「마하사띠빳타나숫따」 바른 앎에 대한 복주, DAṬ.ii.306)

대역

Samantato완전하게 pakārehi모든 방면으로, pakkaṭṭhaṁ vā특별하게 savisesaṁ특수함과 함께 jānātīti안다고 해서 sampajāno'sampajāna'라고 한다. sampajānassa'sampajāna'의 bhāvo상태가 sampajaññaṁ'sampajañña'이다. tathā pavattañāṇaṁ그렇게 생겨나는 지혜라는 뜻이다.[116]

Sammā pajānanaṁ sampajānanaṁ.

(「사만냐팔라숫따Samaññaphalasutta 사문과경」의 복주, DAṬ.i.242)

대역

Sammā바르게 pajānanaṁ아는 것이 sampajānanaṁ바르게 아는 것이다.[117]

이러한 여러 복주서의 설명에 따라 'saṁ 바르게; 완전하게; 스스로' + 'pa 다양하게; 여러 가지로 특별하게' + 'jāna=jañña 안다; 앎' = 'sampajāna, sampajañña'라고 단어를 분석할 수 있다. 그러면 ①바르고 다양하게 앎, ②바르고 특별하게 앎, ③완전하고 다양하게 앎, ④완전하고 특별하게 앎, ⑤스스로 다양하게 앎, ⑥스스로 특별하게 앎이라는 여섯 가지로 번역할 수 있다. 하지만 "바르게 앎"이라는 표현도 그

116 대역은 『*Dīgha Nikāya Mahāvagga Ṭīkā Nissaya*』 제2권, p.366을 참조해서 역자가 하였다.

117 대역은 『*Dīgha Nikāya Sīlakkhandha Ṭīkā Nissaya*디가 니까야 계 무더기 복주서 대역』 제3권, p.236을 참조해서 역자가 하였다.

것이 의미하는 바로는 '알아야 할 것 모두를 완전하게 아는 것과 스스로 아는 것'으로도 설명할 수 있다. "다양하게 앎"이라는 표현도 고유특성sabhāvalakkhaṇā, 형성된 특성saṅkhātalakkhaṇā, 공통특성sāmaññalakkhaṇā이라고 다양하게 아는 것이기 때문에 일반적으로 아는 것과 다른, 특별하게 아는 것이다. 그래서 약설에서는 'sampajāno'라는 단어를 '바르고 다양하게 안다'라고 한 가지 종류로만 번역하였다.[118] 여기에서는 그 의미를 간략하게 하기 위해 '아는 지혜'라고, 또는 '알면서'라고 이 정도로만 번역하였다.[119] '아는 지혜로' 또는 '알면서'라는 이 의미들을 통해서도 앞에서 말했던 여섯 가지 의미 모두를 나타낸다고 알기 바란다. 맞다. '아는 지혜'라는 단어는 바르게 아는 것만 나타낸다. 잘못 아는 것은 나타내지 않는다. 알아야 할 모든 것을 완전하게 알아야 바르게 아는 것이 된다. 한 부분 정도만을 아는 것으로는 바르게 아는 것이 될 수 없다. 직접 경험하여 직접 알아야만 '아는 지혜'라고 말할 수 있다. 소문 등을 통해서 아는 것은 위빳사나에서는 '아는 지혜'라고 부를 수 없다. 또한 고유특성, 형성된 특성, 공통특성을 통해 알아야만 위빳사나에서 '아는 지혜'라고 말한다. 이러한 앎들은 보통의 앎과는 다른, 특별한 앎이기도 하다. 그래서 '아는 지혜로' 또는 '알면서'라는 두 가지 의미로도 아주 충분하다고 알아야 한다.

이렇게 바른 앎sampajañña이라는 '아는 지혜'에는 다음의 네 가지 종류가 있다.

① 이익 바른 앎sātthaka sampajañña

② 적당함 바른 앎sappāya sampajañña

118 본서 p.55의 번역을 말한다.

119 본서 p.105의 번역을 말한다.

③ 영역 바른 앎gocara sampajañña

④ 미혹없음 바른 앎asammoha sampajañña

이 중에서 감 등의 어떠한 하나의 행위를 하고자 할 때 무심코 행하지 말고 이익이 있고 없고를 먼저 숙고하고 반조해야 한다. 반조하고 나서 이익이 있어야만 행해야 한다. 이익이 없으면 행하지 말아야 한다. 이렇게 어떠한 행위를 행할 때 이익이 있음과 없음을 먼저 반조하는 것을 '이익 바른 앎'이라고 한다.

이익이 있는 행위라 할지라도 행하기에 적당한가, 적당하지 않은가를 반조해야 한다. 반조하고 나서 적당해야만 행해야 한다. 적당하지 않으면 행하지 말아야 한다. 예를 들어 설명하자면 탑을 참배하러 가는 것은 이익이 있는 행위다. 그렇지만 많은 대중들이 모인 법회가 열릴 때에 가는 것은 수행자들에게 적당하지 않다. 시체에 대해 '더럽다asubha'라고 관찰하는 것도 이익이 있는 행위다. 그렇지만 여성 시체에 대해 남성이 관찰하는 것은 적당하지 않다. 법을 설하는 것도 이익이 있는 행위다. 그렇지만 세간의 일을 위해 모인 자리에서나, 여러 일들이 많아 복잡할 때라든가, 이성에게 으슥한 장소에서 설하는 것은 적당하지 않다. 이러한 등으로 이익이 있는 행위일지라도 적당하지 않은 것들이 많이 있다. 그럴 때 적당하고 적당하지 않은 것을 반조하는 것을 '적당함 바른 앎'이라고 한다.

이 이익 바른 앎과 적당함 바른 앎의 두 가지는 세간, 출세간 두 가지 모두에 이익이 많다. 이 두 가지 바른 앎을 구족하면 세간에서도 번영하고 행복할 수 있다. 사마타와 위빳사나 수행에 있어서도 삼매와 지혜를 빠르게 구족하게 할 수 있다. 하지만 이 두 가지 바른 앎은 아직 사마타도 아니다. 아직 위빳사나도 아니다. 사마타와 위빳사나의 기본, 바탕 정도일 뿐이다. 이 두 가지 바른 앎을 두고 '보살피는 통찰지pārihārika paññā'라고 『위숫디막가』에서 설명해 놓았다.[120]

사마타 수행자라면 사마타 수행주제인 대상에 대해, 위빳사나 수행자라면 다섯 취착무더기라는 위빳사나 수행의 대상에 대해 끊임없이 마음을 기울이는 것, 관찰하고 새기는 것을 '영역 바른 앎'이라고 한다. 따라서 이 바른 앎의 장에 따라 노력하는 위빳사나 수행자는 앞으로 갈 때에 들 때마다, 뻗을 때마다, 움직일 때마다 '간다, 간다'라는 등으로 자세하게 끊임없이 관찰하면서만 가야 한다. 뒤로 물러설 때 등에서도 같은 방법이다. 여기에서 새김확립 네 가지와 함께 그 네 가지의 대상이 수행자의 영역, 다니는 곳, 부분이기 때문에 그 네 가지의 대상을 '영역gocara'이라고 한다고, 또한 그 대상 네 가지에 끊임없이 생겨나게 하는 새겨서 아는 지혜, 바로 그것을 두고 '영역 바른 앎gocara sampajañña'이라고 한다고 명심해야 한다. 바로 그렇기 때문에 『사띠빳타나 상윳따(새김확립 주제)』에서 다음과 같이 부처님께서 설하셨다.

> Gocare, bhikkhave, caratha sake pettike visaye. Gocare, bhikkhave, carataṁ sake pettike visaye na lacchati māro otāraṁ, na lacchati māro ārammaṇaṁ. Ko ca, bhikkhave, bhikkhuno gocaro sako pettiko visayo? Yadidaṁ cattāro satipaṭṭhānā.
>
> (Satipaṭṭhānasaṁyutta; S.iii.127)

대역

Bhikkhave비구들이여, sake pettike visaye그대들[121] 자신의 아버지인 나

120 Vis.i.3; 대림스님 옮김, 『청정도론』 제1권, p.127 참조.

121 분명한 의미를 위해 역자가 첨가하였다.

여래가 소유한 재산, 유산, 소유지인 gocare영역에서 caratha다녀라. bhikkhave비구들이여, sake pettike visaye그대들 자신의 아버지인 나 여래가 소유한 재산, 유산, 소유지인 gocare영역에서 caratam다니면; 다니는 vo그대들에게 māro번뇌 마라라는 살인자는 otāraṁ들어와 괴롭힐 기회를 na lacchati얻지 못할 것이다. māro번뇌 마라라는 살인자는 ārammaṇaṁ들어와 괴롭힐 대상을 na lacchati얻지 못할 것이다. bhikkhave비구들이여, sako pettiko visayo그대들 자신의 아버지인 나 여래가 소유한 재산, 유산, 소유지인 bhikkhuno gocaro비구의 영역이란 ko ca어디인가 하면 yadidaṁ cattāro satipaṭṭhānā네 가지 새김확립이다.[122]

이 성전에 따라 관찰하여 새김이라는 새김확립satipaṭṭhāna을 끊임없이 생겨나게 하는 바로 그것을 '영역 바른 앎'이라고 한다고 확실하게 기억해야 한다. 바로 그렇기 때문에 여러 주석서들에서 "kammaṭṭhānassa pana avijahanameva gocarasampajaññaṁ(수행주제를 버리지 않는, 바로 그것이 영역 바른 앎이다)"[123]이라고 거듭 설명해 놓았다. 이 "앞으로 가고 뒤로 물러남abhikkanta paṭikkanta"에 대해 주석서에서 설명할 때 탁발하는 마을에서 수행주제를 놓치지 않는 것을 나타낸 것은, 새김을 놓치기 쉬운 길고 먼 길을 가거나 와야 할 때도 그렇게 갈 때나 올 때나 새김을 놓치지 않도록 특별히 노력해야 한다는 사실을 알게 하기 위해 특별히 설명한 것일 뿐이다. 그렇게 설명해 놓았다고 해서 '탁발하는 마을에서만 영역 바른 앎이 생긴다. 정사에서는 생겨나지 않는다'라고 알아서는 안 된다.

122 S47:6; 『상윳따 니까야』 제5권, pp.455~456 참조.

123 MA.i.266; DA.i.173.

이 영역 바른 앎에 대해 주석서에서 네 종류의 사람을 나누어 보였다.

①갈 때만 수행주제를 들고 올 때는 들지 않는 비구

②갈 때는 들지 않고 올 때만 드는 비구

③가고 오는 둘 모두에 들지 않는 비구

④가고 오는 둘 모두에 수행주제를 드는 비구

이 중 첫 번째 비구는 경행과 좌선 등으로 하루 종일 끊임없이 노력하면서 장애들로부터 마음을 청정하게 한다. 저녁에도 같은 방법으로 노력한다. 중야에는 잠을 자고 후야에는 다시 좌선과 경행으로 같은 방법으로 노력하고 나서 소임으로서 해야 하는 탑 청소cetiyaṅgaṇa 등의 의무를 행한 뒤 항상 수행하던 대로 자세를 고쳐 앉고 두세 번 정도 수행주제에 마음 기울이고 노력하고 나서 수행주제를 놓치지 않고 탁발하러 간다. 돌아올 때에는 사미나 신참스님들과 말을 하면서 수행주제를 들지 못하고 돌아온다. 이러한 비구를 '갈 때만 들고 올 때는 들지 않는 비구'라고 한다.

두 번째 비구는 아침과 저녁에는 첫 번째 비구와 마찬가지로 끊임없이 노력한다. 그렇지만 탁발하러 갈 때에는 소화시키는 불 요소가 너무 뜨거워 몸에서 땀이 흐르고 피곤하다. 마음 기울여 관찰하더라도 정확하게 관찰하지 못한다. 그래서 수행주제에 마음을 기울이지 못한 채 탁발을 간다. 죽이나 공양을 얻어 두 번, 세 번 정도 먹었을 때를 시작으로 배의 뜨거움이 고요해지고 편안해져서 수행주제를 놓치지 않고 정사로 돌아온다. 이러한 비구를 '갈 때는 들지 않고 올 때만 드는 비구'라고 한다. 이러한 비구들처럼 죽을 마시거나 공양을 먹으면서 아라한 과에 이른 비구들이 헤아릴 수 없이 많다. 스리랑카의 각 마을에 있는 공양하는 정자들 중에서 비구들이 그곳에서 죽을 마시거나 공양을 먹고 아라한 과에 이른 적이 없는 정자는 한 정자도 없다고 한다.[124] 이렇게 먹고 마시는 중에도 아라한 과에 이른 사실을 설명해 놓았기 때문에 위빳사나 수행자들은 먹고 마시는 시간과 먹고 마시는 것을 '여가 시간, 여가 행위'라고 생각해서는 안 된다. 먹고 마시는 것에 대해서도 영역 바른 앎을 중시하여 수행해야 한다.

세 번째 비구는 갈 때와 올 때 둘 모두에 수행주제를 들지 않는 비구이다. '비구들에게는 노력해야 할 수행주제가 있다. 법을 노력해야 한다'라고조차 마음에 두지 않고서 관찰함, 마음 기울임을 완전히 놓고 지내는 비구들이다. 이러한 비구는 항상 방일하고 게으르고 건성건성 지내기 때문에 '방일하게 지내는 자pamādavihārī'라고도 한다. 또한 '이 생에서는 도와 과를 얻을 수 없다. 혹은 얻도록 노력하지도 않을 것이다'라고 수행행위에 대한 집념ālaya을 버리고, 의무를 내팽개치기 때문에 '의무를 내던진 자nikkhitadhura'라고도 한다. 또한 부처님에 대해 의심하고, 법에 대해 의심하고, 승가에 대해 의심하고, 세 가지 수련sikkhā 三學에 대해 의심하고, 같이 지내는 동료에게 화내는[125] 이러한 마음의 가시cetokhila[126] 다섯 가지에 찔리기도 한다.[127] 또한 감각욕망대상에 매우 심하게 애착함, 자신의 몸에 매우 심하게 애착함, 외부의 사물이나 다른 이의 몸에 심하게 애착함, 배가 부풀어 오를 정도로 먹고 싶은 대로 먹어 오른쪽으로 뒹굴고 왼쪽으로 뒹굴면서 누워 지내는 행복과 잠을 자는 행복을 누리며 지냄, 천상의 행복 정도만 바라면서 기대하고 지냄이라는 마음의

124 DA.i.168; 『네 가지 마음챙기는 공부』, p.143 참조. ㉠ 이 구절은 불기 970년 이후에 기술된 주석서의 구절이다. 따라서 불기 970년까지 일어났던 스리랑카의 상황만을 설명한다. 지금 현재 상황을 보여주는 것이 아니다.

125 ㉠ 수행하고 있는 이들과 반대되는 행위를 하고 있는 것을 말한다.

126 khila를 '황무지, 황폐함'이라고도 번역한다. 저본의 번역을 따랐다.

127 영향받는 것을 말한다.

속박cetovinibandha 다섯 가지에 의해 결박당하기도 한다. 따라서 이러한 비구는 밤이나 낮이나, 정사에 있는 동안에도 법을 노력하리라고 전혀 생각하지 않는다. 도시나 마을에 갈 때도 법을 노력하리라고 전혀 생각하지 않는다. 만나는 재가자들, 신도들과 말하며 교제할 때도 마치 서로 재가자들 사이인 것처럼 말하고 교제하면서 수행주제를 들지 않고 그냥, 아무 쓸모없이 탁발에서 돌아온다. 영역 바른 앎이 전혀 없는 비구이다. 불교 가르침의 시각에서 보면 매우 부끄러운 자라고 할 수 있다.

네 번째 비구는 갈 때와 올 때 둘 모두에 수행주제를 드는 이다. 첫 번째 비구처럼 밤과 낮에, 또한 탁발하러 갈 때도 수행주제를 놓치지 않을 뿐만 아니라 탁발하고 돌아 올 때도 끊임없이 수행주제에 마음 기울이고 관찰하면서 돌아오는 비구이다. 또한 자는 시간을 제외하고 온 밤, 온 낮, 어느 때도 수행주제를 놓치지 않고 끊임없이 관찰하고 있는 비구이다. 이렇게 여러 일이 많아 수행주제를 놓치기 쉬운 탁발하러 갈 때나 돌아올 때조차도 수행주제를 놓치지 않도록 노력하는 것을 '오가며 실천하기gatapaccāgatika'[128]라고 한다. 부처님 당시부터 시작해서 불기 900년 즈음까지 실천의 교법이 성행했던 그 당시에 이 오가며 실천하기를 구족한 비구들의 모습을 주석서에서 다음과 같이 설명하고 있다.[129]

자신의 진실한 이익을 바라는 선남자들은 부처님의 가르침에서 출가하여 비구가 된 후 열 분, 스무 분, 서른 분, 마흔 분, 쉰 분, 백 분 등의 비구스님들과 함께 지내면서 다음과 같이 맹세를 한다. 어떻게 맹세를 하는가? "도반들이여, 그대들은 빚 때문에 출가한 것도 아니다. 왕의 위험 등이 두려워 출가한 것도 아니다. 생계유지가 힘들어서 출가한 것

128 ㉮ 'gata 감' + 'paccāgata 옴에' + 'ika 끊임없이 생겨나는 실천'.

129 DA.i.168~170; 『네 가지 마음챙기는 공부』, pp.143~149 참조.

도 아니다. 사실대로 말하자면 윤회윤전의 괴로움에서 벗어나고자 출가한 것이다. 하지만 출가한 것 정도만으로는 윤회윤전의 괴로움에서 벗어날 수 없다. 윤회윤전의 근본 원인인 번뇌를 제거할 수 있어야 벗어날 수 있다. 그러니 가는 중에 생겨나는 번뇌는 바로 그 가는 중에 사라지도록 제어해야 한다.[130] 서 있을 때, 앉아 있을 때, 누워 있을 때 생겨난 번뇌는 바로 그렇게 서 있을 때, 앉아 있을 때, 누워 있는 바로 그때 사라지도록 제어해야 한다"라고 맹세를 한다. 이렇게 지내다가 가고 있는 중에 번뇌가 생겨난 비구는 가고 있는 바로 그때 번뇌를 제어한다. 제어할 수 없으면 선다. 앞에 가고 있는 그 비구가 서면 뒤에 따라오던 비구들도 선다. 그때 번뇌가 생겨난 그 비구는 '뒤에 따라오는 비구들도 그대의 망상을 알아버렸다. 이 생각은 그대에게 적당하지 않은 생각이다. 그대는 부끄럽지도 않은가'라는 등으로 스스로 경책하여 위빳사나를 실천한다. 이렇게 실천하여 성자의 지위에 이른 이들도 있다. 서 있으면서도 제어되지 않으면 다시 앉는다. 그때 뒤에 따라오던 비구들도 앉는 모습, 경책하는 모습 등은 앞과 동일하다. 이렇게 마음 기울이고 관찰하는 것으로 성자의 지위에 오를 수 없다 하더라도 생겨난 번뇌를 제거하여 수행주제를 계속해서 마음 기울이며 간다. 수행주제를 포함하지 않고서는 다리를 뻗지 않는다. 혹시 무심코 뻗거나 들거나 했다면, 원래 그 자리로 다시 돌아가 관찰하면서 다시 간다. 이렇게 노력하는 모습을 알린다까Āḷindaka 승원에서 지내던 마하풋사데와Mahāphussadeva 장로 등의 실천을 통해 설명해 놓았다.

마하풋사데와 장로는 십구 년 내내 오가며 실천하기를 행하면서 지냈다. 탁발하는 길 근처에서 밭을 갈고, 파종하고, 벼를 베고, 탈곡하는

130 ㉯ 이치에 맞게 합리적으로 마음 기울이든 관찰을 해서든 제거해야 한다는 말이다.

등의 여러 일을 하는 사람들이 그 장로가 계속해서 뒤로 돌아가서 다시 가는 모습을 보고서는 "저 장로스님은 뒤로 자꾸 돌아가서 다시 간다. 길을 잃어버리셨나? 어떤 물건을 잃어버리셨나?"라고 서로서로 말하였다고 한다. 그렇지만 장로는 사람들의 말에 신경 쓰지 않고 새김을 놓치지 않은 마음으로만 사문의 법을 노력하여 이십 년째에 아라한이 되었다.

또한 깔라왈리만다빠Kālavallimaṇḍapa 승원에서 지내던 마하나가Mahānāga 장로도 오가며 실천하기를 행하면서 지낸 분이었다. 장로는 먼저 부처님께서 하신 고행의 실천에 예경하고자 칠 년 내내 섬과 경행만으로 수행을 하였다. 그 다음 십육 년 동안 오가며 실천하기를 노력하여 아라한이 되었다. 이 장로스님의 특별한 점은 탁발하는 마을에 들어갈 때 물을 한 모금 입에 물고 들어갔다는 사실이다. 그 이유는 공양을 올리기 위해서나 예경 올리기 위해 다가오는 청신사, 청신녀들에게 "행복하기를, 장수하기를"이라고 축원하는 것 정도로도 삼매가 깨지지 않도록 하려고 했기 때문이다. 그래서 신도들이 묻거나 청하면 물을 삼키고 나서 대답하였다. 중간에 질문하는 이가 없으면 마을 입구에 이르러서야 물을 뱉고 갔다.

깔람바띳타Kalambatittha[131] 승원에서 안거를 나시던 오십 분의 비구들도 이와 같은 방법으로 실천하였다. 그 오십 분의 비구들은 음력 6월의 보름날에 "아라한 과에 이르기 전까지는 서로 말을 하지 맙시다"라고 맹세를 하였다. 이렇게 묵언의 맹세를 한 것은 아주 중요하지 않은, 쓸데없는 말만 하지 말자는 것이 목적이다. 전혀 말을 하지 않고 지내자고 맹세해서는 안 된다. 그렇게 전혀 말을 하지 않는 묵언의 맹세를 하면 그

131 ㉥ 'Kalamba 깔람바' + 'tittha 나루터'.

비구는 범계에 해당된다.[132] 그래서 마을에 탁발하러 들어갈 때도 물을 입에 물고 들어갔다. 묻는 이가 있으면 삼키고 대답하였다. 묻는 이가 없으면 마을 입구 근처에 이르러 물을 내뱉고 갔다. 물을 내뱉은 곳의 물자국을 보고서 그 마을 사람들은 오늘 스님들이 몇 분 오셨는지를 알았다고 한다. 그 스님들 오십 분은 안거 삼 개월 안에 모두 아라한 과에 이르렀다.

비구라면 지금까지 설명한 마하풋사데와 장로, 마하나가 장로, 깔람바띳타 승원의 스님들처럼 탁발 갈 때도 수행주제를 놓치지 않은 마음으로만 다리를 내딛으며 가야 한다. 마을에 들어가기 전 물을 머금든지 또는 쓸데없는 말을 하지 않도록 결의를 하고서 위험없는 길을 살펴서 마을에 들어가야 한다. 탁발하고 다닐 때에도 이리저리 허둥지둥 가면 안 된다. 급하게 허둥대며 가야 하는 탁발 두타행이라고는 없다. 고르고 편평한 땅 위에 흘러가는 물줄기처럼 동요하지 않고 고요하게 감관을 잘 단속하면서 가야 한다. 이렇게 새김을 놓치지 않고 감관을 잘 단속하면서 가는 바로 그것을 두고 "매우 존경스러운 앞으로 감, 뒤로 물러남, 앞을 봄, 옆을 봄, 굽힘, 매우 존경스러운 폄을 갖추고서 가고 있다"라고 여러 성전들에서 설해 놓았다. 탁발에서 돌아와서 공양을 할 때에도 수행주제에 마음을 기울이면서만 공양해야 한다. 음식혐오인식āhāre paṭikūla saññā을 생겨나게 해야 한다고, 또한 차축에 기름을 칠하는 비유, 상처에 연고를 바르는 비유, 자기 자식의 살점을 먹어야 하는 비유 등을 통해 반조해야 한다고, 또한 행락을 위해서가 아니라는 등으로[133] 여덟

---

132 ㉗ 전혀 말을 하지 않도록 결의를 하고 맹세를 하는 것은 해서는 안 된다고 명심해야 한다.

133 ①행락을 위해서가 아니다. ②도취를 위해서가 아니다. ③매력을 위해서가 아니다. ④장식을 위해서가 아니다. ⑤이 몸을 지탱하기 위해서다. ⑥이 몸을 유지하기 위해서다. ⑦피곤을 덜기 위해서다. ⑧청정범행을 돕기 위해서다. M2 등; 『네 가지 마음챙기는 공부』, p.148 참조.

가지 목적을 반조해야 한다고도 주석서에서 설명해 놓았다. 그렇지만 위빳사나 수행자의 경우에는 관찰하면서 먹는 것만을 특히 중시해야 한다. 공양을 하고 나서 잠시 정도만 휴식을 취한 후, 공양하기 전에 끊임없이 관찰하던 것처럼 공양하고 나서도 하루 종일, 하룻밤 내내, 새벽에도 수행주제만을 끊임없이 마음에 새기며 지내야 한다. 이렇게 끊임없이 관찰하고 있는 비구를 '가고 오는 둘 모두에 수행주제를 드는 비구'라고 한다.

가고 오며 수행주제를 드는 이러한 오가며 실천하기를 구족한 비구는 만약 강한 의지조건upanissaya을 구족한다면 첫 번째 연령대에도 아라한이 된다. 그렇지 못하면 두 번째 연령대에 아라한이 된다. 그렇지 못하면 세 번째 연령대에 아라한이 된다. 그렇지 못하면 임종에 즈음해서 아라한이 된다. 그렇지 못하면 두 번째 생에서 천신이 되어 아라한이 된다. 그렇지 못하면 부처님께서 출현하시지 않은 시기에 벽지불이 된다. 그렇지 않으면 다음 부처님 재세시에 빠른 특별지를 가진 이khippābhiññā, 큰 통찰지를 가진 이mahāpaññā, 큰 신통을 가진 이mahiddhika, 두타행을 호지하는 이dhutaṅgadhara, 천안을 가진 이dibbacakkhuka, 율을 호지하는 이vinayadhara, 설법하는 이dhammakathika, 숲 속에 거주하는 이araññika, 배운 것이 많은 이bahusuta, 수련하기를 좋아하는 이sikkhākāma 등[134] '어느 분야에서 제일'이라는 특별한 공덕 중 어느 하나의 제일공덕과 함께 분명한 상수제자, 대제자로서 아라한이 될 수 있다.[135]

여기에서 갈 때만 수행주제를 드는 비구, 올 때만 수행주제를 드는 비구, 갈 때도 올 때도 수행주제를 들지 않는 비구, 갈 때도 올 때도 수

134 각각의 대표되는 제자들은 『네 가지 마음챙기는 공부』 p.149를 참조하라.

135 ㉯ 아라한, 벽지불, 상수제자, 대제자가 된다고 하는 구절을 '강한 의지조건을 구족하면'이라는 구절과 연결해서 이해해야 한다. 이 점에 유의하라.

행주제를 드는 비구, 이 네 종류의 비구 중에 갈 때도 올 때도 수행주제를 드는 비구의 영역 바른 앎이 정상에 이른, 구족한 영역 바른 앎이다. 그러한 종류의 영역 바른 앎을 구족하도록 노력해야 한다. 이 영역 바른 앎이 매우 예리하고 힘이 구족되었을 때 미혹없음 바른 앎asammoha sampajañña이라는, 미혹하지 않는 지혜가 저절로 생겨난다. 그 미혹없음 바른 앎이 생겨나는 모습을 여러 다른 법사도 참고할 수 있도록 주석서의 구절과 함께 드러내어 설명하겠다.

Abhikkamādīsu pana asammuyhanaṁ asammohasampajaññaṁ. Taṁ evaṁ veditabbaṁ– idha bhikkhu abhikkamanto vā paṭikkamanto vā yathā andhaputhujjanā abhikkamādīsu "attā abhikkamati, attanā abhikkamo nibbattito"ti vā "ahaṁ abhikkamāmi, mayā abhikkamo nibbattito"ti vā sammuyhanti. Tathā asammuyhanto "abhikkamāmī"ti citte uppajjamāne teneva cittena saddhiṁ cittasamuṭṭhānā vāyodhātu viññattiṁ janayamānā uppajjati, iti cittakiriyavāyodhātuvipphāravasena ayaṁ kāyasammato aṭṭhisaṅghāto[136] abhikkamati, tassevaṁ ①abhikkamato ekekapāduddharaṇe pathavīdhātu āpodhātūti dve dhātuyo omattā honti mandā, itarā dve adhimattā honti balavatiyo, tathā ②atiharaṇa ③vītiharaṇesu. ④Vossajjane tejovāyodhātuyo omattā honti mandā, itarā dve adhimattā honti balavatiyo. Tathā ⑤sannikkhepana ⑥sannirumbhanesu. Tattha uddharaṇe pavattā rūpārūpadhammā atiharaṇaṁ na pāpuṇanti.

136 ㉾ rūpasaṅghāto

Tathā atiharaṇe pavattā vītiharaṇaṁ, vītiharaṇe pavattā vossajjanaṁ, vossajjane pavattā sannikkhepanaṁ, sannikkhepane pavattā sannirumbhanaṁ na pāpuṇanti. Tattha tattheva pabbaṁ pabbaṁ sandhi sandhi odhi odhi hutvā tattakapāle pakkhittatilāni viya paṭapaṭāyantā bhijjanti. Tattha ko eko abhikkamati? Kassa vā ekassa abhikkamana? Paramatthato hi dhātūnaṁyeva gamanaṁ, dhātūnaṁ ṭhānaṁ, dhātūnaṁ nisajjanaṁ, dhātūnaṁ sayanaṁ, tasmiṁ tasmiñhi koṭṭhāse saddhiṁ rūpena–

> Aññaṁ uppajjate cittaṁ, aññaṁ cittaṁ nirujjhati;
> Avīcimanusambandho, nadīsotova vattatīti.[137]

Evaṁ abhikkamādīsu asammuyhanaṁ asammohasampajaññaṁ nāmāti.

(MA.i.265)

대역

Abhikkamādīsu앞으로 감 등에 대해 asammuyhanaṁ미혹하지 않은 앎이 asammohasampajaññaṁ미혹없음 바른 앎이다. taṁ그 미혹없음 바른 앎을 evaṁ veditabbaṁ다음과 같이 알아야 한다. idha bhikkhu이 가르침에서 수행하는 비구는 abhikkamanto vā paṭikkamanto vā앞으로 가든 뒤로 물러나든[138] andhaputhujjanā들어서 아는 지혜sutamaya, 생각해서 아는 지

137 ㉾ 'pajānāti'라는 단어를 첨가해야 한다. 본서 p.132 주153을 참조하라.

138 ㉾ 이 구절을 'asammuyhanto미혹하지 않고; 잘못 알지 않고서'라는 구절과 연결하고 나서, 다시 나중에 설명할 'pajānāti안다'라는 단어와 연결하여 마쳐야 한다. 그 다음 'yathā'를 시작으로 'tathā'까지는 반대되

혜citamaya, 수행해서 아는 지혜bhāvanāmaya라는 지혜의 눈이 먼 범부들이 abhikkamādīsu앞으로 가는 것 등에 대해[139] attā abhikkamati'영혼이나 의식이나 생명이라고 말하는 자아가 앞으로 간다'라거나 혹은 attanā abhikkamo nibbattito vā'앞으로 감을 자아가 생겨나게 했다. 혹은 자아가 행한다'라거나[140] ahaṁ abhikkamāmi'내가 앞으로 간다'라거나 혹은 mayā abhikkamo nibbattito vā'앞으로 감을 내가 생겨나게 했다. 혹은 내가 행한다'라고[141] sammuyhanti yathā미혹하여 잘못 아는 것처럼 tathā asammuyhanto그렇게 미혹하지 않고; 잘못 알지 않고서[142] "abhikkamāmī"ti citte uppajjamāne'앞으로 가리라'는 마음이 생겨나면 teneva cittena saddhiṁ 바로 그 마음과 함께 cittasamuṭṭhānā vāyodhātu마음에서 생긴 바람 요소라고 부르는 팽팽함, 움직임, 이끎이 viññattiṁ janayamānā몸의 암시라는 팽팽하게 하고, 움직이게 하고, 이끌어 가게 할 수 있는 특별한 힘, 특별한 모습을 생성시키면서 uppajjati생겨난다. iti이렇게 생겨난 cittakiriyavāyodhātuvipphāravasena마음과 연결된 작용인[143] 팽팽함, 움직임, 이끎이라는 바람 요소가 확산되는 것에 따라 kāyasammato몸이라고 일컬어지는 ayaṁ aṭṭhisaṅghāto이 뼈 무더기가; ayaṁ rūpasaṅghāto이 몸이라는 무더기가 abhikkamati앞으로 간다.[144]

는 비유를 보여 준다.

139 ㊊ 'sammuyhanti미혹한다'와 연결하라.

140 ㊊ 이 두 구절을 통해 사견을 거머쥠diṭṭhigāha에 따라 잘못 알고 미혹하는 모습을 보였다.

141 ㊊ 이 두 구절을 통해 자만을 거머쥠mānagāha에 따라 잘못 알고 미혹하는 모습을 보였다.

142 ㊊ 이 구절 모두를 나중에 설명할 'pajānāti안다'라는 단어와 연결하라.

143 본서 pp.87~88에서는 '마음에 의해 만들어진'으로 번역하였다. 저본을 따랐다.

144 ㊊ 여기에서 'aṭṭhisaṅghāto 뼈 무더기가'라는 구절은 주석서의 스승들이 원래 설명한 원본의 바른 구절이 아닌 것으로 생각된다. 그 이유는 다음과 같다. 순간도 끊임없이 생멸하고 있는 물질과 정신의 성품만을 관찰하고 있는 위빳사나 수행자에게 뼈 무더기라는 모습이나 형태가 드러난다는 것은 적당한 말이 아니다. 또한 '뼈 무더기이다'라고 관찰하는 사마타 수행자에 대해서 가려는 마음과 그 마음 때문에 생성된 바람 요소가 생겨나는 모습을 관찰하고 본다거나, 또는 물질과 정신의 끊임없이

Tassevaṁ ①abhikkamato앞으로 가는 그 물질 무더기 몸, 바로 그것의 ekekapāduddharaṇe다리를 드는 움직임 한 번 한 번마다 pathavīdhātu āpodhātūti dve dhātuyo땅 요소와 물 요소라는 이 두 요소는 omattā honti mandā힘이 낮고 약하다. itarā dve나머지 두 가지, 즉 불 요소와 바람 요소는 adhimattā honti balavatiyo힘이 높고 강하다. ②atiharaṇa ③vītiharaṇesu다리를 옮기고 뻗는 움직임에서도 tathā그 드는 움직임과 같다.

〔"Vāyodhātuyā anugatā tejodhātu uddharaṇassa paccayo, uddharaṇagatikā hi tejodhātu(바람 요소가 수반하는 불 요소가 드는 동작의 조건이다. 맞다. 불 요소는 드는 동작을 생겨나게 하는 것이다)"[145]라는 복주서에 따라 불 요소는 가벼운 성품이 있다. 이 가벼움은 불 요소의 'maddavānuppadāna paccupaṭṭhāna(부드러움을 주는 것으로 나타남)'에 포함된다. 부드럽게 하는 것과 마치 연기처럼 미세하여 가볍게 올라감은 그 성품으로는 같다. 다리 등의 신체 부분의 들림, 가볍게 올라감은 그 뒤를 따라 힘을 주는 팽팽함과 움직임이라는 바람 요소와 함께 부드럽고 미세하여 가볍게 올라감이라는 불 요소의 힘에 의해 성취된다. 따라서 다리를 드는 과정에서 가볍게 들리는 것을 아는 것은 불 요소를 'maddavānuppadāna paccupaṭṭhāna(부드러움을 주는 것으로 나타남)'를 통해 아는 것이다.

생멸하고 있는 모습을 관찰하고 본다고 말하는 것도 적당하지 않기 때문이다. 따라서 원래 설명한 바른 구절에는 'rūpasaṅghāto 몸이라는 무더기가'라고 되어 있어야 적당하다.

145 DAṬ.i.246; 해석은 『*Dīgha Nikāya Sīlakkhandha Ṭīkā Nissaya*』 제3권, p.259 참조.

또한 "Tejodhātuyā anugatā vāyodhātu atiharaṇa vītiharaṇānaṁ paccayo, tiriyagatikāya hi vāyodhātuyā atiharaṇa vītiharaṇesu sātisayobyāpāro(불 요소가 수반하는 바람 요소가 옮김과 뻗음의 조건이다. 맞다. 옆으로 가는 작용을 생겨나게 하는 바람 요소는 옮김과 뻗는 동작에 있어 매우 큰 애씀이 있다)"[146]라는 복주서에 따라 바람 요소는 가로질러 감, 옆으로 감의 성품이 있다. 비록 듦, 감, 놓음, 누름 등에서도 바람 요소의 애씀byāpāra은 있지만 옮김과 뻗음에 그 바람 요소의 애씀이 더욱 분명하다. 맞다. 옮기는 중에, 뻗는 중에 분명한 팽팽함, 움직임은 바람 요소의 '팽팽함이라는 특성vitthambhāna lakkhaṇā'이다. 특별히 분명하게 한 움직임씩 옮겨 가는 것은 바람 요소의 '움직임이라는 역할samudiraṇa rasa'이다. 앞으로 밀어주듯이, 앞에서 당기듯이 분명한 모습은 바람 요소의 '이끎이라는 나타남abhinīhāra paccupaṭṭhāna'이다. 따라서 옮기거나 뻗는 움직임은 뒤를 따라 힘을 실어주는 가벼움의 불 요소와 함께 팽팽함과 움직임인 바람 요소에 의해 성취된다. 그래서 옮기거나 뻗을 때 팽팽함과 움직임을 아는 것은 바람 요소를 '팽팽함이라는 특성vitthambhāna lakkhaṇā' 등을 통해 아는 것이다. 여기에서 딛고 있는 다른 쪽 발이 있는 곳에 이르도록 옮기는 것을 '옮김atiharaṇa', 그곳에서 다시 앞으로 뻗는 것을 '뻗음vītiharaṇa'이라 한다고

146 DAṬ.i.246; 해석은 『*Dīgha Nikāya Sīlakkhandha Ṭīkā Nissaya*』 제3권, pp.259~260 참조.

『물라띠까Mūlaṭīkā 근본복주서』에서 설명하였다.〕

Pana그 밖에 ④vossajjane다리를 뻗는 힘을 놓아버려 다리를 내릴 때는 tejovāyodhātuyo불 요소와 바람 요소가 omattā honti mandā힘이 낮고 약하다. itarā dve나머지 두 가지, 즉 물 요소와 땅 요소는 adhimattā honti balavatiyo힘이 높고 강하다. ⑤sannikkhepana ⑥sannirumbhanesu다리를 디딜 때와 누를 때도 tathā그 내릴 때와 마찬가지다.

〔"Pathavīdhātuyā anugatā āpodhātu vosajjanassa paccayo, garutarasabhāvā hi āpodhātu(땅 요소가 수반하는 물 요소가 다리를 내리는 것의 조건이다. 맞다. 물 요소는 매우 무거운 고유성품이 있다)"[147]라는 복주서에 따라 물 요소는 무거운 성품이 있는 땅 요소보다 더 무거운 성품이 있다. 바로 그렇기 때문에 물 요소는 '흘러내리는 특성paggharaṇa lakkhaṇā'을 가지고 있다. 힘을 멈추고 설 때 다리가 무겁게 내려감은 뒤에 따라와 힘을 실어주는 땅 요소와 함께 물 요소에 의해 성취된다. 따라서 힘을 멈추는 순간이나 내리는 순간 무겁게 내려가는 것을 아는 것은 물 요소의 '흘러내리는 특성'을 통해 아는 것이다.

또한 "Āpodhātuyā anugatā pathavīdhātu sannikkhepanassa paccayo, patiṭṭhābhāve viya patiṭṭhāpanepi tassā sātisayakiccattā āpodhātuyā tassā

147 DAṬ.i.246; 해석은 『*Dīgha Nikāya Sīlakkhandha Ṭīkā Nissaya*』 제3권, p.260 참조.

anugatabhāvo, tathā ghaṭṭanakiriyāya pathavīdhātuyā vasena sannirujjhanassa sijjhanato tatthāpi pathavīdhātuyā āpodhātu anugatabhāvo(물 요소가 수반하는 땅 요소가 다리를 디디는 것의 조건이다. 굳건하게 서 있는 상태처럼 서 있게 하는 것도 그 땅 요소의 매우 강한 작용이 있기 때문에 물 요소가 그 땅 요소에 수반하여 따라가는 상태이다. 마찬가지로 접촉의 작용이 있는, 즉 접촉하게 하는 땅 요소의 힘을 통해 바닥에 딛는 것이 성취되기 때문에 그 땅 요소가 바닥에 디디는 작용도 물 요소가 땅 요소에 수반하는 상태이다)"[148] 라는 복주서에 따라 다리를 바닥 위에 놓고 디딜 때 확립하게 하는 성품이 분명하다. 이것은 땅 요소의 '기반이 되는 역할patiṭṭhāna rasa'이 분명하게 드러난 것이다. 이렇게 기반이 되는 작용으로 분명한 땅 요소는 확립하게 하는 데에도 매우 분명한 작용이 있기 때문에 발을 디딜 때 확고하게 하는 것은 땅 요소의 특별한 힘이다. 따라서 다리를 놓은 뒤 디디거나 확립하게 하는 것은 뒤에 따라 힘을 실어주는 물 요소와 함께 땅 요소에 의해 성취된다. 누를 때 닿음도 딱딱하고 거친 특성이 있는 땅 요소에 의해 성취된다. 따라서 다리를 디딜 때와 누를 때 확립하게 함이나 닿음 등을 아는 것은 땅 요소의 '단단하고 거친 특성kakkhaḷatta lakkhaṇā' 등을 통해 아는 것이다.

148 DAṬ.i.246; 해석은 『*Dīgha Nikāya Sīlakkhandha Ṭīkā Nissaya*』 제3권, p.261 참조.

여기에서 다음의 내용을 확실하게 기억해야 한다. 다리나 팔 등을 들어 올릴 때에 가볍게 올라감을 알면 불 요소를 아는 것이라고 기억하라. 옆으로 옮기는 것을 알면 바람 요소를 아는 것이라고 기억하라. 아래로 무겁게 내려감을 알면 물 요소를 아는 것이라고 기억하라. 부딪혀 닿음을 알면 땅 요소를 아는 것이라고 기억하라. 이러한 방법으로 다리를 한 번 움직일 때, 손발을 한 번 굽히고 펼 때, 그 사이에서도 네 가지 요소 모두를 구분하여 아는 일이 성취된다고 기억해야 한다.〕

Tattha그 듦 등에서 uddharaṇe pavattā들 때 끊임없이 생겨났던 rūpārūpadhammā들려고 하는 마음이라는 정신법과 듦이라는 물질법들은 atiharaṇaṁ na pāpuṇanti옆으로 옮기는 순간에 이르지 못한다.

〔"Rūpārūpadhammā ti uddharaṇā kārena pavattā rūpadhammā, taṁ samuṭṭhāpakā arūpadhammā ca('물질법과 정신법'이란 드는 작용으로 계속해서 생겨나는 물질법과 그것을 생겨나게 하는 정신법이다)"[149]라는 복주서에 따라 대역하였다. 여기에 새겨 아는 정신법도 포함하는 것이 적당하다.[150] 새겨 아는 정신법을 포함하지 않으면 다음의 허물이 생겨난다. 즉 새겨 아는 것을 바로 그 순간에 사라져 버린다고 알고 보지 못하면

149 DAṬ.i.247; 해석은 『Dīgha Nikāya Sīlakkhandha Ṭīkā Nissaya』 제3권, p.262 참조.

150 복주서의 설명에서 정신법을 '물질을 생겨나게 하는 정신법'으로만 설명했지만 그 정신법에 '새겨 아는 정신법'도 포함시켜야 한다는 뜻이다.

'나라는 한 존재가 항상 새겨서 알고 있다'라는 항상하다는 인식, 자아라는 인식이 생길 수 있다. 사실은 새겨 아는 순간마다 그 새겨 아는 것의 사라져 가는 모습을 수행자는 생멸의 지혜를 시작으로 분명하게 알 수 있다. 무너짐의 지혜를 시작으로 해서는 더욱 분명하고 확실하게 안다. 따라서 새겨 아는 정신법도 포함하는 것이 적당하다. 이곳에서 복주서의 스승들이 이렇게 새겨 아는 정신법을 포함시켜 설명하지 않은 것은 명상의 지혜를 대상으로 설명했기 때문이라고 생각하는 것이 적당하다.〕

Atiharaṇe pavattā옮길 때 끊임없이 생겨났던 정신법과 물질법들도 vītiharaṇaṁ na pāpuṇanti뻗는 순간에 이르지 못한다. vītiharaṇe pavattā뻗을 때 끊임없이 생겨났던 정신법과 물질법들도 vossajjanaṁ na pāpuṇanti놓는 순간에 이르지 못한다. vossajjane pavattā놓을 때 끊임없이 생겨났던 정신법과 물질법들도 sannikkhepanaṁ na pāpuṇanti디디는 순간에 이르지 못한다. sannikkhepane pavattā디딜 때 끊임없이 생겨났던 정신법과 물질법들도 sannirumbhanaṁ na pāpuṇanti누르는 순간에 이르지 못한다. tattha tattheva그 각각의 듦 등의 순간마다 pabbaṁ pabbaṁ부분부분, sandhi sandhi마디마디, odhi odhi hutvā조각조각 끊어져 tattakapāle pakkhittatilāni viya paṭapaṭāyantā뜨겁게 달구어진 냄비 위에 던져진 참깨들이 타닥타닥 소리를 내며 사라져 가는 것처럼 bhijjanti부서진다.

〔여기에서 이해하기 힘든 복주서의 구절을 경전지식을 위해 설명해 보겠다.

Ati ittaro hi rūpadhammānampi pavattikkhaṇo, gamanassādīnaṁ, devaputtānaṁ heṭṭhupariyena paṭimukhaṁ dhāvantānaṁ sirasi pāde ca bandhakhuradhārā samāgamatopi sīghataro.

(DAṬ.i.247)

대역

Rūpadhammānaṁ pi pavattikkhaṇo물질법이 생겨나는 순간도 abhi ittaro[151]매우 짧다. heṭṭhupariyena아래로 난 하늘길로 한 천신이, 위로 난 하늘길로 다른 한 천신이 이렇게 위아래로 반대되는 하늘길로 paṭimukhaṁ dhāvantānaṁ서로 마주보고 달려갈 때; 마주보고 달려가는 gamanassādīnaṁ devaputtānaṁ달리기를 좋아하는 두 천신의 sirasi ca아래로 가는 천신의 머리 위에나 pāde ca위로 가는 천신의 다리 아래에 bandhakhuradhārā samāgamatopi반대로 마주보고 묶어놓은 아래위의 칼날 두 가지가 직접 부딪치는 그 순간보다도 sīghataro 빠르다.

달리기를 좋아하는 두 천신 중, 한 천신은 머리 위에 날카로운 칼날을 위쪽 방향으로 묶어 서쪽에서 동쪽으로 달려가고, 다른 한 천신은 다리 밑에 날카로운 칼을 아래 방향으로 묶어 동쪽에서 서쪽으로 달려간다고 하자. 이렇게 매우 빠르게 마주치게 달려오는 그 두 천신

151 본문에는 'ati ittaro'로 표현되었다.

이 서로 만나서 지나치는 그 순간은 매우 짧을 것이고, 아래 천신의 머리에 있는 칼날과 위 천신의 발아래에 있는 칼날이 부딪쳐서 지나가는 순간은 더욱 짧을 것이다. 몇 십만 분의 일 초보다 짧을 것이다. 하지만 물질의 생성-머묾-소멸이라는 존재하는 순간은 그보다 더욱 빠르다는 뜻이다. 비행기 두 대가 서로 지나치는 순간이 매우 짧은 모습에 비유해도 적당할 것이다.〕

Tattha 그렇게 매우 빠르게 소멸하고 있는 물질과 정신에서 eko abhikkamati 앞으로 가는 이가 ko 누구인가; 어디에 있겠는가; 없는 것 아닌가.[152] kassa vā ekassa abhikkamana 어떠한 한 존재의 감이 될 수 있겠는가; 어느 누구의 감도 아니다. Paramatthato hi 직접 알 수 있는 바른 성품인 빠라맛타 실재 성품으로는 dhātūnaṁyeva gamanaṁ 중생이나 영혼이 아닌 물질 요소와 정신 요소라는 요소 · 성품만의 감이다. dhātūnaṁ ṭhānaṁ, dhātūnaṁ nisajjanaṁ, dhātūnaṁ sayanaṁ 요소 · 성품만의 섬, 앉음, 누움일 뿐이다. hi '정신법도 각각 그 순간에서 사라져 간다. 갈 수 있는 중생이라고는 없다'는 그 말은 사실이다. tasmiṁ tasmiṁ koṭṭhāse 감과 옮김 등의 각각의 부분에서 rūpena saddhiṁ 감 등의 물질과 함께

aññaṁ cittaṁ nirujjhati 가려고 함이나 '간다'고 새겨 아는 앎 등의 어떤 하나의 과거 마음이 사라진다. 그렇게 사라지는 마음이 다른 하나이고,

152 ⓟ 여기서 'kiṁ'이라는 단어는 반어paṭikkhepa의 의미로 사용되었다.

aññaṁ cittaṁ uppajjate옮기려고 함이나 '옮긴다'라고 새겨 아는 앎 등의 다른 새로운 마음이 생겨난다. 그렇게 생겨나는 그 마음이 다른 하나이다.

cittasantāno앞뒤 마음의 연속된 차례인 상속은

avīcimanusambandho끊임이나 끊김이 드러나지 않을 정도로 계속 연결된

nadīsoto iva강물의 흐름처럼

vattati생겨나고 있다.

iti pajānāti이렇게 안다.[153]

Evaṁ이렇게 말한 방법대로 abhikkamādīsu앞으로 감 등에 대해 asammuyhanaṁ 미혹하지 않음, 사실대로 분명하게 앎을 asammohasampajaññaṁ nāma 미혹없음 바른 앎이라고 한다.

말하고자 하는 바를 요약하면 다음과 같다. 앞으로 갈 때마다, 뒤로 물러설 때마다, 옆으로 움직일 때마다 자세하게 끊임없이 아는 것이 '영역 바른 앎'이다. 이 영역 바른 앎의 힘이 강해졌을 때 숙고하고 반조하는 명상의 지혜가 생겨난다. 그때를 시작으로 특별하게 힘이 좋은 여러 관찰마다 마치 눈의 흐릿함이 사라지듯이 미혹하지 않고 분명하게 알게 된다. 어떻게 아는가? '간다, 간다'라는 등으로 새기고 있는 바로 그 때, '가리라'고 생각하는 마음이 생겨나서는 사라져 버리는 것도 직접 경

153 ㉑ 'iti pajānati'라는 이 두 단어로 된 구절이 주석서의 원본에 필요하다. 원래 원본에는 이 두 단어로 된 구절도 확실히 포함되었을 것으로 확신한다. 만약 포함되지 않았다면 'bhikkhu asammuyhanto(비구는 미혹하지 않고)'라는 구절과 연결될 기본 동사구절이 없게 된다. 따라서 여기에 포함시켜 그 의미를 번역하였다.

험하여 안다. 그 마음 때문에 팽팽함과 움직임이 한 단계 한 단계 생겨나는 것도 직접 경험하여 안다. 그 팽팽함과 움직임들 때문에 온몸 전체 무더기가 한 걸음, 한 걸음 앞으로 움직이며 생멸해 가는 것도 직접 경험하여 안다. 드는 순간 등에도 '듦' 등으로 새기고 있는 바로 그때, 들려고 함이나 듦 등의 이러한 물질과 정신들이 옮겨감 등에 이르지 않고 바로 그 각각의 순간에서 부분부분 끊어져 사라져 버리는 것을 직접 경험하여 안다.

따라서 수행자에게 그때 마치 눈의 흐릿함이 사라지듯이 분명하고 특별한 앎이 다시 생겨나게 된다. 어떻게 생겨나는가? '감 등을 행하게 할 수 있는 어떠한 중생이나 나라는 것은 없다. 순간도 끊임없이 생멸하고 있는 물질과 정신의 성품법들만 존재한다. 항상하지 않은 성품법들일 뿐이다. 괴로움일 뿐이다. 가려고 함이나 감 등도 성품법들의 현상일 뿐이다'라고 미혹 없이 분명하게 결정하는 앎의 지혜가 생겨난다. 이 앎의 지혜를 미혹없음 바른 앎asammoha sampajañña이라고 한다. 이 미혹없음 바른 앎은, 관찰하는 것인 영역 바른 앎 없이 따로 생겨날 수 없다. 영역 바른 앎에 따라 관찰하면서만 생겨날 수 있다. 주석서에서도 관찰하고 있으면서 생겨나는 것만을 대상으로 해서 이 미혹없음 바른 앎을 보여 놓았다. 따라서 수행자는 이 미혹없음 바른 앎이 생겨나게 하기 위해서, 직접 관찰하는 것인 영역 바른 앎만을 끊임없이 생겨나게 해야 한다.

❷ ālokite바로 보게 되면 vilokite옆으로 보게 되면 sampajānakārī hoti알면서 행한다.

여기에서 앞을 봄, 옆으로 봄, 이 두 가지만 수행자에게 적합하기 때문에 직접 설명해 놓았다. 고개 숙여 봄, 고개 들어 봄, 뒤돌아 봄은 적당하지 않기 때문에 드러내 보이지 않았다. 하지만 그러한 것들도 같은 방법으로 관찰해야 한다. 따라서 볼 때마다 계속해서 보려는 마음을 시작으로 '보려 함, 봄, 보임' 등으로 놓치지 않고 관찰해야 한다. 이렇게 관찰하는 것이 영역 바른 앎gocara sampajañña이다. 주석서에서는 사마타 수행자라면 자신의 수행주제를 중시하며 보아야 한다고 설명해 놓았다. 까마귀가 먹이를 볼 때 다른 적들도 살펴보는 것처럼 수행자도 보려고 하는 곳을 보면서도 자신의 수행주제에 마음 기울임을 버려서는 안 된다. 보려고 하는 곳을 한 번, 수행주제를 한 번 마음 기울여야 한다. 수행주제에 마음 기울이는 쪽에 마음을 많이 두어야 한다는 말이다. 무더기나 감각장소, 요소들을 관찰하고 새기는 위빳사나 수행자들의 경우에는 자신이 항상 관찰하는 수행주제, 바로 그것대로 관찰하며 보아야 한다고 설명해 놓았다. 맞다. 보려고 함, 봄 등도 바로 그 위빳사나의 대상이기 때문에 보려는 마음을 새겨 알면 정신 무더기 네 가지, 정신 감각장소 두 가지, 정신 요소 두 가지를 아는 위빳사나 지혜가 생겨난다. 그 마음 때문에 생겨나는 눈을 뜸, 눈동자를 굴림, 머리나 얼굴을 바꿈 등을 새겨 알아도 물질 무더기, 물질 감각장소, 물질 요소를 아는 위빳사나 지혜가 생긴다. 주의해서 봄, 보임 등을 새겨 알 때도 다섯 무더기, 네 가지 감각장소, 네 가지 요소를 아는 위빳사나 지혜가 생긴다. 이어서 반조함을 다시 관찰하더라도 그 반조함이라는 정신 무더기, 정신 감각장소, 정신 요소를 아는 위빳사나 지혜가 생겨난다. 따라서 보려고 함 등을 놓치지 않도록 관찰하고 있는 수행자에게 영역 바른 앎이 매우 예리하게 되고 힘이 좋게 되었을 때 '보려는 마음 때문에 눈동자나 얼굴을 바꾸면 그 바꾸는 동작을 통해 움직임, 밀고 옮김 등과 봄, 보임, 반조함 등만 각각 생멸해 간다. 보려고 함, 눈동자를 바꿈 등을 행할 수 있는 중생이나 나라는 것은 없다'라고 미혹하지 않고 분명하게 아는 미혹없음 바른 앎이 저절로 생긴다.

❸ samiñjite펴져 있는 손발을 굽히게 되면 pasārite굽혀져 있는 손발을 펴게 되면 sampajānakārī hoti알면서 행한다.

손이나 발을 굽힐 때마다, 펼 때마다, 움직이고 바꿀 때마다 '굽힘, 굽힘' 등으로 자세하게 집중해서 새겨야 한다. 삼매와 지혜의 힘이 좋아졌을 때에는 굽히려고 하는 마음, 펴려고 하는 마음, 바꾸려고 하는 마음들도 새겨 알 수 있게 되어 '굽힘 등을 행할 수 있는 자아나 나라는 것은 없다. 순간도 끊임없이 생멸하고 있는 물질과 정신의 성품법들만 존재한다. 항상하지 않고 괴로운 성품법들일 뿐이다'라고 미혹하지 않고 분명하게 아는 미혹없음 바른 앎이 저절로 생긴다. 이 내용을 시작으로 보여줄 만한 중요한 의미들은『*Vipassanā Shunikyan*위빳사나 수행방법론』제1권의 제4장에 포함되어 있기 때문에 이후로는 특별히 필요한 것만 서술할 것이다. 필요하지 않은 것에 대해서는 서술하지 않을 것이다. 따라서 관련된 여러 의미들을 그곳에서 살펴보기 바란다.[154]

❹ uccārapassāvakamme대소변을 보게 되면 sampajānakārī hoti알면서 행한다.

위빳사나에 있어서는 저열하고 거룩한 것을 따지면 안 된다. 분명하게 알 수 있어 항상하다고, 행복하다고, 자아라고 집착할 수 있는 그 모든 물질과 정신을 다 관찰해야 한다. 따라서 여기에서 대변과 소변을 보

154『위빳사나 수행방법론』제1권, pp.464~469 참조.

는 것도 관찰하도록 가르쳐 놓으셨다.

❺ sutte잠들게 되면

자려고 하면 '자려 한다, 감는다, 끄덕인다, 무겁다' 등으로 새겨야 한다. 너무 심하게 졸음이 오면 누워서 '누움, 누움' 등으로 분명한 물질과 정신을 새겨야 한다. 새김을 놓아 버려서는 안 된다. 새기면서 잠이 들어야 한다.[155]

155 저본에 『*Vipassanā Shunikyan*』을 참조하라고만 설명되어 있어서 그곳의 내용을 옮겨 실었다. 『위빳사나 수행방법론』 제1권, p.468 참조.

1. Kāyānupassanā (4) Paṭikūlamanasikārapabba

Puna caparaṁ, bhikkhave, bhikkhu imameva kāyaṁ uddhaṁ pādatalā adho kesamatthakā tacapariyantaṁ pūraṁ nānappakārassa asucino paccavekkhati – 'atthi imasmiṁ kāye kesā lomā nakhā dantā taco, maṁsaṁ nhāru aṭṭhi aṭṭhimiñjaṁ vakkaṁ, hadayaṁ yakanaṁ kilomakaṁ pihakaṁ papphāsaṁ, antaṁ antaguṇaṁ udariyaṁ karīsaṁ maṭṭhaluṅgaṁ[156], pittaṁ semhaṁ pubbo lohitaṁ sedo medo, assu vasā kheḷo siṅghāṇikā lasikā mutta'nti.

"Seyyathāpi, bhikkhave, ubhatomukhā putoḷi[157] pūrā nānāvihitassa dhaññassa, seyyathidaṁ sālīnaṁ vīhīnaṁ muggānaṁ māsānaṁ tilānaṁ taṇḍulānaṁ. Tamenaṁ cakkhumā puriso muñcitvā paccavekkheyya – 'ime sālī, ime vīhī ime muggā ime māsā ime tilā ime taṇḍulā'ti. Evameva kho, bhikkhave, bhikkhu imameva kāyaṁ uddhaṁ pādatalā adho kesamatthakā tacapariyantaṁ pūraṁ nānappakārassa asucino paccavekkhati – 'atthi imasmiṁ kāye kesā lomā … mutta'nti.

Iti ajjhattaṁ vā … evampi kho, bhikkhave, bhikkhu kāye kāyānupassī viharati.

Paṭikūlamanasikārapabbaṁ niṭṭhitaṁ.

156 karīsaṁ(cha.). karīsaṁ matthaluṅgaṁ(ka.). ㉯ 이 구절에서 『맛지마 니까야(근본50편)』 「사띠빳타나숫따Satipaṭṭhānasutta 念處經」에는 'karīsaṁ 똥'의 다음이 아니라 'muttaṁ 오줌'의 다음에 'muttaṁ matthaluṅganti 오줌, 뇌수'라고 되어 있다.

157 mūtoḷī(syā.), mutoli(pī.).

1. 몸 거듭관찰 (4) 혐오 마음기울임의 장

Bhikkhave비구들이여, puna ca또한 aparaṁ다른 관찰모습이, bhikkhu비구는 uddhaṁ pādatalā발바닥으로부터 위에 있고[158] adho kesamatthakā머리카락으로부터 아래에 있으며[159] tacapariyantaṁ옆의 전체는 피부를 끝으로 하고[160] pūraṁ nānappakārassa asucino여러 가지 역겨운 것들로 가득 차 있는[161] imameva kāyaṁ자신의 물질 무더기인 바로 이 몸을 paccavekkhati주의 깊게 반조한다. 'imasmiṁ kāye이 몸에 atthi있는 것들로는 kesā머리카락, lomā털, nakhā손발톱, dantā이빨, taco피부, maṁsaṁ살, nhāru힘줄, aṭṭhi뼈, aṭṭhimiñjaṁ골수, vakkaṁ콩팥, hadayaṁ심장, yakanaṁ간, kilomakaṁ막, pihakaṁ지라, papphāsaṁ허파, antaṁ창자, antaguṇaṁ장간막, udariyaṁ위장 음식물[162], karīsaṁ똥[163], maṭṭhaluṅgaṁ뇌수[164], pittaṁ쓸개즙, semhaṁ가래, pubbo고름, lohitaṁ피, sedo땀, medo비계, assu눈물, vasā기름, kheḷo침, siṅghāṇikā콧물, lasikā관절액, muttaṁ오줌', iti이러한 역겨운 것들만 있다고 주의 깊게 반조한다.

Bhikkhave비구들이여, seyyathāpi비유하자면 ubhatomukhā위와 아래 양쪽에 구멍이 나 있는 putoḷi자루가 nānāvihitassa dhaññassa여러 가지 곡물들로 pūrā채워졌다고 assa하자. seyyathidaṁ어떠한 곡물들로 채워 놓았는가 하면 sālīnaṁ

158 ⓐ 이 구절은 '이 몸을'이라는 구절과 연결하라.
159 ⓐ 이 구절도 '이 몸을'이라는 구절과 연결하라.
160 옆으로 전체가 피부로 둘러싸여 있고.
161 ⓐ 이 구절도 '이 몸을'이라는 구절과 연결하라.
162 위장에 있는 소화되기 전 음식물.
163 소화된 후 음식물.
164 뇌수를 포함시킨 이유는 본서 p.288을 참조하라.; 『네 가지 마음챙기는 공부』 p.171 참조.

살리라는 부드러운 벼,[165] vīhīnaṁ위히라는 거친 벼,[166] muggānaṁ녹두[167], māsānaṁ제비콩[168], tilānaṁ참깨[169], taṇḍulānaṁ쌀로[170] pūrā채워졌다고 assa하자. tamenaṁ muñcitvā그 곡물자루를 열고 cakkhumā puriso시력이 좋은 한 사람이 'ime sālī이것은 살리라는 부드러운 벼, ime vīhī이것은 위히라는 거친 벼, ime muggā이것은 녹두, ime māsā이것은 제비콩, ime tilā이것은 참깨, ime taṇḍulā이것은 쌀이다'iti라고 paccavekkheyya주의해서 보고 관찰하고 반조할 수 있다. Bhikkhave비구들이여, evameva kho여러 가지 곡물을 구분하여 관찰하는 이 모습과 마찬가지로 bhikkhu비구는 uddhaṁ pādatalā발바닥으로부터 위에 있고 … muttaṁ오줌', iti이러한 역겨운 것들만 있다고 주의 깊게 반조한다.

Iti이렇게 말한 방법을 통해 ajjhattaṁ vā kāye내부인 자신의 몸 무더기에 대해서도 … 'atthi kāyo'ti'머리카락 등의 역겨운 몸 무더기만 존재한다'라고 …❶ evampi kho이와 같이; 이렇게 설명한 대로 kāye몸 무더기에 대해 kāyānupassī'몸 무더기일 뿐이다'라고 관찰하며 viharati지낸다.

Paṭikūlamanasikārapabbaṁ혐오스러운 것이라고 마음 기울이는 모습의 장이 niṭṭhitaṁ끝났다.

165 '살리'라는 벼의 도정되기 전 조곡組穀의 상태를 말한다. 『네 가지 마음챙기는 공부』에서는 '밭벼', 『디가 니까야』(전재성)에서는 '육도'로 번역하였다.

166 마찬가지로 '위히'라는 벼의 도정되기 전 조곡의 상태를 말한다. 『네 가지 마음챙기는 공부』에서는 '보리', 『디가 니까야』(전재성)에서는 '적미'로 번역하였다.

167 『디가 니까야』(전재성)에서는 '강낭콩'으로 번역하였다.

168 『네 가지 마음챙기는 공부』에서는 '완두', 『디가 니까야』(전재성)에서는 '완두콩'으로 번역하였다.

169 『디가 니까야』(전재성)에서는 '기장'으로 번역하였다.

170 도정된 후의 쌀을 말한다. 『네 가지 마음챙기는 공부』에서는 '논벼', 『디가 니까야』(전재성)에서는 '백미'로 번역하였다.

1. 몸 거듭관찰 (4) 혐오 마음기울임에 대한 해설

❶ samudayadhammānupassī생겨나게 하는 원인법과 생겨남의 성품을 관찰하면서도 … vayadhammānupassī사라지게 하는 원인법과 사라짐의 성품을 관찰하면서도 … anissito ca또한 갈애나 사견으로 의지하지 않고 … na ca upādiyati자아나 나의 것이라고 갈애와 사견으로 더 이상 집착하지 않는다.

이 구절들을 통해 혐오 마음기울임의 장에서도 위빳사나만을 기본으로 설한 것이라는 사실이 분명하다. 무엇 때문인가? 사마타 그 자체만으로는 생멸도 알고 볼 수 없다. 갈애, 사견, 자만의 집착을 제거하게 할 수도 없다. 위빳사나를 통해서만 생멸을 알고 보아 집착도 제거할 수 있다. 따라서 '이 혐오 마음기울임의 장에서도 위빳사나가 생겨난다'라고 기억해야 한다. 어떻게 생겨나는가? 머리카락, 털 등으로 관찰하는 근접삼매의 마음들을 다시 관찰하여 머리카락, 털 등의 물질대상과 함께 그 관찰하는 선정 마음의 생멸을 수행자는 분명하게 알 수 있다. 그렇게 계속해서 알고 볼 때마다 관찰되는 물질대상에 대해서도, 관찰하는 선정 마음에 대해서도 갈애와 사견의 집착이 사라진다. 따라서 머리카락, 털 등을 통해 관찰하는 선정 마음과 함께 머리카락, 털 등의 물질대상의 드러남과 사라짐이라는 생멸을 새길 때마다 계속해서 알고 보는 바로 그것을 'samudayadhammānupassī(생겨나게 하는 원인법과 생겨남의 성품을 관찰하면서)' 등으로 설해 놓았다고, 또한 갈애와 사견의 집착을 사라지게 하는 위빳사나가 생겨난다고 기억해야 한다.

1. Kāyānupassanā (5) Dhātumanasikārapabba

Puna caparaṁ, bhikkhave, bhikkhu imameva kāyaṁ yathāṭhitaṁ yathāpaṇihitaṁ dhātuso paccavekkhati – 'atthi imasmiṁ kāye pathavīdhātu āpodhātu tejodhātu vāyodhātū'ti.

Seyyathāpi, bhikkhave, dakkho goghātako vā goghātakantevāsī vā gāviṁ vadhitvā catumahāpathe bilaso vibhajitvā nisinno assa, evameva kho, bhikkhave, bhikkhu imameva kāyaṁ yathāṭhitaṁ yathāpaṇihitaṁ dhātuso paccavekkhati – 'atthi imasmiṁ kāye pathavīdhātu āpodhātu tejodhātu vāyodhātū'ti.

Iti ajjhattaṁ vā kāye kāyānupassī viharati … evampi kho, bhikkhave, bhikkhu kāye kāyānupassī viharati.

Dhātumanasikārapabbaṁ niṭṭhitaṁ.

1. 몸 거듭관찰 (5) 요소 마음기울임의 장

Bhikkhave비구들이여, puna ca또한 aparaṁ다른 관찰 모습이, bhikkhu비구는 imameva kāyaṁ자신의 몸 무더기인 바로 이 몸을 yathāṭhitaṁ yathāpaṇihitaṁ처해진 대로만, 놓여진 대로만 dhātuso중생이나 영혼이 아닌 요소나 성품으로 paccavekkhati주의 깊게 반조한다. 'imasmiṁ kāye이 몸에 atthi있는 요소나 성품들에는 pathavīdhātu딱딱하고 거친 〔땅pathavī이라는〕 지지하는 요소가 한 종류❶, āpodhātu결합하고 흐르는 〔물āpo이라는〕 축축한 요소가 한 종류❷, tejodhātu뜨겁고 차갑고 성숙시키고 부드럽게 하는 〔불tejo이라는〕 온기가

한 종류[3], vāyodhātu팽팽하고 움직이는 〔바람vāyo이라는〕 바람 요소가 한 종류[4]이다' iti라고 이러한 요소나 성품들만 있다고 주의 깊게 반조한다.[5]
Bhikkhave비구들이여, seyyathāpi비유하자면 dakkho능숙하고 유능한 goghātako vā백정이나 goghātakantevāsī vā백정의 조수가 gāviṁ vadhitvā소를 잡아서 catumahāpathe네 거리에 bilaso vibhajitvā살들을 여러 덩어리로 나누어서 nisinno assa앉아 있다고 하자; 살 덩어리들만 보면서 앉아 있다고 하자. bhikkhave 비구들이여, evameva kho이와 같이 살덩어리들로 만들고 나면 소를 보지 못하고 살덩어리들만 보는 것과 마찬가지로 bhikkhu비구는 imameva kāyaṁ 자신의 몸 무더기인 바로 이 몸을 yathāṭhitaṁ yathāpaṇihitaṁ처해진 대로만, 놓여진 대로만 dhātuso중생이나 영혼이 아닌 요소나 성품으로 paccavekkhati 주의 깊게 반조한다. 'imasmiṁ kāye이 몸에 atthi있는 요소나 성품들에는 pathavīdhātu땅 요소가 한 종류, āpodhātu물 요소가 한 종류, tejodhātu불 요소가 한 종류, vāyodhātu바람 요소가 한 종류이다'iti라고 이러한 요소나 성품들만 있다고 주의 깊게 반조한다.

Iti이렇게 말한 방법을 통해 ajjhattaṁ vā kāye내부인 자신의 몸 무더기에 대해서도 … 'atthi kāyo'ti'네 가지 요소의 무더기만 존재한다'라고 … evampi kho 이와 같이; 이렇게 설명한 대로 kāye몸 무더기에 대해 kāyānupassī'몸 무더기일 뿐이다'라고 관찰하며 viharati지낸다.

Dhātumanasikārapabbaṁ요소나 성품이라고 마음 기울이는 모습의 장이 niṭṭhitaṁ끝났다.

1. 몸 거듭관찰 (5) 요소 마음기울임에 대한 해설

❶ pathavīdhātu딱딱하고 거친 〔땅pathavī이라는〕 지지하는 요소가 한 종류

머리카락을 시작으로, 오줌을 끝으로 하는 서른두 가지 부분 중에 머리카락부터 뇌수까지 스무 개는 딱딱하고 거침이 현저하기 때문에 'pathavī 땅 요소'라고 한다. 이 스무 가지 요소와 닿아 부딪쳤을 때 '딱딱하다, 거칠다, 부드럽다, 미끈하다, 〔무겁다, 가볍다〕, 닿는다, 견고하다, 수용한다'라고 안다. 이렇게 알아지는 성품이 빠라맛타 실재성품으로서 진정한 땅 요소이다.

❷ āpodhātu결합하고 흐르는 〔물āpo이라는〕 축축한 요소가 한 종류

쓸개즙으로부터 오줌까지 열두 가지는 흐르고 결합하는 것이 현저하기 때문에 'āpo 물 요소'라고 한다. 물 요소가 현저한 이 열두 가지와 닿아 부딪쳤을 때 '물기가 있다, 흐른다, 흘러내린다, 무겁게 떨어진다, 축축하다, 붇다[171], 끈끈하다, 결합된다, 묶는다, 덩어리진다'라고 안다. 이렇게 알아지는 성품이 빠라맛타 실재성품으로서 진정한 물 요소이다.

❸ tejodhātu뜨겁고 차갑고 성숙시키고 부드럽게 하는 〔불tejo이라는〕 온기가 한 종류

① 열병 등으로 인한 뜨거움santappana, ② 살과 피부를 늙고 익게 만드

171 물에 젖어서 부피가 커지는 것을 말한다.

는 일반적인 몸의 훈기jīraṇa, ③ 온몸을 매우 뜨겁게 불태우는 뜨거움dāha, ④ 음식을 소화시키게 하는 뜨거움pācaka, 이 네 가지는 더운 기운이 현저하기 때문에 'tejo 불 요소'라고 한다. 이 불 요소 네 가지와 닿아 접촉했을 때 '뜨겁다, 따뜻하다, 차갑다, 익게 한다, 부드럽고 연하게 한다, 가볍게 한다, 가볍다'라고 안다. 이렇게 알아지는 성품이 빠라맛타 실재성품으로서 진정한 불 요소이다.

❹ vāyodhātu팽팽하고 움직이는 (바람vāyo이라는) 바람 요소가 한 종류

① 트림 등 때문에 위로 올라오는 바람uddhaṅgama, ② 아래로 내려가는 바람adhogama, ③ 배 안의 (장의 밖에 있는) 바람kucchisaya, ④ 장 속에 있는 바람koṭṭhāsaya, ⑤ 크고 작은 신체부분에 따라서 굽히고 펴고 움직임을 성취하게 하는 바람aṅgamaṅgānusārī, ⑥ 들숨과 날숨이라는 바람assāsapassāsa, 이 여섯 가지는 팽팽함과 움직임이 현저하기 때문에 'vāyo 바람 요소'라고 한다. 이 바람 요소와 닿았을 때 '지탱한다, 팽팽하다, 느슨하다, 고요하다, 움직인다, 이동한다, 당긴다, 민다'라고 안다. 이렇게 알아지는 성품이 빠라맛타 실재성품으로서 진정한 바람 요소이다.

❺ iti이러한 요소나 성품들만 있다고 주의 깊게 반조한다.

요소 마음기울임dhātu manasikāra에서 위빳사나가 생겨나는 모습은 다음과 같다. 머리카락을 시작으로, 들숨날숨을 끝으로 하는 이 마흔두 가지 무더기를 관찰하면서 근접삼매를 구족한 사마타 행자samatha yānika에게는 바로 그 삼매의 마음을 다시 관찰하는 것을 통해서 머리카락 등의 물질 대상과 함께 그 삼매 마음의 생겨남과 사라짐, 생멸을 분명하게 알고 보아 생멸의 지혜 등이 생겨난다. 이것이 요소 마음기울임을 통해 사마타 행자에게 위빳사나가 생겨나는 모습이다. 위빳사나 행자vipassanā yānika의 경우는 분명하게 닿고 접촉하는 곳에 집중하여 새기는 것을 통해 요소 네 가지의 특성, 역할 등을 통해 분명히 구분하여 알게 되면 닿아서 아는 것, 새겨서 아는 것과 함께 그 네 가지 요소의 생겨남과 사라짐도 분명하게 알고 보아 생멸의 지혜 등이 생겨난다. 이것이 요소 마음기울임을 통해 위빳사나 행자에게 위빳사나가 생겨나는 모습이다.

1. Kāyānupassanā (6) Navasivathikapabba ①

Puna caparaṁ, bhikkhave, bhikkhu seyyathāpi passeyya sarīraṁ sivathikāya chaḍḍitaṁ ekāhamataṁ vā dvīhamataṁ vā tīhamataṁ vā uddhumātakaṁ vinīlakaṁ vipubbakajātaṁ. So imameva kāyaṁ upasaṁharati – 'ayampi kho kāyo evaṁdhammo evaṁbhāvī evaṁanatīto'ti.
Iti ajjhattaṁ vā ··· evampi kho, bhikkhave, bhikkhu kāye kāyānupassī viharati.

1. 몸 거듭관찰 (6) 아홉 가지 묘지의 장 ①

Bhikkhave비구들이여, puna ca또한 aparaṁ다른 관찰 모습이, bhikkhu비구는 sivathikāya chaḍḍitaṁ묘지에 버려져서 ekāhamataṁ vā죽은 후 하루가 지났거나, dvīhamataṁ vā죽은 후 이틀이 지났거나, tīhamataṁ vā죽은 후 사흘이 지나서, uddhumātakaṁ부풀고 vinīlakaṁ원래 색이 변하여 검푸르게 되고 vipubbakajātaṁ 고름이 흘러내리면서 곪아가는 sarīraṁ시체를 seyyathāpi passeyya보게 된 것처럼 so그 비구는 imameva kāyaṁ자신의 몸 무더기인 바로 이 몸을 upasaṁharati 비교하여 숙고하고 파악한다. 'ayampi kho kāyo나의 이 몸도 또한 evaṁ dhammo 이 시체처럼 부푸는 등의 성품이 있다. evaṁ bhāvī이 시체처럼 부푸는 등의 상태가 틀림없이 될 것이다. evaṁ anatīto이 시체처럼 부푸는 등의 성품을 벗어나지 못하리라'iti라고 이와 같이 비교하여 숙고하고 파악한다.
Iti이렇게 말한 방법을 통해 ajjhattaṁ vā kāye내부인 자신의 몸 무더기에 대해서도 ··· 'atthi kāyo'ti'부푸는 시체 등이 될 몸 무더기만 존재한다'라고 ··· evampi kho이와 같이; 이렇게 설명한 대로 kāye몸 무더기에 대해

kāyānupassī'몸 무더기일 뿐이다'라고 관찰하며 viharati지낸다.❶

묘지의 첫 번째 관찰이 끝났다.[172]

1. Kāyānupassanā (7) Navasivathikapabba ②

Puna caparaṁ, bhikkhave, bhikkhu seyyathāpi passeyya sarīraṁ sivathikāya chaḍḍitaṁ kākehi vā khajjamānaṁ kulalehi vā khajjamānaṁ gijjhehi vā khajjamānaṁ kaṅkehi vā khajjamānaṁ sunakhehi vā khajjamānaṁ byagghehi vā khajjamānaṁ dīpīhi vā khajjamānaṁ siṅgālehi vā[173] khajjamānaṁ vividhehi vā pāṇakajātehi khajjamānaṁ. So imameva kāyaṁ upasaṁharati – 'ayampi kho kāyo evaṁdhammo evaṁbhāvī evaṁanatīto'ti.

Iti ajjhattaṁ vā … evampi kho, bhikkhave, bhikkhu kāye kāyānupassī viharati.

1. 몸 거듭관찰 (7) 아홉 가지 묘지의 장 ②

Bhikkhave비구들이여, puna ca또한 aparaṁ다른 관찰 모습이, bhikkhu비구는 sivathikāya chaḍḍitaṁ묘지에 버려져서 kākehi vā khajjamānaṁ까마귀에게 먹히거나, kulalehi vā khajjamānaṁ매에게 먹히거나, gijjhehi vā khajjamānaṁ독수리에게 먹히

172 저본이나 원본에 이 부분에 대한 빠알리어가 없어 저본을 그대로 따라 빠알리어 없이 한글로만 해석하였다.

173 gijjhehi vā khajjamānaṁ, suvānehi vā khajjamānaṁ, sigālehi vā khajjamānaṁ(syā. pī.).

거나, kaṅkehi vā khajjamānaṁ왜가리에게 먹히거나, sunakhehi vā khajjamānaṁ개에게 먹히거나, byagghehi vā khajjamānaṁ호랑이에게 먹히거나, dīpīhi vā khajjamānaṁ표범에게 먹히거나, siṅgālehi vā khajjamānaṁ승냥이에게 먹히거나, vividhehi vā pāṇakajātehi khajjamānaṁ다른 여러 벌레들에게 먹히는 sarīraṁ시체를 seyyathāpi passeyya보게 된 것처럼 so그 비구는 imameva kāyaṁ자신의 몸 무더기인 바로 이 몸을 upasaṁharati비교하여 숙고하고 파악한다. 'ayampi kho kāyo나의 이 몸도 또한 evaṁ dhammo이 시체처럼 까마귀 등의 여러 동물들에게 먹히는 성품이 있다. evaṁ bhāvī이 시체처럼 까마귀 등의 여러 동물들에게 틀림없이 먹힐 것이다. evaṁ anatīto이 시체처럼 까마귀 등의 여러 동물들에게 먹히는 성품을 벗어나지 못하리라'iti라고 이와 같이 비교하여 숙고하고 파악한다.

Iti이렇게 말한 방법을 통해 ajjhattaṁ vā kāye내부인 자신의 몸 무더기에 대해서도 … 'atthi kāyo'ti'까마귀 등의 여러 동물들에게 먹힐 몸 무더기만 존재한다'라고 … evampi kho이와 같이; 이렇게 설명한 대로 kāye몸 무더기에 대해 kāyānupassī'몸 무더기일 뿐이다'라고 관찰하며 viharati지낸다.

묘지의 두 번째 관찰이 끝났다.

1. Kāyānupassanā (8) Navasivathikapabba ③

Puna caparaṁ, bhikkhave, bhikkhu seyyathāpi passeyya sarīraṁ sivathikāya chaḍḍitaṁ aṭṭhikasaṅkhalikaṁ samaṁsalohitaṁ nhārusambandhaṁ. So imameva kāyaṁ upasaṁharati – 'ayampi kho kāyo evaṁdhammo evaṁbhāvī evaṁanatīto'ti.

Iti ajjhattaṁ vā … evampi kho, bhikkhave, bhikkhu kāye kāyānupassī viharati.

1. 몸 거듭관찰 (8) 아홉 가지 묘지의 장 ③

Bhikkhave비구들이여, puna ca또한 aparaṁ다른 관찰 모습이, bhikkhu비구는 sivathikāya chaḍḍitaṁ묘지에 버려져서 samaṁsalohitaṁ피와 살이 아직 있는 채로 nhārusambandhaṁ힘줄에 묶여 aṭṭhikasaṅkhalikaṁ해골로 변해 있는 sarīraṁ시체를 seyyathāpi passeyya보게 된 것처럼 so그 비구는 imameva kāyaṁ자신의 몸 무더기인 바로 이 몸을 upasaṁharati비교하여 숙고하고 파악한다. 'ayampi kho kāyo나의 이 몸도 또한 evaṁ dhammo이 시체처럼 해골이 되는 성품이 있다. evaṁ bhāvī이 시체처럼 해골이 될 것이다. evaṁ anatīto이 시체처럼 해골이 되는 성품을 벗어나지 못하리라'iti라고 이와 같이 비교하여 숙고하고 파악한다. Iti이렇게 말한 방법을 통해 ajjhattaṁ vā kāye내부인 자신의 몸 무더기에 대해서도 … 'atthi kāyo'ti'해골이 될 몸 무더기만 존재한다'라고 … evampi kho이와 같이; 이렇게 설명한 대로 kāye몸 무더기에 대해 kāyānupassī'몸 무더기일 뿐이다'라고 관찰하며 viharati지낸다.

묘지의 세 번째 관찰이 끝났다.

1. Kāyānupassanā (9) Navasivathikapabba ④

Puna caparaṁ, bhikkhave, bhikkhu seyyathāpi passeyya sarīraṁ sivathikāya chaḍḍitaṁ aṭṭhikasaṅkhalikaṁ nimaṁsalohitamakkhitaṁ nhārusambandhaṁ. So imameva kāyaṁ upasaṁharati – 'ayampi kho kāyo evaṁdhammo evaṁbhāvī evaṁanatīto'ti.
Iti ajjhattaṁ vā … evampi kho, bhikkhave, bhikkhu kāye kāyānupassī viharati.

1. 몸 거듭관찰 (9) 아홉 가지 묘지의 장 ④

Bhikkhave비구들이여, puna ca또한 aparaṁ다른 관찰 모습이, bhikkhu비구는 sivathikāya chaḍḍitaṁ묘지에 버려져서 nimaṁsalohitamakkhitaṁ살은 없고 피만 묻어 있는 채로 nhārusambandhaṁ힘줄에 묶여 aṭṭhikasaṅkhalikaṁ해골로 변해 있는 sarīraṁ 시체를 seyyathāpi passeyya보게 된 것처럼 so그 비구는 imameva kāyaṁ자신의 몸 무더기인 바로 이 몸을 upasaṁharati비교하여 숙고하고 파악한다. 'ayampi kho kāyo나의 이 몸도 또한 evaṁ dhammo이 시체처럼 해골이 되는 성품이 있다. evaṁ bhāvī이 시체처럼 해골이 될 것이다. evaṁ anatīto이 시체처럼 해골이 되는 성품을 벗어나지 못하리라'iti라고 이와 같이 비교하여 숙고하고 파악한다. Iti이렇게 말한 방법을 통해 ajjhattaṁ vā kāye내부인 자신의 몸 무더기에 대해서도 … 'atthi kāyo'ti'해골이 될 몸 무더기만 존재한다'라고 … evampi kho이와 같이; 이렇게 설명한 대로 kāye몸 무더기에 대해 kāyānupassī'몸 무더기일 뿐이다'라고 관찰하며 viharati지낸다.

묘지의 네 번째 관찰이 끝났다.

1. Kāyānupassanā (10) Navasivathikapabba ⑤

Puna caparaṁ, bhikkhave, bhikkhu seyyathāpi passeyya sarīraṁ sivathikāya chaḍḍitaṁ aṭṭhikasaṅkhalikaṁ apagatamaṁsalohitaṁ nhārusambandhaṁ. So imameva kāyaṁ upasaṁharati – 'ayampi kho kāyo evaṁdhammo evaṁbhāvī evaṁanatīto'ti.
Iti ajjhattaṁ vā … evampi kho, bhikkhave, bhikkhu kāye kāyānupassī viharati.

1. 몸 거듭관찰 (10) 아홉 가지 묘지의 장 ⑤

Bhikkhave비구들이여, puna ca또한 aparaṁ다른 관찰 모습이, bhikkhu비구는 sivathikāya chaḍḍitaṁ묘지에 버려져서 apagatamaṁsalohitaṁ피와 살이 전혀 없이 nhārusambandhaṁ힘줄에 묶여 aṭṭhikasaṅkhalikaṁ해골로 변해 있는 sarīraṁ시체를 seyyathāpi passeyya보게 된 것처럼 so그 비구는 imameva kāyaṁ자신의 몸 무더기인 바로 이 몸을 upasaṁharati비교하여 숙고하고 파악한다. 'ayampi kho kāyo나의 이 몸도 또한 evaṁ dhammo이 시체처럼 해골이 되는 성품이 있다. evaṁ bhāvī이 시체처럼 해골이 될 것이다. evaṁ anatīto이 시체처럼 해골이 되는 성품을 벗어나지 못하리라'iti라고 이와 같이 비교하여 숙고하고 파악한다. Iti이렇게 말한 방법을 통해 ajjhattaṁ vā kāye내부인 자신의 몸 무더기에 대해서도 … 'atthi kāyo'ti'해골이 될 몸 무더기만 존재한다'라고 … evampi kho이와 같이; 이렇게 설명한 대로 kāye몸 무더기에 대해 kāyānupassī'몸 무더기일 뿐이다'라고 관찰하며 viharati지낸다.

묘지의 다섯 번째 관찰이 끝났다.

1. Kāyānupassanā (11) Navasivathikapabba ⑥

Puna caparaṁ, bhikkhave, bhikkhu seyyathāpi passeyya sarīraṁ sivathikāya chaḍḍitaṁ aṭṭhikāni apagatasambandhāni disā vidisā vikkhittāni, aññena hatthaṭṭhikaṁ aññena pādaṭṭhikaṁ aññena gopphakaṭṭhikaṁ aññena jaṅghaṭṭhikaṁ aññena ūruṭṭhikaṁ aññena kaṭiṭṭhikaṁ aññena phāsukaṭṭhikaṁ aññena piṭṭhiṭṭhikaṁ aññena khandhaṭṭhikaṁ aññena gīvaṭṭhikaṁ aññena hanukaṭṭhikaṁ aññena

dantaṭṭhikaṁ aññena sīsakaṭāhaṁ. So imameva kāyaṁ upasaṁharati – 'ayampi kho kāyo evaṁdhammo evaṁbhāvī evaṁanatīto'ti.
Iti ajjhattaṁ vā … evampi kho, bhikkhave, bhikkhu kāye kāyānupassī viharati.

1. 몸 거듭관찰 (11) 아홉 가지 묘지의 장 ⑥

Bhikkhave비구들이여, puna ca또한 aparaṁ다른 관찰 모습이, bhikkhu비구는 sivathikāya chaḍḍitaṁ묘지에 버려진 sarīraṁ시체를 〔passeyya보게 된다.〕 apagatasambandhāni뼈마디가 연결되지 않고 disā vidisā vikkhittāni사방팔방으로 흩어져 있는 aṭṭhikāni뼈들을 〔passeyya보게 된다.〕 aññena hatthaṭṭhikaṁ한 곳에서는 손뼈를, aññena pādaṭṭhikaṁ한 곳에서는 발뼈를, aññena gopphakaṭṭhikaṁ한 곳에서는 복숭아뼈를, aññena jaṅghaṭṭhikaṁ한 곳에서는 종아리뼈를, aññena ūruṭṭhikaṁ한 곳에서는 허벅지뼈를, aññena kaṭiṭṭhikaṁ한 곳에서는 엉덩이뼈를[174], aññena phāsukaṭṭhikaṁ한 곳에서는 갈비뼈를, aññena piṭṭhiṭṭhikaṁ한 곳에서는 등뼈를, aññena khandhaṭṭhikaṁ한 곳에서는 어깨뼈를, aññena gīvaṭṭhikaṁ한 곳에서는 목뼈를, aññena hanukaṭṭhikaṁ한 곳에서는 턱뼈를, aññena dantaṭṭhikaṁ한 곳에서는 치아뼈를, aññena sīsakaṭāhaṁ한 곳에서는 머리뼈를 seyyathāpi passeyya 보게 된 것처럼 so그 비구는 imameva kāyaṁ자신의 몸 무더기인 바로 이 몸을 upasaṁharati비교하여 숙고하고 파악한다. 'ayampi kho kāyo나의 이 몸도 또한 evaṁ dhammo이 시체처럼 해골이 되는 성품이 있다. evaṁ bhāvī이 시체처럼 해골이 될 것이다. evaṁ anatīto이 시체처럼 해골이 되는 성품을 벗어나

174 ㉯ 이전의 여러 대역에서는 'kaṭiṭṭikaṁ'을 허리뼈라고 했으나 원래는 엉덩이뼈를 의미한다. 허리뼈는 'piṭṭhiṭṭhika'라는 등뼈에 포함된다.

지 못하리라'iti라고 이와 같이 비교하여 숙고하고 파악한다.
Iti이렇게 말한 방법을 통해 ajjhattaṁ vā kāye내부인 자신의 몸 무더기에 대해서도 … 'atthi kāyo'ti'해골이 될 몸 무더기만 존재한다'라고 … evampi kho이와 같이; 이렇게 설명한 대로 kāye몸 무더기에 대해 kāyānupassī'몸 무더기일 뿐이다'라고 관찰하며 viharati지낸다.

묘지의 여섯 번째 관찰이 끝났다.

1. Kāyānupassanā (12) Navasivathikapabba ⑦

Puna caparaṁ, bhikkhave, bhikkhu seyyathāpi passeyya sarīraṁ sivathikāya chaḍḍitaṁ aṭṭhikāni setāni saṅkhavaṇṇapaṭibhāgāni. So imameva kāyaṁ upasaṁharati – 'ayampi kho kāyo evaṁdhammo evaṁbhāvī evaṁanatīto'ti.
Iti ajjhattaṁ vā … evampi kho, bhikkhave, bhikkhu kāye kāyānupassī viharati.

1. 몸 거듭관찰 (12) 아홉 가지 묘지의 장 ⑦

Bhikkhave비구들이여, puna ca또한 aparaṁ다른 관찰 모습이, bhikkhu비구는 sivathikāya chaḍḍitaṁ묘지에 버려진 sarīraṁ시체를 〔passeyya보게 된다.〕 saṅkhavaṇṇapaṭibhāgāni setāni흰 조개껍데기 같은 백골로 변해 있는 aṭṭhikāni뼈 무더기를 seyyathāpi passeyya보게 된 것처럼 so그 비구는 imameva kāyaṁ자신의 몸 무더기인 바로 이 몸을 upasaṁharati비교하여 숙고하고 파악한다. 'ayampi kho kāyo

나의 이 몸도 또한 evaṁ dhammo이 시체처럼 해골이 되는 성품이 있다. evaṁ bhāvī이 시체처럼 해골이 될 것이다. evaṁ anatīto이 시체처럼 해골이 되는 성품을 벗어나지 못하리라'iti라고 이와 같이 비교하여 숙고하고 파악한다.

Iti이렇게 말한 방법을 통해 ajjhattaṁ vā kāye내부인 자신의 몸 무더기에 대해서도 … 'atthi kāyo'ti'해골이 될 몸 무더기만 존재한다'라고 … evampi kho이와 같이; 이렇게 설명한 대로 kāye몸 무더기에 대해 kāyānupassī'몸 무더기일 뿐이다'라고 관찰하며 viharati지낸다.

묘지의 일곱 번째 관찰이 끝났다.

1. Kāyānupassanā (13) Navasivathikapabba ⑧

Puna caparaṁ, bhikkhave, bhikkhu seyyathāpi passeyya sarīraṁ sivathikāya chaḍḍitaṁ aṭṭhikāni puñjakitāni terovassikāni[175]. So imameva kāyaṁ upasaṁharati – 'ayampi kho kāyo evaṁdhammo evaṁbhāvī evaṁanatīto'ti.

Iti ajjhattaṁ vā … evampi kho, bhikkhave, bhikkhu kāye kāyānupassī viharati.

1. 몸 거듭관찰 (13) 아홉 가지 묘지의 장 ⑧

Bhikkhave비구들이여, puna ca또한 aparaṁ다른 관찰 모습이, bhikkhu비구는

175 ㉮ 'tirovassa 일 년이 지남에' + 'ika 이른' = 'terovassika 일 년이 지난 시점에 이른 뼈'라고 단어 분석을 할 수 있다. 이 구절을 통해 그 정도의 시간이 지난 뼈들이 생겨나는 차례나 상태를 분명하게 설명한다.

sivathikāya chaḍḍitaṁ묘지에 버려진 sarīraṁ시체를 〔passeyya보게 된다.〕 terovassikāni 일 년이 지나 오래되어 빛바래어 puñjakitāni더미가 된❷ aṭṭhikāni뼈 무더기를 seyyathāpi passeyya보게 된 것처럼 so그 비구는 imameva kāyaṁ자신의 몸 무더기인 바로 이 몸을 upasaṁharati비교하여 숙고하고 파악한다. 'ayampi kho kāyo나의 이 몸도 또한 evaṁ dhammo이 시체처럼 해골이 되는 성품이 있다. evaṁ bhāvī이 시체처럼 해골이 될 것이다. evaṁ anatīto이 시체처럼 해골이 되는 성품을 벗어나지 못하리라'iti라고 이와 같이 비교하여 숙고하고 파악한다. Iti이렇게 말한 방법을 통해 ajjhattaṁ vā kāye내부인 자신의 몸 무더기에 대해서도 … 'atthi kāyo'ti'해골이 될 몸 무더기만 존재한다'라고 … evampi kho이와 같이; 이렇게 설명한 대로 kāye몸 무더기에 대해 kāyānupassī'몸 무더기일 뿐이다'라고 관찰하며 viharati지낸다.

묘지의 여덟 번째 관찰이 끝났다.

1. Kāyānupassanā (14) Navasivathikapabba ⑨

Puna caparaṁ, bhikkhave, bhikkhu seyyathāpi passeyya sarīraṁ sivathikāya chaḍḍitaṁ aṭṭhikāni pūtīni cuṇṇakajātāni. So imameva kāyaṁ upasaṁharati – 'ayampi kho kāyo evaṁdhammo evaṁbhāvī evaṁanatīto'ti. Iti ajjhattaṁ vā kāye kāyānupassī viharati, bahiddhā vā kāye kāyānupassī viharati, ajjhattabahiddhā vā kāye kāyānupassī viharati. Samudayadhammānupassī vā kāyasmiṁ viharati, vayadhammānupassī vā kāyasmiṁ viharati, samudayavayadhammānupassī vā kāyasmiṁ viharati. 'Atthi kāyo'ti vā panassa sati paccupaṭṭhitā hoti yāvadeva ñāṇamattāya paṭissatimattāya anissito ca viharati, na ca kiñci loke upādiyati. Evampi kho, bhikkhave, bhikkhu kāye kāyānupassī viharati.

Navasivathikapabbaṁ niṭṭhitaṁ.

Cuddasa kāyānupassanā niṭṭhitā.

1. 몸 거듭관찰 (14) 아홉 가지 묘지의 장 ⑨

Bhikkhave비구들이여, puna ca또한 aparaṁ다른 관찰 모습이, bhikkhu비구는 sivathikāya chaḍḍitaṁ묘지에 버려진 sarīraṁ시체를 〔passeyya보게 된다.〕 pūtīni썩어 문드러져 cuṇṇakajātāni가루가 되어 있는 aṭṭhikāni뼈 무더기를 seyyathāpi passeyya 보게 된 것처럼 so그 비구는 imameva kāyaṁ자신의 몸 무더기인 바로 이 몸을 upasaṁharati비교하여 숙고하고 파악한다. 'ayampi kho kāyo나의 이 몸도 또한 evaṁ dhammo이 시체처럼 뼈마저 썩어 문드러져 가루가 되는 성품이 있다. evaṁ bhāvī이 시체처럼 뼈마저 썩어 문드러져 가루가 될 것이다. evaṁ anatīto이 시체처럼 뼈마저 썩어 문드러져 가루가 되는 성품을 벗어나지 못하리라'iti라고 이와 같이 비교하여 숙고하고 파악한다.

Iti이렇게 말한 방법을 통해 ajjhattaṁ vā kāye내부인 자신의 몸 무더기에 대해서도 … 'atthi kāyo'ti'뼈마저 썩어 문드러져 가루가 될 몸 무더기만 존재한다'라고 … evampi kho이와 같이; 이렇게 설명한 대로 kāye몸 무더기에 대해 kāyānupassī'몸 무더기일 뿐이다'라고 관찰하며 viharati지낸다.

묘지의 아홉 번째 관찰이 끝났다.

Navasivathikapabbaṁ묘지의 아홉 가지 장이 niṭṭhitaṁ끝났다.

Cuddasa열네 가지의 kāyānupassanā몸 거듭관찰이 niṭṭhitā끝났다.❸

1. 몸 거듭관찰 (6)~(14) 아홉 가지 묘지의 장에 대한 해설

❶ iti이렇게 말한 방법을 통해 ajjhattaṁ vā kāye내부인 자신의 몸 무더기에 대해서도 … 'atthi kāyo'ti'부푸는 시체 등이 될 몸 무더기만 존재한다'라고 … evampi kho이와 같이; 이렇게 설명한 대로 kāye몸 무더기에 대해 kāyānupassī'몸 무더기일 뿐이다'라고 관찰하며 viharati지낸다.

이 묘지의 장에서 "생겨나게 하는 원인법과 생겨남의 성품을 관찰하면서samudayadhammānupassī" 등으로 위빳사나가 생겨나는 모습을 보여 놓았고, 또한 마하시와Mahāsiva 장로도 허물 거듭관찰ādīnavānupassanā이라고 설명해 놓았다.[176] 따라서 묘지 수행을 통해 위빳사나가 생겨나는 모습을 다음과 같이 생각하는 것이 적당하다. 여섯 문에서 물질과 정신이 생겨날 때마다 그 물질과 정신을 끊임없이 관찰하고 새기는 수행자는 바로 그렇게 관찰하고 새기면서 자기 스스로의 몸이 검푸른 색의 시체처럼 되어 있다고 생각하기도 한다. 일부러 생각하거나 숙고하기 때문에도 이렇게 생각될 수 있다. 그때 수행자는 그렇게 드러나게 된 바로 그 자신의 몸을 '본다, 본다'라는 등으로 관찰하여 검푸른 시체처럼 드러난 자신의 몸이 사라져 가는 것을 분명하게 경험할 수 있다. 그렇게 경험하고 아는 바로 그것이 위빳사나라고 알아야 한다. 맞다. 이렇게 관찰할 때 검푸른 시체와 같이 되어 드러나는 형체 대상이 비록 실제로 생멸하는 빠라맛타 실재성품으로서 진짜 물질은 아니지만 명칭 빤냣띠나 공간 빤냣띠 등처럼 그것이 의지하는 형체나 모습이 전혀 없는 것도 아니다. 관찰하며 새기고 있는 수행자에게 실제로 생멸하고 있는 것으로

176 『네 가지 마음챙기는 공부』, p.289 참조.

도 분명하다. 또한 드러나는 형체나 모습을 알고 보고 있는 마음의식manoviññāṇa, 즉 마음은 실재하는 빠라맛타 실재성품법이다. 수행자는 그 마음까지도 생멸하고 있는 것을 경험하여 보게 된다. 따라서 드러나는 그 물질을 형체나 모습과 함께 보고 있는 마음의식, 즉 마음의 생겨남과 사라짐을 경험하여 아는 바로 그것이 이 묘지의 장에서 '생겨나게 하는 원인법과 생겨남의 성품을 관찰하는 것samudayadhammānupassanā', '사라지게 하는 원인법과 사라짐의 성품을 관찰하는 것vayadhammānupassanā'이라고 알아야 한다.

❷ terovassikāni일 년이 지나 오래되어 빛바래어 puñjakitāni더미가 된

이 '더미가 된puñjakita'이라는 단어는 율장 『빠라지까깐다Pārājīkakaṇḍa 빠라지까의 장』, 두 번째 빠라지까Pārājīka 일화에 풀 더미를 나타내는 단어로 나오는 'puñjakita'라는 단어[177], 율장 『쭐라왁가 왓따칸다까Cūḷavagga Vattakkhandhaka 소품 의무편』 「아간뚜까Āgantuka 객비구의 의무」 장에 와좌구 더미를 나타내는 단어로 나오는 puñjakita라는 단어들과 그 표현으로도, 의미로도 완전히 동일하다. 『빠라지까깐다 닛사야Pārājīkakaṇḍa Nissaya 빠라지까 대역』에서는 'kita'라는 음운 요소로 그 단어의 구성 모습을 설명해 놓았다. 그 중 「가미까Gamika 행각비구의 의무」 장에 "catūsu pāsāṇesu mañcaṁ paññāpetvā mañce mañcaṁ āropetvā pīṭhe pīṭhaṁ āropetvā senāsanaṁ upari puñjaṁ karitvā dārubhaṇḍaṁ mattikābhaṇḍaṁ paṭisāmetvā dvāravātapānaṁ thaketvā pakkamitabbaṁ(네 개의 돌 위에 침상을 놓고 침상 위에 침상을 올려놓고, 의자 위에 의자를 올려놓아 와좌구를 위에

177 Vin.i.83.

더미로 만들어서 나무제품과 토기제품을 거두고 문과 창을 닫고 떠나야 한다)"[178]이라고 행각을 가려는 비구는 와좌구나 여러 필수품들을 더미로 만들어 거두어 놓아야 한다는 사실을 설명해 놓았다. 이렇게 설명해 놓은 성전 구절 중에 'puñjaṁ karitvā'라고 'kara'라는 어근을 통해 설명해 놓은 것에 유의해야 한다. 이렇게 행각하는 비구가 'puñjaṁ karitvā 더미로 만들어 놓은' 바로 그 와좌구를 「아간뚜까Āgantuka 객비구의 의무」 장에서 "sace vihāro uklāpo hoti, mañce vā mañco āropito hoti, pīṭhe vā pīṭhaṁ āropitaṁ hoti, senāsanaṁ upari puñjakitaṁ hoti, sace ussahati, sodhetabbo(정사가 먼지에 덮여 있고, 침상 위에 침상이 올려 있고, 의자 위에 의자가 올려 있고, 와좌구를 위에 더미로 만들어서 쌓아놓고 있다면 가능하다면 청소를 해야 한다)"[179]라고 설해 놓았다.

따라서 'puñjakita'라는 단어에서 'kita'라는 성분은 'kara+ta=kata'에서 유래한 것이 분명하다. 그렇다면 'puñjakita'라는 단어는 어떻게 분석해야 하는가? 'puñjo kato yesanti puñjaṁkatāni, puñjakatāniyeva puñjakitāni'[180]라고 설명해야 적당하다. 또 다른 방법으로는 과거수동분사abhūtatabbo인 'puñjakata'에 'cī'라는 접사가 붙어서 'puñjakīta'가 된 것이라고 분석해도 적당하다. 앞에서 예를 들어 설명한 두 성전의 구절 중에 "puñjakitaṁ tiṇaṁ jhāpeti(더미로 만든 풀을 태운다)"라고 하는 『빠라지까깐다Pārājīkakaṇḍa 빠라지까의 장』의 성전 구절이 태국 본에서는 "muñcaka tiṇaṁ jhāpeti(풀어놓은 풀을 태운다)"라고 되어 있다. 또 다른 방법으로는 율장 『닛삭기야깐다Nissaggiyakaṇḍa 닛삭기야의 장』, 두 번째 까티나kathina 계

178 Vin.iii.378; *Sankyaun*, 『*Cūḷavaggapāḷito Nissaya* 율장 소품 대역』 제2권, p.71; 전재성, 『쭐라박가-율장소품』, p.913 참조.

179 Vin.iii.375; 『*Cūḷavaggapāḷito Nissaya* 율장 소품 대역』 제2권, p.67; 『쭐라박가-율장소품』, p.908 참조.

180 yesaṁ 어떤 것에 puñjo 더미가 kato 만들어졌다. iti tasmā 그래서 puñjaṁkatāni 더미로 만들어진 것이다. puñjakatāniyeva 더미로 만들어진 것이 puñjakitāni 더미가 된 것이다.

목에 "kaṇhākitāni(kaṇṇakitāni) cīvarāni 검게 곰팡이까지 슨 가사"[181]라는 구절이 나온다. 율장 『마하왁가 찌와라칸다까Mahāvagga Cīvarakkhandhaka 대품 가사편』에는 "paṁsukitāni cīvarāni 먼지나 때가 덕지덕지 붙은 누더기 가사"[182]라고 나온다. 그러한 구절들을 "kaṅhākāni sañjātāni yesaṁ, paṁsuka sañjātā yesaṁ"[183]이라고 단어를 분석하여 tārakādi 계열에[184] ita 어미가[185] 결합된 것으로 분석한다. 그와 마찬가지로 이 'puñjakitāni' 라는 단어에서도 tārakādi 계열에 ita 어미가 결합된 것으로 분석한다. 어떻게 분석하는가? "puñjo viya puñkakaṁ, puñjakaṁ sañjātaṁ yesanti, puñjakitāni aṭṭhikāni"[186]라고 분석하여 묘지관찰의 일곱 번째에서 언급하는 깨끗하게 흰 뼈처럼 깔끔하지 않고 뼈 가루들이 조금씩 날리면서 무더기로 모아 놓은 뼈 무더기, 조각나서 가루가 되기 직전의 상태인 뼈 무더기라고 그 의미를 취한다.

이러한 의미로 이해하는 것은 특별한 근거가 있다. 어떤 근거인가? 이 묘지의 장에서 검푸르게 변한 시체를 시작으로 한 부분씩 한 부분씩, 더욱 무너져 가고 부패해 가는 시체나 뼈들을 설명해 왔었다. 일곱 번째에는 흰색으로 이제 갓 백골이 된 뼈들을 설명하였다. 아홉 번째에는 다 조각나서 가루가 된 뼈들을 설명할 것이다. 이 두 부분의 중간에 설명한 여덟 번째에 나오는 뼈들은 일곱 번째 뼈들보다는 조금 시간이 지났지만 아홉 번째보다는 더 부패하거나 상하지 않은, 즉 가루cuṇṇaka가

181 Vin.i.297.

182 Vin.iii.158.

183 yesaṁ어떤 것에 kaṅhākāni검은 곰팡이가 sañjātāni생긴 것이다. yesaṁ어떤 것에 paṁsuka먼지가 sañjātā생긴 것이다.

184 어근이 tā, ra, ka 등인 동사 종류를 말한다.

185 과거수동분사를 만드는 어미다.

186 puñjo viya더미처럼 된 것이 puñkakaṁ'더미가 된 것'이다. yesaṁ어떤 것에 puñjakaṁ더미가 된 것이 sañjātaṁ생겨난다. iti tasmā그래서 puñjakitāni aṭṭhikāni'더미가 된 뼈'이다.

되기 직전까지 변질된 뼈들을 취하는 것이 적당하다. 그 밖에 '일 년이 지난terovassikāni'이라는 원인을 나타내는 수식어hetumantavisesana의 구절도 일 년이 지나서 부패하고 무너진 모습을 분명하게 보여 주고 있다. 따라서 "puñjakitāni 무더기로 되어 푸석거리는"이라는 의미도 취하기 적당하다.

하지만 주석서에서 특별히 설명해 놓지 않은 것을 미루어보면 이 정도로 어려운 의미를 담고 있지는 않은 듯하다. 다른 성전에도 분명하게 있기 때문에 쉬운 의미만을 대역에서 기본으로 번역해 놓는 것이 적당할 것이다. 기본으로 번역해 놓은 그 의미를 통해 묘지에서 일 년이 지나 뼈들이 이리저리 뒹굴어 다니지 않게 하기 위해 한곳에 모아 놓은 것을 나타낸다고 알아야 한다. 우뽀우 사야도*Upou Sayadaw*의 대역에서는 "puñjakitāni 무더기로 이리저리 흩어져 있는"이라고 번역해 놓았다. 깟짜야나Kaccāyana 빠알리 문법책에 나오는 'kitaka'라는 구절처럼 'kira+ta 어미'로 분석하여 'kiṇṇa=vikiṇṇa' 대신에 'kita'라고 만들어 'puñjo kito vikiṇṇo yesanti puñjakitāni'[187]라고 그 어의를 설명해 놓았다. 이 의미도 한 덩어리로 단정하게 무더기지어 있는 뼈 무더기가 부서지고 무너져 있는 모습을 나타내기 때문에 지금 이 새로운 대역의 해설에서 설명해 놓은 의미와 동일하다. 여기에 한 무더기, 저기에 한 무더기, 이러한 식으로 뼈 무더기들이 한 무더기씩 무더기지어 있는 상태라고 생각해도 된다. 하지만 이렇게 그 의미를 취한다면, 'terovassikāni 일 년이 지나'라는 수식 구절이 무엇을 목적으로 밝혀 놓은 것인가를 살펴볼 필요가 있다. 성전의 다른 대역에서는 "puñjakitāni 벌레들이 생겨난"이라고 번역

187 yesaṁ어떤 것에 puñjo더미가 kito만들어져서 vikiṇṇo흩어졌다. iti tasmā그래서 puñjakitāni'무더기로 이리저리 흩어져 있는'이다.

했는데 이는 "bhuñjakiṭāni"라는 구절을 고려한 듯하다. 그 의미에 대해 일 년이 지난 뼈들에 벌레들이 꼬이는지 아닌지 조사해 볼 필요가 있다.

❸ cuddasa열네 가지의 kāyānupassanā몸 거듭관찰이 niṭṭhitā끝났다.

여기서 특별히 기억해야 하는 주석서의 결정을 설명하겠다.

Tattha ānāpānapabbaṁ, paṭikūlamanasikārapabbanti imāneva dve appanākammaṭṭhānāni, sivathikānaṁ pana ādīnavānupassanāvasena vuttattā sesāni dvādasāpi upacārakammaṭṭhānānevāti.

(DA.ii.363)

대역

Tattha그 몸 거듭관찰 열네 가지 부분 중에서 ānāpānapabbaṁ들숨날숨의 장과 paṭikūlamanasikārapabbaṁ혐오 마음기울임의 장, iti이렇게 imāneva dve이 두 가지 장만 appanākammaṭṭhānāni몰입삼매 수행주제이다; 몰입삼매를 얻게 하는 수행주제이다. pana그 밖에 sivathikānaṁ ādīnavānupasssanāvasena vuttattā아홉 가지 묘지의 장은 허물 거듭관찰로 설해졌기 때문에[188] sesāni들숨날숨의 장, 혐오 마음기울

188 ㉮ 이렇게 이유를 밝히는 구절을 통해 알게 하려고 하는 의미는 다음과 같다. 아홉 가지 묘지의 장에서 시체나 뼈 무더기 등의 비유가 포함되어 있어도 그것은 비유일 뿐이다. 진짜 관찰해야 하는 수행주제가 아니다. 비유가 의미하는 바인 자신의 몸, 바로 그것만이 진실로 관찰해야 하는 수행주제인 것이다. 그렇기는 하지만 의식이 함께한 자신의 몸에 대해서는 의식이 없는 시체처럼 몰입삼매를 얻을 수는 없다. 근접삼매 정도만 얻을 수 있다. 그래서 마하시와 장로는 아홉 가지 묘지의 장은 몰입삼매 수행주제로 설한 것이 아니라 허물 거듭관찰의 상태로만 설했다고 설명하였다. 따라서 몰입삼매와는 관련이 없다는 사실을 알게 한다.

임의 장을 제외한 나머지 dvādasāpi몸 거듭관찰 열두 부분들도 upacārakammaṭṭhānāneva근접삼매 수행주제, 즉 근접삼매를 얻게 하는 수행주제일 뿐이다.[189]

이 주석서의 말을 통해 자세의 장, 바른 앎의 장, 요소 마음기울임의 장, 아홉 가지 묘지의 장이라고 하는 열두 가지 장의 가르침에 따라 수행하고 있는 수행자에게 '근접선정upacāra jhāna'이라고도 명칭하는 근접삼매upacāra samādhi가 생겨나 마음청정cittavisuddhi의 단계도 구족하게 된다고 확실하게 결정해야 한다. 여기에서의 근접삼매는 위빳사나 찰나삼매vipassanā khaṇikasamādhi, 바로 그것을 의미한다. 무엇 때문인가? 위빳사나 찰나삼매가 장애들을 소멸하게 하는 힘과 작용으로는 세간 선정의 앞에 생겨나는 근접삼매와 비슷하기 때문이다. 도와 과라는 몰입삼매의 근처에 있는 것이기 때문이기도 하다. 또한 찰나삼매를 설명하지 않고 근접삼매와 몰입삼매, 이 두 가지 종류만 설명해 놓은 다른 여러 주석서의 모든 구절들에 대해서도 여기에서와 마찬가지로 그 찰나삼매를 근접삼매에 포함시켜 놓아야 한다고 기억해야 한다.

189 ㉾ 이 '꼭, 확실히eva'라는 단어를 통해 몰입삼매를 얻게 하는 수행주제가 절대로 아니라는 사실을 알게 한다.

Niddesavāra

2. Vedanānupassanā

Kathañca pana, bhikkhave, bhikkhu vedanāsu vedanānupassī viharati? Idha, bhikkhave, bhikkhu sukhaṁ vā vedanaṁ vedayamāno 'sukhaṁ vedanaṁ vedayāmī'ti pajānāti. Dukkhaṁ vā vedanaṁ vedayamāno 'dukkhaṁ vedanaṁ vedayāmī'ti pajānāti. Adukkhamasukhaṁ vā vedanaṁ vedayamāno 'adukkhamasukhaṁ vedanaṁ vedayāmī'ti pajānāti. Sāmisaṁ vā sukhaṁ vedanaṁ vedayamāno 'sāmisaṁ sukhaṁ vedanaṁ vedayāmī'ti pajānāti, nirāmisaṁ vā sukhaṁ vedanaṁ vedayamāno 'nirāmisaṁ sukhaṁ vedanaṁ vedayāmī'ti pajānāti. Sāmisaṁ vā dukkhaṁ vedanaṁ vedayamāno 'sāmisaṁ dukkhaṁ vedanaṁ vedayāmī'ti pajānāti, nirāmisaṁ vā dukkhaṁ vedanaṁ vedayamāno 'nirāmisaṁ dukkhaṁ vedanaṁ vedayāmī'ti pajānāti. Sāmisaṁ vā adukkhamasukhaṁ vedanaṁ vedayamāno 'sāmisaṁ adukkhamasukhaṁ vedanaṁ vedayāmī'ti pajānāti, nirāmisaṁ vā adukkhamasukhaṁ vedanaṁ vedayamāno 'nirāmisaṁ adukkhamasukhaṁ vedanaṁ vedayāmī'ti pajānāti.

Iti ajjhattaṁ vā vedanāsu vedanānupassī viharati, bahiddhā vā vedanāsu vedanānupassī viharati, ajjhattabahiddhā vā vedanāsu vedanānupassī viharati. Samudayadhammānupassī vā vedanāsu viharati, vayadhammānupassī vā vedanāsu viharati, samudayavayadhammānupassī vā vedanāsu viharati. 'Atthi vedanā'ti vā panassa sati paccupaṭṭhitā hoti yāvadeva ñāṇamattāya paṭissatimattāya anissito ca viharati, na ca kiñci loke upādiyati. Evampi kho, bhikkhave, bhikkhu vedanāsu vedanānupassī viharati.

Vedanānupassanā niṭṭhitā.

상설

2. 느낌 거듭관찰

Bhikkhave비구들이여, bhikkhu비구는 vedanāsu느낌에 대해 kathañca어떻게 vedanānupassī느끼는 성품일 뿐이라고 관찰하면서 viharati pana지내는가?

Bhikkhave비구들이여, idha bhikkhu이 가르침에서 비구는; 이 가르침에서 수행하고 있는 이는 sukhaṁ vedanaṁ행복한 느낌을 vedayamāno vā느껴도; 느끼는 중에도; 느끼는 동안에도; 느끼는 순간에도; 느끼는 차례에도 'sukhaṁ vedanaṁ vedayāmī'ti'행복한 느낌을 느낀다'라고 pajānāti안다.❶

Dukkhaṁ vedanaṁ괴로운 느낌을 vedayamāno vā느껴도; 느끼는 중에도; 느끼는 동안에도; 느끼는 순간에도; 느끼는 차례에도 'dukkhaṁ vedanaṁ vedayāmī'ti'괴로운 느낌을 느낀다'라고 pajānāti안다.

Adukkhamasukhaṁ vedanaṁ괴롭지도 행복하지도 않은 느낌을 vedayamāno vā느껴도; 느끼는 중에도; 느끼는 동안에도; 느끼는 순간에도; 느끼는 차례에도 'adukkhamasukhaṁ vedanaṁ vedayāmī'ti'괴롭지도 행복하지도 않은 느낌을 느낀다'라고 pajānāti안다.

Sāmisaṁ sukhaṁ vedanaṁ감각욕망대상이라는 자양분과 관련된 행복한 느낌을 vedayamāno vā느껴도[190] 'sāmisaṁ sukhaṁ vedanaṁ vedayāmī'ti'감각욕망대상이라는 자양분과 관련된 행복한 느낌을 느낀다'라고 pajānāti안다.❷

nirāmisaṁ sukhaṁ vedanaṁ감각욕망대상이라는 자양분과 관련되지 않은 행복한 느낌을 vedayamāno vā느껴도 'nirāmisaṁ sukhaṁ vedanaṁ vedayāmī'ti'감각욕망대상이라는 자양분과 관련되지 않은 행복한 느낌을 느낀다'라고 pajānāti안다.❸

Sāmisaṁ dukkhaṁ vedanaṁ감각욕망대상이라는 자양분과 관련된 괴로운 느낌을 vedayamāno vā느껴도 'sāmisaṁ dukkhaṁ vedanaṁ vedayāmī'ti'감각욕망대상이라는 자양분과 관련된 괴로운 느낌을 느낀다'라고 pajānāti안다.❹

nirāmisaṁ dukkhaṁ vedanaṁ감각욕망대상이라는 자양분과 관련되지 않은 괴로운 느낌을 vedayamāno vā느껴도 'nirāmisaṁ dukkhaṁ vedanaṁ vedayāmī'ti'감각욕망대상이라는 자양분과 관련되지 않은 괴로운 느낌을 느낀다'라고 pajānāti안다.❺

Sāmisaṁ adukkhamasukhaṁ vedanaṁ감각욕망대상이라는 자양분과 관련된 괴롭지도 행복하지도 않은 느낌을[191] vedayamāno vā느껴도 'sāmisaṁ adukkhamasukhaṁ vedanaṁ vedayāmī'ti'감각욕망대상이라는 자양분과 관련된 괴롭지도 행복하지도 않은 느낌을 느낀다'라고 pajānāti안다.

nirāmisaṁ adukkhamasukhaṁ vedanaṁ감각욕망대상이라는 자양분과 관련되지 않은 괴롭지도 행복하지도 않은 느낌을 vedayamāno vā느껴도 'nirāmisaṁ adukkhamasukhaṁ vedanaṁ vedayāmī'ti'감각욕망대상이라는 자양분과 관련되지 않은 괴롭지도 행복하지도 않은 느낌을 느낀다'라고 pajānāti안다.❻

Iti이렇게 말한 방법을 통해 ajjhattaṁ vā vedanāsu내부인 자신의 느낌들에 대

190 이후에는 이 표현만 저본에 번역되어 그대로 따랐다.

191 저본에서는 이 구절부터 '평온함'으로 대역하였다.

해서도 vedanānupassī viharati'느낌일 뿐이다'라고 관찰하며 지낸다. bahiddhā vā vedanāsu외부인 다른 이의 느낌들에 대해서도 vedanānupassī viharati'느낌일 뿐이다'라고 관찰하며 지낸다. ajjhattabahiddhā vā vedanāsu때로는 자신의 느낌들에 대해서, 때로는 남의 느낌들에 대해서도 vedanānupassī viharati'느낌일 뿐이다'라고 관찰하며 지낸다.

Vedanāsu느낌에 대해 samudayadhammānupassī vā viharati생겨나게 하는 원인법과 생겨남의 성품을 관찰하면서도 지낸다. vedanāsu느낌에 대해 vayadhammānupassī vā viharati사라지게 하는 원인법과 사라짐의 성품을 관찰하면서도 지낸다. vedanāsu느낌에 대해 samudayavayadhammānupassī vā viharati생겨나게 하는 원인법과 사라지게 하는 원인법, 생겨남과 사라짐의 성품을 관찰하면서도 지낸다.

Vā pana그리고 혹은; 새김이 드러나는 모습의 또 다른 방법은 'atthi vedanā'ti'느끼는 성품만 존재한다'라고 assa sati그 비구의 새김이 paccupaṭṭhitā hoti현전한다. sā sati그렇게 현전한 새김은 yāvadeva ñāṇamattāya지혜를 단계적으로 향상시키기만 한다. yāvadeva paṭissatimattāya되새김을 단계적으로 향상시키기만 한다.

So bhikkhu새겨 아는 그 비구는 anissito ca또한 갈애나 사견으로 의지하지 않고 viharati지낸다고 말한다. loke다섯 취착무더기라는 세상 중에 kiñci어떠한 물질, 느낌, 인식, 형성, 의식도 na ca upādiyati자아나 나의 것이라고 갈애와 사견으로 더 이상 집착하지 않는다.

Bhikkhave비구들이여, bhikkhu비구는 evampi kho이와 같이; 이렇게 설명한 대로 vedanāsu느낌들에 대해 vedanānupassī viharati'느낌일 뿐이다'라고 관찰하며 지낸다.

Vedanānupassanā느낌을 관찰하는 느낌 거듭관찰의 장이 niṭṭhitā끝났다.

상설에 대한 해설

2. 느낌 거듭관찰에 대한 해설

❶ sukhaṁ vedanaṁ행복한 느낌을 vedayamāno vā느껴도; 느끼는 중에도; 느끼는 동안에도; 느끼는 순간에도; 느끼는 차례에도 'sukhaṁ vedanaṁ vedayāmī'ti'행복한 느낌을 느낀다'라고 pajānāti안다.

행복하거나 즐거우면 '행복하다, 즐겁다'라고 알도록 가르치신 부처님의 이 말씀에 대해서도[192] 잘 알지 못하는 이들이 대수롭지 않게 생각하기도 한다. 그래서 주석서에서 그렇게 잘 알지 못하고 이해하지 못하는 이들의 견해를 드러내어 설명하면서 부처님의 말씀을 뒷받침해 놓았다. 그 의미는 다음과 같다. 단지 똑바로 누워만 있는 갓난아이조차도 젖을 빨고 있을 때 등에 '행복하다, 좋다'라는 등으로 알 수 있지 않은가? 그렇게 안다면 수행자의 앎과 갓난아이의 앎이 서로 같은 것 아닌가? 아는 것은 맞다. 하지만 앎은 같지 않다. 서로 다르다. 반대이고 구별된다. 어떻게 다른가?

갓난아이든, 학식과 교양은 있지만 관찰하지 않는 일반 사람이든 이러한 모든 사람들에게 있어 서로 아는 모습은 똑같다. 그들은 행복함이 생겨날 때마다 아는 것도 아니다. 다른 것을 생각하면서 시간을 보내는 경우가 많고 가끔씩만 안다. 그렇게 가끔씩만 알 때도 어느 하나의 성품법조차도 알지 못한다. '내가 행복하다, 내가 좋다'라고 '나'로만 안다.

192 '~도'라고 붙인 것은 앞서 자세의 장에서 언급한 바가 있기 때문이다. 본서 p.80 참조.

순간만 생멸하는 성품법으로도 알지 못한다. '이전에 있었던 바로 그 내가 지금 행복하다'라고 항상한 것으로만 생각하고 안다. 이렇게 아는 종류는 중생이나 나라고 생각하는 집착을 제거할 수 없을 뿐만 아니라 더욱 심하게 지지하여 확고하게만 한다. 따라서 이러한 앎은 수행주제라고도 할 수 없다. 새김확립수행도 되지 못한다. 따라서 '행복하면 행복하다'라고 알도록 가르치신 부처님의 가르침은 갓난아이나 관찰을 하지 않는 일반 보통사람들의 앎을 대상으로 한 것이 아니라는 사실을 분명하게 알 수 있다.

끊임없이 관찰하고 있는 수행자들은 행복함이 생겨날 때마다 계속해서 안다. 고유특성과 역할 등을 통해서도 성품법의 하나일 뿐이라고 안다. 앞과 뒤가 서로 이어지지 않고 거듭 새로 생겨나서는 계속해서 사라진다는 것도 직접 경험한다. 그때 '하나로 이어졌다. 하나이다'라고 생각하고 보는 상속개념santatipaññatti이 덮을 수 없기 때문에 '무상하다, 괴로움이다, 나가 아니다'라고도 분명하게 안다. 따라서 "ko vedayati 누가 느끼는가? 느끼는 이가 있는가?"라는 질문에 대해 "느끼는 이라고는 없다. 계속해서 새로 생멸하고 있는 느낌이라는 성품의 연속되는 단계만 존재한다"라고 분명하게 안다. 또한 "kassa vedanā 누구의 느낌인가, 느낌의 주인이 있는가?"라는 질문에도 "조건에 따라 계속해서 새로 한 단계씩 생겨나고 있는 느낌만 존재한다. 그 느낌의 주인이라고 할 만한 것은 없다"라고 분명하게 안다. 또한 "kiṁ kāraṇā vedanā 무슨 이유 때문에 느낌이 생겨나는가?"라는 질문에도 "좋은 대상과 만났기 때문에 좋은 느낌이 생겨난다"라고 분명하게 안다. 이렇게 분명하게 아는 수행자의 바른 앎을 두고 '행복하면 행복하다'라고 알도록 설하시고 보이신 것이다.

여기에서 '좋다, 행복하다'라는 등으로 새겨 아는 것은 영역 바른 앎일 뿐이다. 이 영역 바른 앎이 성숙되었을 때 위에 소개한 질문 세 가지에 대해서 잘 대답할 수 있을 정도로 분명하게 아는 미혹없음 바른 앎이 법 결정법칙dhammaniyāma에 따라 저절로 생겨난다. 그래서 주석서에서 다음과 같이 확고하게 결정해 두었다.

> Vatthuṁ ārammaṇaṁ katvā vedanāva vedayatīti sallakkhento esa 'sukhaṁ vedanaṁ vedayāmīti pajānātī'ti veditabbo.
>
> (DA.ii.363)

대역

Vatthuṁ 행복함이 생겨나게 하는 원인인 좋은 대상, 토대를 ārammaṇaṁ katvā 대상으로 하여 'vedanā evaṁ 느낌만이 vedayatīti 느낀다'라고 sallakkhento 잘 새기고 있는 esa 이 수행자는 'sukhaṁ vedanaṁ vedayāmīti 행복한 느낌을 느낀다'라고 pajānāti 안다고 iti veditabbo 이와 같이 알아야 한다.

❷ sāmisaṁ sukhaṁ vedanaṁ 감각욕망대상이라는 자양분과 관련된 행복한 느낌을 vedayamāno vā 느껴도 'sāmisaṁ sukhaṁ vedanaṁ vedayāmī'ti '감각욕망대상이라는 자양분과 관련된 행복한 느낌을 느낀다'라고 pajānāti 안다.

바랄 만하고 좋아할 만하고 즐길 만한 부인, 남편, 아들, 딸, 옷, 금은, 집, 젖소, 소, 코끼리, 말 등의 외부 물건들이나, 자기 자신의 상속에 포함되는 눈, 용모, 봄, 좋아함, 지식, 기술 등의 내부 것들을 조건으로 한 행복함을 '세속적 행복함sāmisa sukha'이라고 한다. 감각욕망대상이라는 자양분과 관련된 행복함이라는 뜻이다. 바로 그것을 또한 '재가에 바탕한 즐거움gehassita somanassa'이라고도 한다. 감각욕망대상이라는 재가 생활을 의지한 즐거움이라는 뜻이다. 이러한 행복함은 아름다운 형상을 근본 조건으로 하여 남편이나 아내 등의 감각욕망대상을 대상으로 즐거워할 때에는 형색 대상을 의지하여 생겨난다. 부드럽고 감미로운 소리 등을 조건으로 하여 남편이나 아내 등의 감각욕망대상을 대상으로 즐거워할 때에는 소리 대상 등을 의지하여 생겨난다. 그러한 감각욕망대상들을 지금 현재 구족하고 있는 것에 마음을 기울여서도 즐긴다. 이전에 구족했던 것을 반조하고 기억하면서도 기뻐한다. 이러한 즐거움이 생겨났을 때에는 '즐거움, 즐거움'하며 새겨 알아야 한다는 말이다.

❸ nirāmisaṁ sukhaṁ vedanaṁ감각욕망대상이라는 자양분과 관련되지 않은 행복한 느낌을 vedayamāno vā느껴도 'nirāmisaṁ sukhaṁ vedanaṁ vedayāmī'ti'감각욕망대상이라는 자양분과 관련되지 않은 행복한 느낌을 느낀다'라고 pajānāti안다.

여섯 문에서 여섯 대상이 드러날 때마다 그 여섯 대상을 끊임없이 새기고 있는 수행자는 삼매와 지혜가 성숙되었을 때 그 여섯 대상의 생멸을 직접 경험하여 보아 무상 · 고 · 무아의 특성들을 알고 본다. 그때 직접 알고 보게 된 그 현재 대상들에서 유추하여 이전에 경험했었던 과거의 여섯 대상들도, 또한 지금 경험하고 있는 대상들도 '무상하다, 괴로움이다, 변하고 무너지는 법일 뿐이다'라고 알고 보고 결정한다. 이렇게 결정하는 이에게 그렇게 계속 새겨 알 때마다 즐거움이 생겨나기도 한다. 이러한 즐거움은 감각욕망대상과 관련되지 않은 것이기 때문에 '비세속적 행복함nirāmisa sukha'이라고 한다. 바로 그것을 또한 '출리에 바탕한 즐거움nekkhammassita somanassa'이라고도 한다. 위빳사나를 바탕으로 한 즐거움이라는 뜻이다. 이러한 즐거움은 생멸의 지혜를 시작으로 주체할 수 없을 정도로 매우 강하게 생겨나기도 한다. 바로 그 즐거운 느낌이 생겨날 때마다 그것을 '즐거움, 즐거움'이라고 새겨 알아야 한다는 뜻이다.

또한 부처님의 공덕 등에 마음을 기울이고 숙고했을 때 희열이나 즐거움들이 생겨나기도 한다. 이러한 즐거움도 비세속적 행복함이다. 바로 그것도 새겨 알아야 한다. 이렇게 새겨 아는 것을 통해 아라한 과까지 이르기도 한다. 바로 그렇기 때문에 바른 앎에 대해서 설명하는 주석서에서 다음과 같이 설명해 놓았다.

> Buddhārammaṇaṁ saṅghārammaṇaṁ pītiṁ uppādetvā tadeva khayato vayato sammasanto arahattaṁ pāpuṇāti.
>
> (MA.i.258)

대역

Buddhārammaṇaṁ pītiṁ부처님의 공덕을 대상으로 한 희열을, saṅghārammaṇaṁ pītiṁ승가의 공덕을 대상으로 한 희열을 uppādetvā생겨나게 한 뒤 tadeva바로 그 희열을 khayato vayato무너진다고, 사라진다고 sammasanto지혜로 명상하는, 관찰하는 이는; 명상하고 관찰하면서 arahattaṁ pāpuṇāti아라한 과에 이른다.[193]

❹ sāmisaṁ dukkhaṁ vedanaṁ감각욕망대상이라는 자양분과 관련된 괴로운 느낌을 vedayamāno vā느껴도 'sāmisaṁ dukkhaṁ vedanaṁ vedayāmī'ti'감각욕망대상이라는 자양분과 관련된 괴로운 느낌을 느낀다'라고 pajānāti안다.

193 ㉾ 희열pīti은 즐거움somanassa과 함께 연결되어 생겨난다. 법의 공덕을 대상으로 한 희열dhammārammaṇa pīti, 계를 대상으로 한 희열sīlārammaṇa pīti, 베풂을 대상으로 한 희열cāgārammaṇa pīti 등을 관찰해서도 같은 방법으로 될 수 있다고 알아야 한다.

바랄 만한 감각욕망대상이나 토대들을 이전에도 구족하지 못했고 지금도 구족하지 못했기 때문에, 또한 여러 가지 위험이나 장애, 괴로움들을 이전에도 겪어야 했고 지금도 겪고 있기 때문에 생겨나는 마음의 불편함과 슬픔, 그것을 '세속적 괴로움sāmisa dukkha'이라고 한다. '재가에 바탕한 근심gehassita domanassa'이라고도 한다. 이러한 슬픔, 마음 불편함, 기분 상함, 비탄 등의 모든 것을 그 느낌들이 생겨날 때마다 '슬픔, 슬픔' 등으로 새겨 알아야 한다는 뜻이다. 이 내용을 시작으로 해서 관찰과 관련된 여러 의미들은 자세하게 기술하지 않겠다. 자세한 의미를 알고자 한다면 『*Vipassanā Shunikyan*위빳사나 수행방법론』 제1권의 제4장을 참조하라.[194]

❺ nirāmisaṁ dukkhaṁ vedanaṁ감각욕망대상이라는 자양분과 관련되지 않은 괴로운 느낌을 vedayamāno vā느껴도 'nirāmisaṁ dukkhaṁ vedanaṁ vedayāmī'ti'감각욕망대상이라는 자양분과 관련되지 않은 괴로운 느낌을 느낀다'라고 pajānāti안다.

수행하고 있는 수행자에게 삼매와 지혜가 향상되지 않을 때 슬픔이 생겨나기도 한다. 그것을 비세속적 괴로움nirāmisa dukkha이라고 한다. 출리에 바탕한 근심nekkhammassita domanassa이라고도 한다. 법문을 듣기 위해, 법을 실천하기 위해, 출가하기 위해 기회를 얻지 못해서 생겨나는 슬픔들도 출리에 바탕한 근심이라고 할 수 있다.

❻ sāmisaṁ adukkhamasukhaṁ vedanaṁ감각욕망대상이라는 자양분과 관련된 괴롭지도 행복하지도 않은 느낌을 vedayamāno vā느껴도 'sāmisaṁ

194 『위빳사나 수행방법론』 제1권, pp.482~483 참조.

adukkhamasukhaṁ vedanaṁ vedayāmī'ti'감각욕망대상이라는 자양분과 관련된 괴롭지도 행복하지도 않은 느낌을 느낀다'라고 pajānāti안다.

nirāmisaṁ adukkhamasukhaṁ vedanaṁ감각욕망대상이라는 자양분과 관련되지 않은 괴롭지도 행복하지도 않은 느낌을 vedayamāno vā느껴도 'nirāmisaṁ adukkhamasukhaṁ vedanaṁ vedayāmī'ti'감각욕망대상이라는 자양분과 관련되지 않은 괴롭지도 행복하지도 않은 느낌을 느낀다'라고 pajānāti안다.

경험하고 만나게 된 감각욕망대상이나 토대들과 관련하여 무덤덤하게 바라보는 것이 세속적으로 괴롭지도 않고 행복하지도 않음sāmisa adukkhamasukha이다. 재가에 바탕한 평온함gehassita upekkhā[195]이라고도 한다. 무지無知의 평온함aññāṇupekkhā이라고도 한다.

부수번뇌upakkilesa로부터 벗어나 생멸의 지혜를 시작으로 여섯 대상을 새길 때마다 계속해서 아는 위빳사나 지혜와 관련하여 중간의 무덤덤한 느낌이 생겨난다. 그것을 비세속적으로 괴롭지도 않고 행복하지도 않음nirāmisa adukkhamasukha이라고 한다. 출리에 바탕한 평온함nekkhammassita upekkhā이라고도 한다.

195 느낌을 나타내는 upekkhā는 '평온함'으로 번역하였다.

Niddesavāra

3. Cittānupassanā

Kathañca pana, bhikkhave, bhikkhu citte cittānupassī viharati? Idha, bhikkhave, bhikkhu sarāgaṁ vā cittaṁ 'sarāgaṁ citta'nti pajānāti, vītarāgaṁ vā cittaṁ 'vītarāgaṁ citta'nti pajānāti. Sadosaṁ vā cittaṁ 'sadosaṁ citta'nti pajānāti, vītadosaṁ vā cittaṁ 'vītadosaṁ citta'nti pajānāti. Samohaṁ vā cittaṁ 'samohaṁ citta'nti pajānāti, vītamohaṁ vā cittaṁ 'vītamohaṁ citta'nti pajānāti. Saṅkhittaṁ vā cittaṁ 'saṅkhittaṁ citta'nti pajānāti, vikkhittaṁ vā cittaṁ 'vikkhittaṁ citta'nti pajānāti. Mahaggataṁ vā cittaṁ 'mahaggataṁ citta'nti pajānāti, amahaggataṁ vā cittaṁ 'amahaggataṁ citta'nti pajānāti. Sauttaraṁ vā cittaṁ 'sauttaraṁ citta'nti pajānāti, anuttaraṁ vā cittaṁ 'anuttaraṁ citta'nti pajānāti. Samāhitaṁ vā cittaṁ 'samāhitaṁ citta'nti pajānāti, asamāhitaṁ vā cittaṁ 'asamāhitaṁ citta'nti pajānāti. Vimuttaṁ vā cittaṁ 'vimuttaṁ citta'nti pajānāti. Avimuttaṁ vā cittaṁ 'avimuttaṁ citta'nti pajānāti.

Iti ajjhattaṁ vā citte cittānupassī viharati, bahiddhā vā citte cittānupassī viharati, ajjhattabahiddhā vā citte cittānupassī viharati. Samudayadhammānupassī vā cittasmiṁ viharati, vayadhammānupassī vā cittasmiṁ viharati, samudayavayadhammānupassī vā cittasmiṁ viharati. 'Atthi citta'nti vā panassa sati paccupaṭṭhitā hoti yāvadeva ñāṇamattāya paṭissatimattāya anissito ca viharati, na ca kiñci loke upādiyati. Evampi kho, bhikkhave, bhikkhu citte cittānupassī viharati.

Cittānupassanā niṭṭhitā.

상설

3. 마음 거듭관찰

Bhikkhave비구들이여, bhikkhu비구는 citte생각하여 아는 성품인 마음[196]에 대해 kathañca어떻게 cittānupassī생각하여 아는 마음이라는 성품일 뿐이라고 관찰하면서 viharati pana지내는가?

Bhikkhave비구들이여, idha bhikkhu이 가르침에서 비구는; 이 가르침에서 수행하고 있는 이는 sarāgaṁ vā cittaṁ애착과 함께한 마음도 'sarāgaṁ citta'nti'애착과 함께한 마음이다'라고 pajānāti안다. vītarāgaṁ vā cittaṁ애착이 없는 마음도 'vītarāgaṁ citta'nti'애착이 없는 마음이다'라고 pajānāti안다.❶

Sadosaṁ vā cittaṁ성냄과 함께한 마음도 'sadosaṁ citta'nti'성냄과 함께한 마음이다'라고 pajānāti안다. vītadosaṁ vā cittaṁ성냄이 없는 마음도 'vītadosaṁ citta'nti'성냄이 없는 마음이다'라고 pajānāti안다.❷

Samohaṁ vā cittaṁ어리석음과 함께한 마음도 'samohaṁ citta'nti'어리석음과 함께한 마음이다'라고 pajānāti안다. vītamohaṁ vā cittaṁ어리석음이 없는 마음도

196 약설, 도의 진리에서와는 다르게 저본에 해석되어 그대로 따랐다.

'vītamohaṁ citta'nti'어리석음이 없는 마음이다'라고 pajānāti안다.

Saṅkhittaṁ vā cittaṁ게으르고 위축된 마음도 'saṅkhittaṁ citta'nti'게으르고 위축된 마음이다'라고 pajānāti안다. vikkhittaṁ vā cittaṁ산란한 마음도 'vikkhittaṁ citta'nti'산란한 마음이다'라고 pajānāti안다.

Mahaggataṁ vā cittaṁ고귀한 선정 마음도 'mahaggataṁ citta'nti'고귀한 선정 마음이다'라고 pajānāti안다. amahaggataṁ vā cittaṁ고귀하지 않은 욕계 마음도 'amahaggataṁ citta'nti'고귀하지 않은 욕계 마음이다'라고 pajānāti안다.

Sauttaraṁ vā cittaṁ그보다 위가 있는 낮은 단계의 마음도 'sauttaraṁ citta'nti'위가 있는 낮은 단계의 마음이다'라고 pajānāti안다. anuttaraṁ vā cittaṁ그보다 위가 없는 높은 단계의 마음도 'anuttaraṁ citta'nti'위가 없는 높은 단계의 마음이다'라고 pajānāti안다.[3]

Samāhitaṁ vā cittaṁ근접삼매나 몰입삼매로 삼매에 든 마음도 'samāhitaṁ citta'nti'삼매에 든 마음이다'라고 pajānāti안다. asamāhitaṁ vā cittaṁ근접삼매나 몰입삼매로 삼매에 들지 않은 마음도 'asamāhitaṁ citta'nti'삼매에 들지 않은 마음이다'라고 pajānāti안다.[4]

Vimuttaṁ vā cittaṁ부분해탈과 억압해탈을 통해 번뇌로부터 해탈한 위빳사나 마음과 선정 마음도 'vimuttaṁ citta'nti'해탈한 마음이다'라고 pajānāti안다.[5] avimuttaṁ vā cittaṁ부분해탈과 억압해탈을 통해 번뇌로부터 해탈하지 않은 마음도 'avimuttaṁ citta'nti'해탈하지 않은 마음이다'라고 pajānāti안다.

Iti이렇게 말한 방법을 통해 ajjhattaṁ vā citte내부인 자신의 마음에 대해서도 cittānupassī viharati'생각하여 아는 마음이라는 성품일 뿐이다'라고 관찰하며 지낸다. bahiddhā vā citte외부인 다른 이의 마음에 대해서도 cittānupassī viharati'생각하여 아는 마음이라는 성품일 뿐이다'라고 관찰하며 지낸다. ajjhattabahiddhā vā citte때로는 자신의 마음에 대해서, 때로는 남의 마음에 대해서도 cittānupassī viharati'생각하여 아는 마음이라는 성품일 뿐이다'라고 관찰하며 지낸다.

Cittasmiṁ생각하여 아는 마음에 대해 samudayadhammānupassī vā viharati생겨나게 하는 원인법과 생겨남의 성품을 관찰하면서도 지낸다. cittasmiṁ생각하여 아는 마음에 대해 vayadhammānupassī vā viharati사라지게 하는 원인법과 사라짐의 성품을 관찰하면서도 지낸다. cittasmiṁ생각하여 아는 마음에 대해 samudayavayadhammānupassī vā viharati생겨나게 하는 원인법과 사라지게 하는 원인법, 생겨남과 사라짐의 성품을 관찰하면서도 지낸다.

Vā pana그리고 혹은; 새김이 드러나는 모습의 또 다른 방법은 'atthi citta'nti'생각하여 아는 마음이라는 성품만 존재한다'라고 assa sati그 비구의 새김이 paccupaṭṭhitā hoti현전한다. sā sati그렇게 현전한 새김은 yāvadeva ñāṇamattāya지혜를 단계적으로 향상시키기만 한다. yāvadeva paṭissatimattāya되새김을 단계적으로 향상시키기만 한다.

So bhikkhu새겨 아는 그 비구는 anissito ca또한 갈애나 사견으로 의지하지 않고 viharati지낸다고 말한다. loke다섯 취착무더기라는 세상 중에 kiñci어떠한 물질, 느낌, 인식, 형성, 의식도 na ca upādiyati자아나 나의 것이라고 갈애와 사견으로 더 이상 집착하지 않는다.

Bhikkhave비구들이여, bhikkhu비구는 evampi kho이와 같이; 이렇게 설명한 대로 citte마음에 대해 cittānupassī viharati'생각하여 아는 마음이라는 성품일 뿐이다'라고 관찰하며 지낸다.

Cittānupassanā마음을 관찰하는 마음 거듭관찰의 장이 niṭṭhitā끝났다.

상설에 대한 해설

3. 마음 거듭관찰에 대한 해설

❶ sarāgaṁ vā cittaṁ애착과 함께한 마음도 'sarāgaṁ citta'nti'애착과 함께한 마음이다'라고 pajānāti안다. vītarāgaṁ vā cittaṁ애착이 없는 마음도 'vītarāgaṁ citta'nti'애착이 없는 마음이다'라고 pajānāti안다.

애착하고 즐기는 마음이 생겨나면 그 마음을 '애착함, 즐김, 좋아함' 등으로 관찰해야 한다. 이렇게 집중해서 관찰하고 있으면 그 애착하고 좋아하는 마음의 연속이 사라지게 될 것이다. 그때에는 애착이 없는 원래 깨끗한 마음들이 생겨날 것이다. 그 마음들도 '안다, 안다'라는 등으로 관찰해야 한다. 이렇게 관찰해야 한다는 바로 그것을 두고 "sarāgaṁ vā cittaṁ" 등으로 설하신 것이다. 그래서 주석서에서는 다음과 같이 설명해 놓았다.

> Yasmiṁ yasmiṁ khaṇe yaṁ yaṁ cittaṁ pavattati, taṁ taṁ sallakkhento citte cittānupassī viharati.
>
> (DA.ii.367)

대역

Yasmiṁ yasmiṁ khaṇe각각의 그 순간에 yaṁ yaṁ cittaṁ어떤 각각의 탐욕 있는 마음 등이 pavattati생겨나는데 taṁ taṁ그 순간마다 생겨나는 그 각각의 탐욕 있는 마음 등을 sallakkhento관찰하고 새기는 이가 citte cittānupassī viharati마음에 대해서 마음이라고 관찰하면서 지낸다고 말한다.

❷ sadosaṁ vā cittaṁ성냄과 함께한 마음도 'sadosaṁ citta'nti'성냄과 함께한 마음이다'라고 pajānāti안다. vītadosaṁ vā cittaṁ성냄이 없는 마음도 'vītadosaṁ citta'nti'성냄이 없는 마음이다'라고 pajānāti안다.

성냄의 마음을 관찰하는 모습도 동일한 방법이다. 『*Vipassanā Shunikyan*위빳사나 수행방법론』도 참고하기 바란다.[197]

❸ sauttaraṁ vā cittaṁ그보다 위가 있는 낮은 단계의 마음도 'sauttaraṁ citta'nti'위가 있는 낮은 단계의 마음이다'라고 pajānāti안다. anuttaraṁ vā cittaṁ그보다 위가 없는 높은 단계의 마음도 'anuttaraṁ citta'nti'위가 없는 높은 단계의 마음이다'라고 pajānāti안다.

고귀한 마음을[198] 기준으로 욕계 마음을 위있는 마음이라고 한다. 욕계 마음을 기준으로 고귀한 마음을 위없는 마음이라고 한다. 무색계 마음을 기준으로 욕계 마음, 색계 마음을 위있는 마음이라고 한다. 욕계 마음, 색계 마음을 기준으로 무색계 마음을 위없는 마음이라고 한다. 위없는 마음이라는 명칭은 엄밀하고 정확하게 따지면 출세간 마음의 명칭일 뿐이다. 그렇지만 그 출세간 마음은 위빳사나의 관찰 대상법이 아니다. 따라서 이 새김확립의 위빳사나 영역에서는 출세간 마음을 위없는 마음이라 부를 수 없다.

197 『위빳사나 수행방법론』 제1권, p.491 참조.
198 색계 마음과 무색계 마음을 합하여 고귀한 마음이라고 한다.

❹ samāhitaṁ vā cittaṁ근접삼매나 몰입삼매로 삼매에 든 마음도 'samāhitaṁ citta'nti'삼매에 든 마음이다'라고 pajānāti안다. asamāhitaṁ vā cittaṁ근접삼매나 몰입삼매로 삼매에 들지 않은 마음도 'asamāhitaṁ citta'nti'삼매에 들지 않은 마음이다'라고 pajānāti안다.

찰나삼매를 통해 잘 집중된 위빳사나 마음을 여기에서도, 또한 근접삼매와 몰입삼매라고 이렇게 두 종류만 보인 다른 여러 주석서와 복주서들에서도 '근접삼매'로 간주하여 집중된 마음에 포함시켜 설하였다. "sesāni dvādasāpi upacārakammaṭṭhānāneva(들숨날숨, 혐오 마음 기울임을 제외한 나머지 몸 거듭관찰의 열두 부분은 근접삼매 수행주제일 뿐이다)"[199]라고 설명한 그 주석서의 구절을 의지하여 알아라.

❺ vimuttaṁ vā cittaṁ부분해탈과 억압해탈을 통해 번뇌로부터 해탈한 위빳사나 마음과 선정 마음도 'vimuttaṁ citta'nti'해탈한 마음이다'라고 pajānāti안다.

선정 마음에[200] 근접삼매의 마음도 포함시켜라.

199 DA.ii.363; 본서 p.163 참조.

200 '해탈한 마음'에 대해 '부분해탈과 억압해탈을 통해 번뇌로부터 해탈한 위빳사나 마음과 선정 마음'이라고 대역했는데 그 '선정 마음'에 근접삼매 마음도 포함시키라는 뜻이다.

Niddesavāra

4. Dhammānupassanā (1) Nīvaraṇapabba

Kathañca pana, bhikkhave, bhikkhu dhammesu dhammānupassī viharati? Idha, bhikkhave, bhikkhu dhammesu dhammānupassī viharati pañcasu nīvaraṇesu.

Kathañca pana, bhikkhave, bhikkhu dhammesu dhammānupassī viharati pañcasu nīvaraṇesu? Idha, bhikkhave, bhikkhu santaṁ vā ajjhattaṁ kāmacchandaṁ 'atthi me ajjhattaṁ kāmacchando'ti pajānāti, asantaṁ vā ajjhattaṁ kāmacchandaṁ 'natthi me ajjhattaṁ kāmacchando'ti pajānāti, yathā ca anuppannassa kāmacchandassa uppādo hoti tañca pajānāti, yathā ca uppannassa kāmacchandassa pahānaṁ hoti tañca pajānāti, yathā ca pahīnassa kāmacchandassa āyatiṁ anuppādo hoti tañca pajānāti.

Santaṁ vā ajjhattaṁ byāpādaṁ 'atthi me ajjhattaṁ byāpādo'ti pajānāti, asantaṁ vā ajjhattaṁ byāpādaṁ 'natthi me ajjhattaṁ byāpādo'ti pajānāti, yathā ca anuppannassa byāpādassa uppādo hoti tañca pajānāti, yathā ca uppannassa byāpādassa pahānaṁ hoti tañca pajānāti, yathā ca pahīnassa byāpādassa āyatiṁ anuppādo hoti tañca pajānāti.

Santaṁ vā ajjhattaṁ thinamiddhaṁ 'atthi me ajjhattaṁ thinamiddha'nti pajānāti, asantaṁ vā ajjhattaṁ thinamiddhaṁ 'natthi me ajjhattaṁ thinamiddha'nti pajānāti, yathā ca anuppannassa thinamiddhassa uppādo hoti tañca pajānāti, yathā ca uppannassa thinamiddhassa pahānaṁ hoti tañca pajānāti, yathā ca pahīnassa thinamiddhassa āyatiṁ anuppādo hoti tañca pajānāti.

Santaṁ vā ajjhattaṁ uddhaccakukkuccaṁ 'atthi me ajjhattaṁ uddhaccakukkucca'nti pajānāti, asantaṁ vā ajjhattaṁ uddhaccakukkuccaṁ 'natthi me ajjhattaṁ uddhaccakukkucca'nti pajānāti, yathā ca anuppannassa uddhaccakukkuccassa uppādo hoti tañca pajānāti, yathā ca uppannassa uddhaccakukkuccassa pahānaṁ hoti tañca pajānāti, yathā ca pahīnassa uddhaccakukkuccassa āyatiṁ anuppādo hoti tañca pajānāti.

Santaṁ vā ajjhattaṁ vicikicchaṁ 'atthi me ajjhattaṁ vicikicchā'ti pajānāti, asantaṁ vā ajjhattaṁ vicikicchaṁ 'natthi me ajjhattaṁ vicikicchā'ti pajānāti, yathā ca anuppannāya vicikicchāya uppādo hoti tañca pajānāti, yathā ca uppannāya vicikicchāya pahānaṁ hoti tañca pajānāti, yathā ca pahīnāya vicikicchāya āyatiṁ anuppādo hoti tañca pajānāti.

Iti ajjhattaṁ vā dhammesu dhammānupassī viharati, bahiddhā vā dhammesu dhammānupassī viharati, ajjhattabahiddhā vā dhammesu dhammānupassī viharati. Samudayadhammānupassī vā dhammesu viharati, vayadhammānupassī vā dhammesu viharati, samudayavayadhammānupassī vā dhammesu viharati. 'Atthi dhammā'ti vā panassa sati paccupaṭṭhitā hoti yāvadeva ñāṇamattāya paṭissatimattāya anissito ca viharati, na ca kiñci loke upādiyati. Evampi kho, bhikkhave, bhikkhu dhammesu dhammānupassī viharati pañcasu nīvaraṇesu.

Nīvaraṇapabbaṁ niṭṭhitaṁ.

상설

4. 법 거듭관찰 (1) 장애의 장

Bhikkhave비구들이여, bhikkhu비구는 dhammesu중생이나 영혼이 아닌, 물질과 정신의 성품법들에 대해 kathañca어떻게 dhammānupassī중생이나 영혼이 아닌 성품법일 뿐이라고 관찰하면서 viharati pana지내는가?
Bhikkhave비구들이여, idha bhikkhu이 가르침에서 비구는; 이 가르침에서 수행하고 있는 이는 pañcasu nīvaraṇesu다섯 가지 장애라는 dhammesu법들에 대해[201] dhammānupassī중생이나 영혼이 아닌 성품법일 뿐이라고 관찰하면서 viharati지낸다.
Bhikkhave비구들이여, bhikkhu비구가 pañcasu nīvaraṇesu다섯 가지 장애라는 dhammesu법들에 대해 kathañca어떻게 dhammānupassī중생이나 영혼이 아닌 성품법일 뿐이라고 관찰하면서 viharati pana지내는가?
Bhikkhave비구들이여, idha bhikkhu이 가르침에서 비구는; 이 가르침에서 수행하고 있는 이는 ajjhattaṁ자신의 내부 상속에 santaṁ vā kāmacchandaṁ있는 감각욕망원함도; 감각욕망원함이 있어도; 감각욕망원함이 생겨나도 'me나의 ajjhattaṁ내부 상속에 kāmacchando atthi'ti감각욕망원함이 있다; 감각욕망원함이 생겨난다'라고 pajānāti안다. ajjhattaṁ자신의 내부 상속에 asantaṁ vā kāmacchandaṁ없는 감각욕망원함도; 감각욕망원함이 없어도 'me나의 ajjhattaṁ내부 상속에 kāmacchando natthi'ti감각욕망원함이 없다'라고 pajānāti안다.❶

201 '다섯 가지 장애'라는 수식어가 있을 때는 'dhamma'를 그냥 '법'으로만 해석했다.

Ca또한 anuppannassa kāmacchandassa아직 생겨나지 않은 감각욕망원함이 uppādo 지금 새로 생겨나는 것은 yathā비합리적 마음기울임[202]이라는 원인 때문 hoti인데 tañca그 비합리적 마음기울임이라는 원인도 pajānāti안다.❷

Ca또한 uppannassa kāmacchandassa이미 생겨난 감각욕망원함을 pahānaṁ부분제거와 억압제거를 통해 제거하는 것은 yathā합리적 마음기울임이라는 원인 때문hoti인데 tañca그 합리적 마음기울임이라는 원인도 pajānāti안다.❸

Ca또한 pahīnassa kāmacchandassa부분제거와 억압제거를 통해 제거된 감각욕망원함이 āyatiṁ anuppādo나중에 다시 생겨나지 않는 것은 yathā성스러운 도라는 원인 때문hoti인데 tañca그 성스러운 도라는 원인도 pajānāti안다.❹

Ajjhattaṁ자신의 내부 상속에 santaṁ vā byāpādaṁ있는 분노도; 분노가 있어도; 분노가 생겨나도❺ 'me나의 ajjhattaṁ내부 상속에 byāpādo atthi'ti분노가 있다; 분노가 생겨난다'라고 pajānāti안다. ajjhattaṁ자신의 내부 상속에 asantaṁ vā byāpādaṁ없는 분노도; 분노가 없어도 'me나의 ajjhattaṁ내부 상속에 byāpādo natthi'ti분노가 없다'라고 pajānāti안다.

Ca또한 anuppannassa byāpādassa아직 생겨나지 않은 분노가 uppādo지금 새로 생겨나는 것은 yathā비합리적 마음기울임이라는 원인 때문hoti인데 tañca그 비합리적 마음기울임이라는 원인도 pajānāti안다.❻

Ca또한 uppannassa byāpādassa이미 생겨난 분노를 pahānaṁ부분제거와 억압제거를 통해 제거하는 것은 yathā합리적 마음기울임이라는 원인 때문hoti인데 tañca그 합리적 마음기울임이라는 원인도 pajānāti안다.

Ca또한 pahīnassa byāpādassa부분제거와 억압제거를 통해 제거된 분노가 āyatiṁ

202 'ayoniso 이치에 맞지 않게, 적당하지 않게, 적합하지 않게, 올바르지 않게'라는 단어를 '비합리적'으로, 'yoniso'라는 단어를 '합리적'으로 번역하였다. 'manasikāra'는 "manasmiṁ마음에서 kāro대상을 행함이; 대상을 가지는 것이; 대상으로 향하는 것이 manasikāro마음기울임이다(DhsA.177)"라는 단어 분석을 토대로 '마음기울임'으로 번역하였다.

anuppādo나중에 다시 생겨나지 않는 것은 yathā성스러운 도라는 원인 때문hoti인데 tañca그 성스러운 도라는 원인도 pajānāti안다.❼

Ajjhattaṁ자신의 내부 상속에 santaṁ vā thinamiddhaṁ있는 해태혼침도; 해태혼침이 있어도; 해태혼침이 생겨나도 'me나의 ajjhattaṁ내부 상속에 thinamiddhaṁ atthi'ti해태혼침이 있다; 해태혼침이 생겨난다'라고 pajānāti안다. ajjhattaṁ자신의 내부 상속에 asantaṁ vā thinamiddhaṁ없는 해태혼침도; 해태혼침이 없어도 'me나의 ajjhattaṁ내부 상속에 thinamiddhaṁ natthi'ti해태혼침이 없다'라고 pajānāti안다.

Ca또한 anuppannassa thinamiddhassa아직 생겨나지 않은 해태혼침이 uppādo지금 새로 생겨나는 것은 yathā비합리적 마음기울임이라는 원인 때문hoti인데 tañca그 비합리적 마음기울임이라는 원인도 pajānāti안다.

Ca또한 uppannassa thinamiddhassa이미 생겨난 해태혼침을 pahānaṁ부분제거와 억압제거를 통해 제거하는 것은 yathā합리적 마음기울임이라는 원인 때문hoti인데 tañca그 합리적 마음기울임이라는 원인도 pajānāti안다.

Ca또한 pahīnassa thinamiddhassa부분제거와 억압제거를 통해 제거된 해태혼침이 āyatiṁ anuppādo나중에 다시 생겨나지 않는 것은 yathā성스러운 도라는 원인 때문hoti인데 tañca그 성스러운 도라는 원인도 pajānāti안다.❽

Ajjhattaṁ자신의 내부 상속에 santaṁ vā uddhaccakukkuccaṁ있는 들뜸후회도; 들뜸후회가 있어도; 들뜸후회가 생겨나도 'me나의 ajjhattaṁ내부 상속에 uddhaccakukkuccaṁ atthi'ti들뜸후회가 있다; 들뜸후회가 생겨난다'라고 pajānāti안다. ajjhattaṁ자신의 내부 상속에 asantaṁ vā uddhaccakukkuccaṁ없는 들뜸후회도; 들뜸후회가 없어도 'me나의 ajjhattaṁ내부 상속에 uddhaccakukkuccaṁ natthi'ti들뜸후회가 없다'라고 pajānāti안다.

Ca또한 anuppannassa uddhaccakukkuccassa아직 생겨나지 않은 들뜸후회가 uppādo지금 새로 생겨나는 것은 yathā비합리적 마음기울임이라는 원인 때문hoti

인데 tañca그 비합리적 마음기울임이라는 원인도 pajānāti안다.

Ca또한 uppannassa uddhaccakukkuccassa이미 생겨난 들뜸후회를 pahānaṁ부분제거와 억압제거를 통해 제거하는 것은 yathā합리적 마음기울임이라는 원인 때문hoti인데 tañca그 합리적 마음기울임이라는 원인도 pajānāti안다.

Ca또한 pahīnassa uddhaccakukkuccassa부분제거와 억압제거를 통해 제거된 들뜸후회가 āyatiṁ anuppādo나중에 다시 생겨나지 않는 것은 yathā성스러운 도라는 원인 때문hoti인데 tañca그 성스러운 도라는 원인도 pajānāti안다.❾

Ajjhattaṁ자신의 내부 상속에 santaṁ vā vicikicchaṁ있는 의심도; 의심이 있어도; 의심이 생겨나도 'me나의 ajjhattaṁ내부 상속에 vicikicchā atthi'ti의심이 있다; 의심이 생겨난다'라고 pajānāti안다. ajjhattaṁ자신의 내부 상속에 asantaṁ vā vicikicchaṁ없는 의심도; 의심이 없어도 'me나의 ajjhattaṁ내부 상속에 vicikicchā natthi'ti의심이 없다'라고 pajānāti안다.

Ca또한 anuppannāya vicikicchāya아직 생겨나지 않은 의심이 uppādo지금 새로 생겨나는 것은 yathā비합리적 마음기울임이라는 원인 때문hoti인데 tañca그 비합리적 마음기울임이라는 원인도 pajānāti안다.❿

Ca또한 uppannāya vicikicchāya이미 생겨난 의심을 pahānaṁ부분제거와 억압제거를 통해 제거하는 것은 yathā합리적 마음기울임이라는 원인 때문hoti인데 tañca그 합리적 마음기울임이라는 원인도 pajānāti안다.

Ca또한 pahīnāya vicikicchāya부분제거와 억압제거를 통해 제거된 의심이 āyatiṁ anuppādo나중에 다시 생겨나지 않는 것은 yathā성스러운 도라는 원인 때문hoti인데 tañca그 성스러운 도라는 원인도 pajānāti안다.

Iti이렇게 말한 방법을 통해 ajjhattaṁ vā dhammesu내부인 자신의 장애라는 법들에 대해서도 dhammānupassī viharati중생이나 영혼이 아닌 성품법일 뿐이라고 관찰하면서 지낸다. bahiddhā vā dhammesu외부인 다른 이의 장애라는 법들에 대해서도 dhammānupassī viharati중생이나 영혼이 아닌 성품법일 뿐이라고 관찰하며 지낸다. ajjhattabahiddhā vā dhammesu때로는 자신의 장애라는 법들에 대해서, 때로는 남의 장애라는 법들에 대해서도 dhammānupassī viharati 중생이나 영혼이 아닌 성품법일 뿐이라고 관찰하며 지낸다.

Dhammesu장애라는 법들에 대해 samudayadhammānupassī vā viharati생겨나게 하는 원인법과 생겨남의 성품을 관찰하면서도 지낸다. dhammesu장애라는 법들에 대해 vayadhammānupassī vā viharati사라지게 하는 원인법과 사라짐의 성품을 관찰하면서도 지낸다. dhammesu장애라는 법들에 대해 samudayavayadhammānupassī vā viharati생겨나게 하는 원인법과 사라지게 하는 원인법, 생겨남과 사라짐의 성품을 관찰하면서도 지낸다.⑪

Vā pana그리고 혹은; 새김이 드러나는 모습의 또 다른 방법은 'atthi dhammā'ti'중생이나 영혼이 아닌 성품법들만 존재한다'라고 assa sati그 비구의 새김이 paccupaṭṭhitā hoti현전한다. sā sati그렇게 현전한 새김은 yāvadeva ñāṇamattāya지혜를 단계적으로 향상시키기만 한다. yāvadeva paṭissatimattāya되새김을 단계적으로 향상시키기만 한다.

So bhikkhu새겨 아는 그 비구는 anissito ca또한 갈애나 사견으로 의지하지 않고 viharati지낸다고 말한다. loke다섯 취착무더기라는 세상 중에 kiñci어떠한 물질, 느낌, 인식, 형성, 의식도 na ca upādiyati자아나 나의 것이라고 갈애와 사견으로 더 이상 집착하지 않는다.

Bhikkhave비구들이여, bhikkhu비구는 evampi kho이와 같이; 이렇게 설명한 대로 pañcasu nīvaraṇesu다섯 가지 장애라는dhammesu법들에 대해 dhammānupassī viharati 중생이나 영혼이 아닌 성품법일 뿐이라고 관찰하면서 지낸다.

Nīvaraṇapabbaṁ장애의 장이 niṭṭhitaṁ끝났다.

상설에 대한 해설

4. 법 거듭관찰 (1) 장애의 장에 대한 해설

❶ **ajjhattaṁ자신의 내부 상속에 santaṁ vā kāmacchandaṁ있는 감각욕망원함도; 감각욕망원함이 있어도; 감각욕망원함이 생겨나도 'me나의 ajjhattaṁ내부 상속에 kāmacchando atthi'ti감각욕망원함이 있다; 감각욕망원함이 생겨난다'라고 pajānāti안다. ajjhattaṁ자신의 내부 상속에 asantaṁ vā kāmacchandaṁ없는 감각욕망원함도; 감각욕망원함이 없어도 'me나의 ajjhattaṁ내부 상속에 kāmacchando natthi'ti감각욕망원함이 없다'라고 pajānāti안다.**

바라고 좋아함, 갈애, 탐욕이라는 그 모든 것을 감각욕망원함 kāmacchanda이라고 한다. 그 감각욕망원함을 생겨날 때마다 새겨 아는 것이 "'atthi me ajjhattaṁ kāmacchando'ti pajānāti('나의 내부에 감각욕망원함 있다'라고 안다)"와 일치하게 아는 것이다. 이렇게 한 번, 두 번 등으로 새기기 때문에 그 감각욕망원함이 생겨나지 않고 사라져 가는 것도 경험할 수 있다. 이때 '감각욕망원함이 없다'라고 아는 것이 "'natthi me ajjhattaṁ kāmacchando'ti pajānāti('나의 내부에 감각욕망원함이 없다'라고 안다)"와 일치하게 아는 것이다.

❷ **anuppannassa kāmacchandassa아직 생겨나지 않은 감각욕망원함이 uppādo지금 새로 생겨나는 것은 yathā비합리적 마음기울임이라는 원인 때문hoti인데 tañca그 비합리적 마음기울임이라는 원인도 pajānāti안다.**

사마타나 위빳사나 수행을 하지 않을 때 여섯 문에서 드러나는 물질과 정신 대상을 '항상하다, 행복하다, 자아다, 깨끗하다'라고 마음을 기울이게 된다. 이렇게 마음 기울이는 것을 '비합리적 마음기울임ayoniso manasikāra'이라고 한다. 이것은 모든 불선업을 생겨나게 하는 근본 원인이다. 이 감각욕망원함에서는 특히 '깨끗하다subha'라고 마음을 기울이는 것이 기본이다. 원래 아직 생겨나지 않은 감각욕망원함은 적당하지 않고 이치에 맞지 않게 마음을 기울이고 생각하는 이 비합리적 마음기울임 때문에 생겨난다. 수행자는 이 비합리적 마음기울임도 직접 분명하게 경험하여 안다.

❸ uppannassa kāmacchandassa 이미 생겨난 감각욕망원함을 pahānaṁ 부분제거와 억압제거를 통해 제거하는 것은 yathā 합리적 마음기울임이라는 원인 때문hoti인데 tañca 그 합리적 마음기울임이라는 원인도 pajānāti 안다.

'합리적 마음기울임yoniso manasikāra'이라는 것은 '무상하다, 괴로움이다, 무아다, 더럽다'라고 관찰하는 위빳사나와 더럽다고 마음 기울이는 사마타를 말한다. 원래 적당하지 않게 마음을 기울여서[203] 감각욕망원함이 생겨났을 때 위빳사나 관찰을 했기 때문이든, 또는 더럽다고 마음을 기울였기 때문이든 그 감각욕망원함이 더 이상 생겨나지 않고 멈추어 버린다. 이것은 부분제거와 억압제거를 통해 제거하는 것이다. 그렇기 때문에 수행자는 '위빳사나 관찰을 해서, 혹은 더럽다고 마음을 기울여서 감각욕망원함이 사라졌다'라고 위빳사나와 더러움에 마음 기울이는 것

203 저본에 '원래 적당하지 않게 마음을 기울이지 않아서'라고 되어 있으나 문맥상으로 위와 같이 번역하였다.

이라는, 그 감각욕망원함을 사라지게 하는 원인인 합리적 마음기울임을 안다.

❹ pahīnassa kāmacchandassa부분제거와 억압제거를 통해 제거된 감각욕망원함이 āyatiṁ anuppādo나중에 다시 생겨나지 않는 것은 yathā성스러운 도라는 원인 때문hoti인데 tañca그 성스러운 도라는 원인도 pajānāti안다.

사마타와 위빳사나를 통해 부분적으로 제거했거나 억압해서 제거한 감각욕망원함kāmacchanda이라는 갈애taṇhā와 탐욕lobha, 그 모든 것이 아라한 도에 의해 완전히 소멸해 버린 아라한은 감각욕망원함이 완전히 소멸되게 한 그 원인인 아라한 도도 직접 안다는 뜻이다. 아라한이 아직 되지 않은 수행자는 들어서 아는 지혜, 생각해서 아는 지혜로만 알 수 있다.

❺ santaṁ vā byāpādaṁ있는 분노도; 분노가 있어도; 분노가 생겨나도

화남, 실망, 괴롭힘, 죽이려 함, 파괴하려 함 등의 그 모든 성냄dosa을 분노byāpāda라고 한다.

❻ anuppannassa byāpādassa아직 생겨나지 않은 분노가 uppādo지금 새로 생겨나는 것은 yathā비합리적 마음기울임이라는 원인 때문hoti인데 tañca그 비합리적 마음기울임이라는 원인도 pajānāti안다.

분노byāpāda라는 화남, 성냄은 어떠한 것을 '항상하다, 행복하다, 자아다, 깨끗하다'라고 생각해서 '화를 내도 좋다. 화날 만하다'라고 마음 기울이기 때문에 생겨난다. 따라서 '화날 만하다. 화를 내도 좋다'라고 마음 기울이는 것이 비합리적 마음기울임ayoniso manasikāra이다.

❼❽❾ pahīnassa byāpādassa부분제거와 억압제거를 통해 제거된 분노가 … pahīnassa thinamiddhassa부분제거와 억압제거를 통해 제거된 해태혼침이 … pahīnassa uddhaccakukkuccassa부분제거와 억압제거를 통해 제거된 들뜸 후회가 āyatiṁ anuppādo나중에 다시 생겨나지 않는 것은 yathā성스러운 도라는 원인 때문hoti인데 tañca그 성스러운 도라는 원인도 pajānāti안다.

악의는 아나함 도에 의해 완전히 소멸된다. 그 아나함 도를 아나함은 직접 안다는 뜻이다.

해태혼침을 완전히 소멸하게 하는 원인법은 아라한 도이다. 그 아라한 도를 아라한은 직접 안다는 뜻이다.

들뜸은 아라한 도에 의해 완전히 소멸된다. 후회는 아나함 도에 의해 완전히 소멸된다. 아라한과 아나함은 각각 그 도를 직접 안다는 뜻이다.

❿ anuppannāya vicikicchāya아직 생겨나지 않은 의심이 uppādo지금 새로 생겨나는 것은 yathā비합리적 마음기울임이라는 원인 때문hoti인데 tañca 그 비합리적 마음기울임이라는 원인도 pajānāti안다.

이 구절을 통해 의심이 아직 제거되지 않은 이로 하여금 생겨난 의심을 관찰하여 알도록 가르치고 있다. '의심이 아직 제거되지 않은 이'라고 하는 것은 범부만 해당된다. 따라서 범부이든 수다원이든, 사다함이든, 아나함이든 이 새김확립의 수행을 닦아야 한다는 사실이 매우 분명하다. 이 구절을 통해 '새김확립의 실천을 범부들은 실천해서는 안 된다. 성자들만 실천해야 한다'라고 하는 일부 사람들의 잘못된 주장을 깨끗하게 제거한다. 그 일부 사람들은 "sokaparidevānaṁ samatikkamāya, dukkhadomanassānaṁ atthaṅgamāya(슬픔과 비탄의 극복을 위한, 고통과 근심의 사라짐을 위한)"라는 성전과, "diṭṭhevā dhamme aññā, sati vā upādisese anāgāmitā(현생에 구경지를 얻거나 집착이 남아 있으면 아나함이 된다)"라는 성전을 근거로 '슬픔과 비탄, 고통과 근심을 수다원 도로써는 제거할 수 없다. 아나함 도, 아라한 도를 통해서만 제거할 수 있다. 따라서 새김확립의 실천은 슬픔 등을 완전히 제거할 수 있는 아나함, 아라한 도만을 위한 것이다'라거나, 또한 '이 새김확립을 닦는 이는 아나함, 아라한만이 닦을 수 있다. 수다원, 사다함은 닦을 수 없다'라고 주장한다. 이것은 "'atthi me ajjhattaṁ vicikicchā'ti pajānāti('나의 내부에 의심이 있다'라고 안다)"라는 이 구절에 주의하지 않고 멋대로 주장하며 말하는 것일 뿐이다.

부처님의 의도는 이 새김확립 수행의 모든 공덕, 위력을 다 드러내고자 하는 것이다. 새김확립수행의 공덕은 단지 사악처로부터 벗어나게 하는 정도만이 아니다. 세상의 모든 나쁜 것들로부터 완전히 벗어나게 할 수도 있다. 그래서 "sokaparidevānaṁ samatikkamāya, dukkhadomanassānaṁ atthaṅgamāya(슬픔과 비탄의 극복을 위한, 고통과 근심의 사라짐을 위한)"라고 설하셨다. 또한 수다원이나 사다함 정도만 되게 하는 것이 아니라 아라한까지 되게 할 수 있다. 그렇기 때문에 "diṭṭhevā dhamme aññā, sati vā upādisese anāgāmitā(현생에 구경지를 얻거나 집착이 남아 있으면 아나함이 된다)"라고 제일 거룩한 단계까지 이르도록 나타내어 설하셨다. 이렇게 제일 거룩한 단계까지 언급함으로써 이전 단계에 확실히 생겨날 수 있는 여러 위빳사나 지혜의 단계와 함께 수다원, 사다함 도와 과들도 그 이전에 이르게 할 수 있다는 의미를,

바르고 정직한 지혜를 가진 이라면 이해할 수 있을 것이다.

⓫ dhammesu장애라는 법들에 대해 samudayadhammānupassī vā viharati생겨나게 하는 원인법과 생겨남의 성품을 관찰하면서도 지낸다. dhammesu장애라는 법들에 대해 vayadhammānupassī vā viharati사라지게 하는 원인법과 사라짐의 성품을 관찰하면서도 지낸다. dhammesu장애라는 법들에 대해 samudayavayadhammānupassī vā viharati생겨나게 하는 원인법과 사라지게 하는 원인법, 생겨남과 사라짐의 성품을 관찰하면서도 지낸다.

장애를 생겨나게 하는 원인법은 앞에서도 설명한 비합리적 마음기울임이다. 장애를 사라지게 하는 원인, 소멸시키는 원인, 생겨나게 하지 않는 원인법은 방금 설명한 합리적 마음기울임, 그리고 성스러운 도들이다.

4. Dhammānupassanā (2) Khandhapabba

Puna caparaṁ, bhikkhave, bhikkhu dhammesu dhammānupassī viharati pañcasu upādānakkhandhesu. Kathañca pana, bhikkhave, bhikkhu dhammesu dhammānupassī viharati pañcasu upādānakkhandhesu? Idha, bhikkhave, bhikkhu – 'iti rūpaṁ, iti rūpassa samudayo, iti rūpassa atthaṅgamo; iti vedanā, iti vedanāya samudayo, iti vedanāya atthaṅgamo; iti saññā, iti saññāya samudayo, iti saññāya atthaṅgamo; iti saṅkhārā, iti saṅkhārānaṁ samudayo, iti saṅkhārānaṁ atthaṅgamo, iti viññāṇaṁ, iti viññāṇassa samudayo, iti viññāṇassa atthaṅgamo'ti, iti ajjhattaṁ vā dhammesu dhammānupassī viharati, bahiddhā vā dhammesu dhammānupassī viharati, ajjhattabahiddhā vā dhammesu dhammānupassī viharati. Samudayadhammānupassī vā dhammesu viharati, vayadhammānupassī vā dhammesu viharati, samudayavayadhammānupassī vā dhammesu viharati. 'Atthi dhammā'ti vā panassa sati paccupaṭṭhitā hoti yāvadeva ñāṇamattāya paṭissatimattāya, anissito ca viharati, na ca kiñci loke upādiyati. Evampi kho, bhikkhave, bhikkhu dhammesu dhammānupassī viharati pañcasu upādānakkhandhesu.

Khandhapabbaṁ niṭṭhitaṁ.

4. 법 거듭관찰 (2) 무더기의 장

Bhikkhave비구들이여, puna ca또한 aparaṁ다른 관찰모습이, bhikkhu비구는 pañcasu upādānakkhandhesu다섯 취착무더기라는 dhammesu법들에 대해 dhammānupassī중생이나 영혼이 아닌 성품법일 뿐이라고 관찰하면서 viharati지낸다.
Bhikkhave비구들이여, bhikkhu비구가 pañcasu upādānakkhandhesu다섯 취착무더기라는 dhammesu법들에 대해 kathañca어떻게 dhammānupassī중생이나 영혼이 아닌 성품법일 뿐이라고 관찰하면서 viharati pana지내는가?
Bhikkhave비구들이여, idha bhikkhu이 가르침에서 비구는; 이 가르침에서 수행하고 있는 이는 〔iti이와 같이 pajānāti안다.〕 iti이것이 rūpaṁ물질이다. iti이것이 rūpassa물질의 samudayo생겨나게 하는 원인이다; 생겨남의 성품이다. iti이것이 rūpassa물질의 atthaṅgamo사라지게 하는 원인이다; 사라짐의 성품이다. iti이것이 vedanā느낌이다. iti이것이 vedanāya느낌의 samudayo생겨나게 하는 원인이다; 생겨남의 성품이다. iti이것이 vedanāya느낌의 atthaṅgamo사라지게 하는 원인이다; 사라짐의 성품이다. iti이것이 saññā인식이다. iti이것이 saññāya인식의 samudayo생겨나게 하는 원인이다; 생겨남의 성품이다. iti이것이 saññāya인식의 atthaṅgamo사라지게 하는 원인이다; 사라짐의 성품이다. iti이것이 saṅkhārā형성들이다. iti이것이 saṅkhārānaṁ형성들의 samudayo생겨나게 하는 원인이다; 생겨남의 성품이다. iti이것이 saṅkhārānaṁ형성들의 atthaṅgamo사라지게 하는 원인이다; 사라짐의 성품이다. iti이것이 viññāṇaṁ의식이다. iti이것이 viññāṇassa의식의 samudayo생겨나게 하는 원인이다; 생겨남의 성품이다. iti이것이 viññāṇassa의식의 atthaṅgamo사라지게 하는 원인이다; 사라짐의 성품이다.❶ iti이와 같이 〔pajānāti안다.〕
Iti이렇게 말한 방법을 통해 ajjhattaṁ vā dhammesu내부인 자신의 취착무더기라는 법들에 대해서도 dhammānupassī viharati중생이나 영혼이 아닌 성품법일 뿐이라고 관찰하면서 지낸다. bahiddhā vā dhammesu외부인 다른 이의 취착무더기라는 법들에 대해서도 dhammānupassī viharati중생이나 영혼이 아닌 성품법일 뿐이라고 관찰하며 지낸다. ajjhattabahiddhā vā dhammesu때로는 자신의 다섯 취착무더기라는 법들에 대해서, 때로는 남의 다섯 취착무더기라는 법들에 대해서도 dhammānupassī viharati중생이나 영혼이 아닌 성품법일 뿐이라고 관찰하며 지낸다. Dhammesu취착무더기라는 법들에 대해 samudayadhammānupassī vā viharati생겨나게 하는 원인법과 생겨남의 성품을 관찰하면서도 지낸다. dhammesu취착무더기라는 법들에 대해 vayadhammānupassī vā viharati사라지게 하는 원인법과 사라짐의 성품을 관찰하면서도 지낸다. dhammesu취착무더기라는 법들에 대해 samudayavayadhammānupassī vā viharati생겨나게 하는 원인법과 사라지게 하는 원인법, 생겨남과 사라짐의 성품을 관찰하면서도 지낸다.

Vā pana그리고 혹은; 새김이 드러나는 모습의 또 다른 방법은 'atthi dhammā'ti'중생이나 영혼이 아닌 성품법들만 존재한다'라고 assa sati그 비구의 새김이 paccupaṭṭhitā hoti현전한다. sā sati그렇게 현전한 새김은 yāvadeva ñāṇamattāya지혜를 단계적으로 향상시키기만 한다. yāvadeva paṭissatimattāya되새김을 단계적으로 향상시키기만 한다.

So bhikkhu새겨 아는 그 비구는 anissito ca또한 갈애나 사견으로 의지하지 않고 viharati지낸다고 말한다. loke다섯 취착무더기라는 세상 중에 kiñci어떠한 물질, 느낌, 인식, 형성, 의식도 na ca upādiyati자아나 나의 것이라고 갈애와 사견으로 더 이상 집착하지 않는다.

Bhikkhave비구들이여, bhikkhu비구는 evampi kho이와 같이; 이렇게 설명한 대로 pañcasu upādānakkhandhesu다섯 취착무더기라는 dhammesu법들에 대해 dhammānupassī viharati중생이나 영혼이 아닌 성품법일 뿐이라고 관찰하면서 지낸다.

Khandhapabbaṁ무더기의 장이 niṭṭhitaṁ끝났다.

4. 법 거듭관찰 (2) 무더기의 장에 대한 해설

❶ iti이것이 rūpaṁ물질이다. iti이것이 rūpassa물질의 samudayo생겨나게 하는 원인이다; 생겨남의 성품이다. iti이것이 rūpassa물질의 atthaṅgamo사라지게 하는 원인이다; 사라짐의 성품이다. iti이것이 vedanā느낌이다. iti이것이 vedanāya느낌의 samudayo생겨나게 하는 원인이다; 생겨남의 성품이다. iti이것이 vedanāya느낌의 atthaṅgamo사라지게 하는 원인이다; 사라짐의 성품이다. iti이것이 saññā인식이다. iti이것이 saññāya인식의 samudayo생겨나게 하는 원인이다; 생겨남의 성품이다. iti이것이 saññāya인식의 atthaṅgamo사라지게 하는 원인이다; 사라짐의 성품이다. iti이것이 saṅkhārā형성들이다. iti이것이 saṅkhārānaṁ형성들의 samudayo생겨나게 하는 원인이다; 생겨남의 성품이다. iti이것이 saṅkhārānaṁ형성들의 atthaṅgamo사라지게 하는 원인이다; 사라짐의 성품이다. iti이것이 viññāṇaṁ의식이다. iti이것이 viññāṇassa의식의 samudayo생겨나게 하는 원인이다; 생겨남의 성품이다. iti이것이 viññāṇassa의식의 atthaṅgamo사라지게 하는 원인이다; 사라짐의 성품이다.[204]

볼 때 '본다'하며 새기는 이가 눈 감성물질, 보이는 형색 물질을 기본으로 하여 알 때는 물질 무더기rūpakkhandhā 色蘊를 안다. 보고서 좋음, 나쁨, 좋지도 않고 나쁘지도 않음을 기본으로 하여 알 때는 느낌 무더기vedanākkhandhā 受蘊를 안다. 보이는 형색에 대해 인식하는 성품을 알 때는 인식 무더기saññākkhandhā 想蘊를 안다. 마음에 형색과 부딪힘인 접촉phassa, 보도

204 이 부분에 대해서는 마하시 사야도의 해설이 없다. 그래서 『위빳사나 수행방법론』을 인용하여 해설에 첨가하였다. 「마하사띠빳타나숫따」에서는 물질, 물질의 생겨남, 물질의 사라짐으로 각각 설명하였으나 『위빳사나 수행방법론』에서는 묶어서 설명하였다. 『위빳사나 수행방법론』 제1권, pp.505~512 참조.

록 격려하고 자극함인 의도cetanā, 바라고 원함인 탐욕lobha, 공경함인 믿음saddhā 등의 여러 성품들을 알 때는 형성 무더기saṅkhārakkhandhā 行蘊를 안다. 보는 마음을 기본으로 하여 알 때는 의식 무더기viññāṇakkhandhā 識蘊를 안다. 이렇게 '물질 성품일 뿐이다', '느낌 성품일 뿐이다'라는 등으로 아는 것은 "iti rūpaṁ, iti vedanā, iti saññā, iti saṅkhārā, iti viññāṇaṁ(이것이 물질이다, 이것이 느낌이다, 이것이 인식이다, 이것이 형성들이다, 이것이 의식이다)"이라는 경전내용과 일치한다. 들을 때 등에서도 같은 방법이다.

볼 때, 굽힐 때 등에 '본다', '굽힌다'라는 등으로 새길 때마다 '눈 감성물질, 보이는 형색, 움직임' 등의 물질들을 "'휙, 휙'하며 생겨나서는 '싹, 싹'하며 사라지고 소멸해 간다"라고 안다. 이렇게 알고 보는 것이 생겨남samudaya 혹은 발생함의 특성nibbatti lakkhaṇā이라고 부르는 생겨남과, 사라짐vaya 혹은 변함의 특성vipariṇāma lakkhaṇā이라고 부르는 소멸을 직접 아는 생멸의 지혜udayabbhaya ñāṇa이다.

또는 '이전에 무명이 아직 사라지지 않아서 이 물질이 생겨난다. 무명이 사라졌다면 생겨날 수 없다'라든가, '즐기고 애착하는 갈애가 아직 사라지지 않아서 이 물질이 생겨난다. 갈애가 사라졌다면 생겨날 수 없다'라든가, '이전에 행했던 업이 있어서 이 물질이 생겨난다. 업이 없다면 생겨날 수 없다'라든가, '이번 생에서 먹고 마신 음식이 있어서 이 물질이 생겨난다. 음식이 없다면 생겨날 수 없다'라고 반조하면서 안다. 이렇게 아는 것은 '생겨나게 하는 원인법들samudaya'과 '사라지고 소멸하게 하는 원인법들vaya nirodha'을 유추를 통해 추측하여 아는 생멸의 지혜이다.

느낌 등의 생겨남과 사라지는 모습은 특별한 점이 없다. 단지 생겨나게 하는 원인에서 느낌, 인식, 형성들에는 무명 · 갈애 · 업과 함께 접촉이 포함되고, 의식에는 무명 · 갈애 · 업과 함께 정신과 물질이 포함되는 것이 다르다.

Puna caparaṁ, bhikkhave, bhikkhu dhammesu dhammānupassī viharati chasu ajjhattikabāhiresu āyatanesu. Kathañca pana, bhikkhave, bhikkhu dhammesu dhammānupassī viharati chasu ajjhattikabāhiresu āyatanesu? Idha, bhikkhave, bhikkhu cakkhuñca pajānāti, rūpe ca pajānāti, yañca tadubhayaṁ paṭicca uppajjati saṁyojanaṁ tañca pajānāti, yathā ca anuppannassa saṁyojanassa uppādo hoti tañca pajānāti, yathā ca uppannassa saṁyojanassa pahānaṁ hoti tañca pajānāti, yathā ca pahīnassa saṁyojanassa āyatiṁ anuppādo hoti tañca pajānāti.

Sotañca pajānāti, sadde ca pajānāti, yañca tadubhayaṁ paṭicca uppajjati saṁyojanaṁ tañca pajānāti, yathā ca anuppannassa saṁyojanassa uppādo hoti tañca pajānāti, yathā ca uppannassa saṁyojanassa pahānaṁ hoti tañca pajānāti, yathā ca pahīnassa saṁyojanassa āyatiṁ anuppādo hoti tañca pajānāti.

Ghānañca pajānāti, gandhe ca pajānāti, yañca tadubhayaṁ paṭicca uppajjati saṁyojanaṁ tañca pajānāti, yathā ca anuppannassa saṁyojanassa uppādo hoti tañca pajānāti, yathā ca uppannassa saṁyojanassa pahānaṁ hoti tañca pajānāti, yathā ca pahīnassa saṁyojanassa āyatiṁ anuppādo hoti tañca pajānāti.

Jivhañca pajānāti, rase ca pajānāti, yañca tadubhayaṁ paṭicca uppajjati saṁyojanaṁ tañca pajānāti, yathā ca anuppannassa saṁyojanassa uppādo hoti tañca pajānāti, yathā ca uppannassa saṁyojanassa pahānaṁ hoti tañca pajānāti, yathā ca pahīnassa saṁyojanassa āyatiṁ anuppādo hoti tañca pajānāti.

Kāyañca pajānāti, phoṭṭhabbe ca pajānāti, yañca tadubhayaṁ paṭicca uppajjati saṁyojanaṁ tañca pajānāti, yathā ca anuppannassa saṁyojanassa uppādo hoti tañca pajānāti, yathā ca uppannassa saṁyojanassa pahānaṁ hoti tañca pajānāti, yathā ca pahīnassa saṁyojanassa āyatiṁ anuppādo hoti tañca pajānāti.

Manañca pajānāti, dhamme ca pajānāti, yañca tadubhayaṁ paṭicca uppajjati saṁyojanaṁ tañca pajānāti, yathā ca anuppannassa saṁyojanassa uppādo hoti tañca pajānāti, yathā ca uppannassa saṁyojanassa pahānaṁ hoti tañca pajānāti, yathā ca pahīnassa saṁyojanassa āyatiṁ anuppādo hoti tañca pajānāti.

Iti ajjhattaṁ vā dhammesu dhammānupassī viharati, bahiddhā vā dhammesu dhammānupassī viharati, ajjhattabahiddhā vā dhammesu dhammānupassī viharati. Samudayadhammānupassī vā dhammesu viharati, vayadhammānupassī vā dhammesu viharati, samudayavayadhammānupassī vā dhammesu viharati. 'Atthi dhammā'ti vā panassa sati paccupaṭṭhitā hoti yāvadeva ñāṇamattāya paṭissatimattāya, anissito ca viharati, na ca kiñci loke upādiyati. Evampi kho, bhikkhave, bhikkhu dhammesu dhammānupassī viharati chasu ajjhattikabāhiresu āyatanesu.

Āyatanapabbaṁ niṭṭhitaṁ.

4. 법 거듭관찰 (3) 감각장소의 장

Bhikkhave비구들이여, puna ca또한 aparaṁ다른 관찰모습이, bhikkhu비구는 chasu여섯 가지 ajjhattikabāhiresu내부의 상속과 외부의 상속에서 생겨나는 āyatanesu감각장소라는 dhammesu법들에 대해 dhammānupassī중생이나 영혼이 아닌 성품법일 뿐이라고 관찰하면서 viharati지낸다.

Bhikkhave비구들이여, bhikkhu비구가 chasu여섯 가지 ajjhattikabāhiresu내부의 상속과 외부의 상속에서 생겨나는 āyatanesu감각장소라는 dhammesu법들에 대해 kathañca어떻게 dhammānupassī중생이나 영혼이 아닌 성품법일 뿐이라고 관찰하면서 viharati pana지내는가?

Bhikkhave비구들이여, idha bhikkhu이 가르침에서 비구는; 이 가르침에서 수행하고 있는 이는 cakkhuñca눈 감성물질이라는 눈도 pajānāti안다. rūpe ca형색 물질도 pajānāti안다. tadubhayaṁ눈과 형색, 그 둘을 paṭicca조건하여 yañca saṁyojanaṁ어떤 열 가지 족쇄도 uppajjati생겨나는데❶ tañca그렇게 생겨나는 족쇄도 pajānāti안다.

Ca또한 anuppannassa saṁyojanassa아직 생겨나지 않은 족쇄가 uppādo생겨나는 것은[205] yathā비합리적 마음기울임이라는 원인 때문hoti인데 tañca그 비합리적 마음기울임이라는 원인도 pajānāti안다.

Ca또한 uppannassa saṁyojanassa이미 생겨난 족쇄를 pahānaṁ부분제거와 억압제거를 통해 제거하는 것은 yathā합리적 마음기울임이라는 원인 때문hoti인데 tañca그 합리적 마음기울임이라는 원인도 pajānāti안다.

Ca또한 pahīnassa saṁyojanassa부분제거와 억압제거를 통해 제거된 족쇄가

205 앞서 장애의 장에서는 '지금 새로 생겨나는 것은'이라고 번역하였으나 여기서는 저본을 따라 '지금 새로'라는 구절을 생략하였다.

āyatiṁ anuppādo나중에 다시 생겨나지 않는 것은 yathā성스러운 도라는 원인 때문hoti인데 tañca그 성스러운 도라는 원인도 pajānāti안다.[2]

Sotañca귀 감성물질이라는 귀도 pajānāti안다. sadde ca소리도 pajānāti안다. tadubhayaṁ귀와 소리, 그 둘을 paṭicca조건하여 yañca saṁyojanaṁ어떤 열 가지 족쇄도 uppajjati생겨나는데 tañca그렇게 생겨나는 족쇄도 pajānāti안다.

〔yathā ca 등은 앞과 동일하다.〕

Ghānañca코 감성물질이라는 코도 pajānāti안다. gandhe ca냄새도 pajānāti안다. tadubhayaṁ코와 냄새, 그 둘을 paṭicca조건하여 yañca saṁyojanaṁ어떤 열 가지 족쇄도 uppajjati생겨나는데 tañca그렇게 생겨나는 족쇄도 pajānāti안다.

〔yathā ca 등은 앞과 동일하다.〕

Jivhañca혀 감성물질이라는 혀도 pajānāti안다. rase ca맛도 pajānāti안다. tadubhayaṁ혀와 맛, 그 둘을 paṭicca조건하여 yañca saṁyojanaṁ어떤 열 가지 족쇄도 uppajjati생겨나는데 tañca그렇게 생겨나는 족쇄도 pajānāti안다.

〔yathā ca 등은 앞과 동일하다.〕

Kāyañca몸 감성물질이라는 몸도 pajānāti안다. phoṭṭhabbe ca감촉도 pajānāti안다. tadubhayaṁ몸과 감촉, 그 둘을 paṭicca조건하여 yañca saṁyojanaṁ어떤 열 가지 족쇄도 uppajjati생겨나는데 tañca그렇게 생겨나는 족쇄도 pajānāti안다.

〔yathā ca 등은 앞과 동일하다.〕

Manañca마음 감각장소라는 마음도 pajānāti안다. dhamme ca법 감각장소라는 성품법도 pajānāti안다.[3] tadubhayaṁ마음과 성품법, 그 둘을 paṭicca조건하여 yañca saṁyojanaṁ어떤 열 가지 족쇄도 uppajjati생겨나는데 tañca그렇게 생겨나는 족쇄도 pajānāti안다.

Ca또한 anuppannassa saṁyojanassa아직 생겨나지 않은 족쇄가 uppādo생겨나는 것은 yathā비합리적 마음기울임이라는 원인 때문hoti인데 tañca그 비합리적 마음기울임이라는 원인도 pajānāti안다.

Ca또한 uppannassa saṁyojanassa이미 생겨난 족쇄를 pahānaṁ부분제거와 억압제거를 통해 제거하는 것은 yathā합리적 마음기울임이라는 원인 때문hoti인데 tañca그 합리적 마음기울임이라는 원인도 pajānāti안다.

Ca또한 pahīnassa saṁyojanassa부분제거와 억압제거를 통해 제거된 족쇄가 āyatiṁ anuppādo나중에 다시 생겨나지 않는 것은 yathā성스러운 도라는 원인 때문hoti인데 tañca그 성스러운 도라는 원인도 pajānāti안다.

Iti이렇게 말한 방법을 통해 ajjhattaṁ vā dhammesu내부인 자신의 감각장소라는 법들에 대해서도 dhammānupassī viharati중생이나 영혼이 아닌 성품법일 뿐이라고 관찰하면서 지낸다. bahiddhā vā dhammesu외부인 다른 이의 감각장소라는 법들에 대해서도 dhammānupassī viharati중생이나 영혼이 아닌 성품법일 뿐이라고 관찰하며 지낸다. ajjhattabahiddhā vā dhammesu때로는 자신의 감각장소라는 법들에 대해서, 때로는 남의 감각장소라는 법들에 대해서도 dhammānupassī viharati중생이나 영혼이 아닌 성품법일 뿐이라고 관찰하며 지낸다.

Dhammesu감각장소라는 법들에 대해 samudayadhammānupassī vā viharati생겨나게 하는 원인법과 생겨남의 성품을 관찰하면서도 지낸다. dhammesu감각장소라는 법들에 대해 vayadhammānupassī vā viharati사라지게 하는 원인법과 사라짐의 성품을 관찰하면서도 지낸다. dhammesu감각장소라는 법들에 대해 samudayavayadhammānupassī vā viharati생겨나게 하는 원인법과 사라지게 하는 원인법, 생겨남과 사라짐의 성품을 관찰하면서도 지낸다.

Vā pana그리고 혹은; 새김이 드러나는 모습의 또 다른 방법은 'atthi dhammā'ti'중생이나 영혼이 아닌 성품법들만 존재한다'라고 assa sati그 비구의 새김이 paccupaṭṭhitā hoti현전한다. sā sati그렇게 현전한 새김은 yāvadeva ñāṇamattāya지혜를 단계적으로 향상시키기만 한다. yāvadeva paṭissatimattāya되새김을 단계적으로 향상시키기만 한다.

So bhikkhu새겨 아는 그 비구는 anissito ca또한 갈애나 사견으로 의지하지 않고 viharati지낸다. loke다섯 취착무더기라는 세상 중에 kiñci어떠한 물질, 느낌, 인식, 형성, 의식도 na ca upādiyati자아나 나의 것이라고 갈애와 사견으로 더 이상 집착하지 않는다.

Bhikkhave비구들이여, bhikkhu비구는 evampi kho이와 같이; 이렇게 설명한 대로 chasu여섯 가지 ajjhattikabāhiresu내부와 외부의 āyatanesu감각장소라는 dhammesu법들에 대해 dhammānupassī viharati중생이나 영혼이 아닌 성품법일 뿐이라고 관찰하면서 지낸다.

Āyatanapabbaṁ감각장소의 장이 niṭṭhitaṁ끝났다.

4. 법 거듭관찰 (3) 감각장소의 장에 대한 해설

❶ yañca saṁyojanaṁ 어떤 열 가지 족쇄도 uppajjati 생겨나는데

다섯대상 애착이 욕망의 족쇄 ||
세가지생 집착이 존재의 족쇄 ||
성냄분노 화냄이 적의의 족쇄 ||
자신훌륭 생각이 자만의 족쇄 ||
정신물질 나집착 사견의 족쇄 ||
바른법을 안믿어 의심의 족쇄 ||
정도없이 행복해 계금취 족쇄 ||
타인번영 못참아 질투의 족쇄 ||
자신번영 안나눠 인색의 족쇄 ||
네진리를 모름이 무명의 족쇄 || [206]
윤전고에 얽어매 논장열 족쇄 || [207]

206 '정도없이 행복해'의 정도正道란 팔정도를 뜻한다. 팔정도가 포함되지 않은 실천을 닦아서 행복할 것이라고 믿고 결정하는 것이 계금취戒禁取라는 행실의례집착의 족쇄라는 뜻이다. 질투는 타인의 번영을 참지 못하는 성품이고, 인색은 자신의 번영을 다른 사람과 나누는 것을 참지 못하는 성품이다.

207 Vaṭṭasmiṁ saṁyojenti bandhantīti saṁyojanāni(윤전에 얽어맨다, 묶는다. 그래서 '족쇄'라고 한다; ItA.329). 족쇄가 아직 남아 있는 이를 번뇌윤전, 업윤전, 과보윤전이라는 세 가지 윤전에 얽어매고 묶는 법들을 족쇄라고 한다. 경전방법에 따르자면 ①감각욕망애착 족쇄kāmarāgasaṁyojana ②색계애착 족쇄rūparāgasaṁyojana ③무색계애착 족쇄arūparāgasaṁyojana ④적의 족쇄paṭighasaṁyojana ⑤자만 족쇄mānasaṁyojana ⑥사견 족쇄diṭṭhisaṁyojana ⑦행실의례집착 족쇄sīlabbataparāmāsasaṁyojana ⑧의심 족쇄vicikicchāsaṁyojana ⑨들뜸 족쇄uddhaccasaṁyojana ⑩무명 족쇄avijjāsaṁyojana의 열 가지이고, 아비담마 방법에 따르자면 ②색계애착 족쇄와 ③무색계애착 족쇄와 ⑨들뜸이 빠지고 대신 존재애착 족쇄bhavarāgasaṁyojana와 질투 족쇄issāsaṁyojana와 인색 족쇄macchariyasaṁyojana가 포함된다.

❷ pahīnassa saṁyojanassa부분제거와 억압제거를 통해 제거된 족쇄가 āyatiṁ anuppādo나중에 다시 생겨나지 않는 것은 yathā성스러운 도라는 원인 때문hoti인데 tañca그 성스러운 도라는 원인도 pajānāti안다.

사견, 의심, 행실의례집착, 질투, 인색이라는 이 다섯 가지 족쇄는 수다원 도로써 다시 생겨날 수 없게 소멸시킨다. 그 수다원 도를 수다원들은 직접 안다. 거친 감각욕망애착과 거친 적의 족쇄는 사다함 도로써 완전히 소멸시킨다. 그 사다함 도를 사다함들은 직접 안다. 미세한 감각욕망애착과 미세한 적의 족쇄는 아나함 도로써 완전히 소멸시킨다. 그 아나함 도를 아나함들은 직접 안다. 자만, 존재애착, 무명이라는 세 가지 족쇄는 아라한 도로써 완전히 소멸시킨다. 그 아라한 도를 아라한들은 직접 안다는 뜻이다.

사견의심 계금취 질투인색 멸수다||
감각욕망 애착과 적의족쇄 멸아나||
존재애착 자만과 무명족쇄 멸아라||[208]

❸ manañca마음 감각장소라는 마음도 pajānāti안다. dhamme ca법 감각장소라는 성품법도 pajānāti안다.

이 마음 감각장소manāyatana, 법 감각장소dhammāyatana는 위빳사나의 대상이 되기 때문에 세간만을 취해야 한다.

208 저본의 게송이 한국어로 그대로 옮기기에 적당하지 않아 약간 변형하여 번역하였다. '멸수다'란 '수다원에서 멸한다'라는 뜻이다. 나머지도 같은 방법으로 알기 바란다.

Puna caparaṁ, bhikkhave, bhikkhu dhammesu dhammānupassī viharati sattasu bojjhaṅgesu. Kathañca pana, bhikkhave, bhikkhu dhammesu dhammānupassī viharati sattasu bojjhaṅgesu? Idha, bhikkhave, bhikkhu santaṁ vā ajjhattaṁ satisambojjhaṅgaṁ 'atthi me ajjhattaṁ satisambojjhaṅgo'ti pajānāti, asantaṁ vā ajjhattaṁ satisambojjhaṅgaṁ 'natthi me ajjhattaṁ satisambojjhaṅgo'ti pajānāti, yathā ca anuppannassa satisambojjhaṅgassa uppādo hoti tañca pajānāti, yathā ca uppannassa satisambojjhaṅgassa bhāvanāya pāripūrī hoti tañca pajānāti.

Santaṁ vā ajjhattaṁ dhammavicayasambojjhaṅgaṁ 'atthi me ajjhattaṁ dhammavicayasambojjhaṅgo'ti pajānāti, asantaṁ vā ajjhattaṁ dhammavicayasambojjhaṅgaṁ 'natthi me ajjhattaṁ dhammavicayasambojjhaṅgo'ti pajānāti, yathā ca anuppannassa dhammavicayasambojjhaṅgassa uppādo hoti tañca pajānāti, yathā ca uppannassa dhammavicayasambojjhaṅgassa bhāvanāya pāripūrī hoti tañca pajānāti.

Santaṁ vā ajjhattaṁ vīriyasambojjhaṅgaṁ 'atthi me ajjhattaṁ vīriyasambojjhaṅgo'ti pajānāti, asantaṁ vā ajjhattaṁ vīriyasambojjhaṅgaṁ 'natthi me ajjhattaṁ vīriyasambojjhaṅgo'ti pajānāti, yathā ca anuppannassa vīriyasambojjhaṅgassa uppādo hoti tañca pajānāti, yathā ca uppannassa vīriyasambojjhaṅgassa bhāvanāya pāripūrī hoti tañca pajānāti.

Santaṁ vā ajjhattaṁ pītisambojjhaṅgaṁ 'atthi me ajjhattaṁ

pītisambojjhaṅgo'ti pajānāti, asantaṁ vā ajjhattaṁ pītisambojjhaṅgaṁ 'natthi me ajjhattaṁ pītisambojjhaṅgo'ti pajānāti, yathā ca anuppannassa pītisambojjhaṅgassa uppādo hoti tañca pajānāti, yathā ca uppannassa pītisambojjhaṅgassa bhāvanāya pāripūrī hoti tañca pajānāti.

Santaṁ vā ajjhattaṁ passaddhisambojjhaṅgaṁ 'atthi me ajjhattaṁ passaddhisambojjhaṅgo'ti pajānāti, asantaṁ vā ajjhattaṁ passaddhisambojjhaṅgaṁ 'natthi me ajjhattaṁ passaddhisambojjhaṅgo'ti pajānāti, yathā ca anuppannassa passaddhisambojjhaṅgassa uppādo hoti tañca pajānāti, yathā ca uppannassa passaddhisambojjhaṅgassa bhāvanāya pāripūrī hoti tañca pajānāti.

Santaṁ vā ajjhattaṁ samādhisambojjhaṅgaṁ 'atthi me ajjhattaṁ samādhisambojjhaṅgo'ti pajānāti, asantaṁ vā ajjhattaṁ samādhisambojjhaṅgaṁ 'natthi me ajjhattaṁ samādhisambojjhaṅgo'ti pajānāti, yathā ca anuppannassa samādhisambojjhaṅgassa uppādo hoti tañca pajānāti, yathā ca uppannassa samādhisambojjhaṅgassa bhāvanāya pāripūrī hoti tañca pajānāti.

Santaṁ vā ajjhattaṁ upekkhāsambojjhaṅgaṁ 'atthi me ajjhattaṁ upekkhāsambojjhaṅgo'ti pajānāti, asantaṁ vā ajjhattaṁ upekkhāsambojjhaṅgaṁ 'natthi me ajjhattaṁ upekkhāsambojjhaṅgo'ti pajānāti, yathā ca anuppannassa upekkhāsambojjhaṅgassa uppādo hoti tañca pajānāti, yathā ca uppannassa upekkhāsambojjhaṅgassa bhāvanāya pāripūrī hoti tañca pajānāti.

Iti ajjhattaṁ vā dhammesu dhammānupassī viharati, bahiddhā vā dhammesu dhammānupassī viharati, ajjhattabahiddhā vā dhammesu dhammānupassī viharati. Samudayadhammānupassī vā dhammesu viharati, vayadhammānupassī vā dhammesu viharati, samudayavayadhammānupassī vā dhammesu viharati. 'Atthi dhammā'ti vā panassa sati paccupaṭṭhitā hoti yāvadeva ñāṇamattāya paṭissatimattāya anissito ca viharati, na ca kiñci loke upādiyati. Evampi kho, bhikkhave, bhikkhu dhammesu dhammānupassī viharati sattasu bojjhaṅgesu.

Bojjhaṅgapabbaṁ niṭṭhitaṁ.[209]

4. 법 거듭관찰 (4) 깨달음 구성요소의 장

Bhikkhave비구들이여, puna ca또한 aparaṁ다른 관찰모습이, bhikkhu비구는 sattasu일곱 가지 bojjhaṅgesu사성제를 알게 하는 것이어서 깨달음 구성요소라고 하는❶ dhammesu법들에 대해 dhammānupassī중생이나 영혼이 아닌 성품법일 뿐이라고 관찰하면서 viharati지낸다.

Bhikkhave비구들이여, bhikkhu비구가 sattasu bojjhaṅgesu dhammesu일곱 가지 깨달음 구성요소라는 법들에 대해 kathañca어떻게 dhammānupassī중생이나 영혼이 아닌 성품법일 뿐이라고 관찰하면서 viharati pana지내는가?

Bhikkhave비구들이여, idha bhikkhu이 가르침에서 비구는; 이 가르침에서 수행하고 있는 이는 ajjhattaṁ자신의 내부 상속에 santaṁ vā satisambojjhaṅgaṁ있는 새김 깨달음 구성요소도❷; 새김 깨달음 구성요소가 있어도; 새김 깨달

209 bojjhaṅgapabbaṁ niṭṭhitaṁ, paṭhamabhāṇavāraṁ(syā.).

음 구성요소가 생겨나도 'me나의 ajjhattaṁ내부 상속에 satisambojjhaṅgo atthi'ti 새김 깨달음 구성요소가 있다; 새김 깨달음 구성요소가 생겨난다'라고 pajānāti안다. ajjhattaṁ자신의 내부 상속에 asantaṁ vā satisambojjhaṅgaṁ없는 새김 깨달음 구성요소도; 새김 깨달음 구성요소가 없어도; 새김 깨달음 구성요소가 생겨나지 않아도 'me나의 ajjhattaṁ내부 상속에 satisambojjhaṅgo natthi'ti 새김 깨달음 구성요소가 없다; 새김 깨달음 구성요소가 생겨나지 않는다'라고 pajānāti안다.

Ca또한 anuppannassa satisambojjhaṅgassa아직 생겨나지 않은 새김 깨달음 구성요소가 uppādo생겨나는 것은 yathā합리적 마음기울임이라는 원인 때문hoti인데 tañca그 합리적 마음기울임이라는 원인도 pajānāti안다.❸

Ca또한 uppannassa satisambojjhaṅgassa이미 생겨난 새김 깨달음 구성요소가; 새김 깨달음 구성요소를 bhāvanāya pāripūrī수행하는 것의 온전한 성취는; 수행하는 것의 완전한 성취는 yathā아라한 도라는 원인 때문hoti인데 tañca그 아라한 도라는 원인도 pajānāti안다.❹

Ajjhattaṁ자신의 내부 상속에 santaṁ vā dhammavicayasambojjhaṅgaṁ있는 법 간택 깨달음 구성요소도❺; 법 간택 깨달음 구성요소가 있어도; 법 간택 깨달음 구성요소가 생겨나도 'me나의 ajjhattaṁ내부 상속에 dhammavicayasambojjhaṅgo atthi'ti법 간택 깨달음 구성요소가 있다; 법 간택 깨달음 구성요소가 생겨난다'라고 pajānāti안다. ajjhattaṁ자신의 내부 상속에 asantaṁ vā dhammavicayasambojjhaṅgaṁ없는 법 간택 깨달음 구성요소도; 법 간택 깨달음 구성요소가 없어도; 법 간택 깨달음 구성요소가 생겨나지 않아도 'me나의 ajjhattaṁ내부 상속에 dhammavicayasambojjhaṅgo natthi'ti법 간택 깨달음 구성요소가 없다; 법 간택 깨달음 구성요소가 생겨나지 않는다'라고 pajānāti안다. ('yathā ca' 등의 두 구절은 새김 깨달음 구성요소에 대한 내용과 동일하다. 새김 깨달음 구성요소 대신에 법 간택 깨달음 구성요소가 들어

가는 것만 달라진다.〕

Ajjhattaṁ 자신의 내부 상속에 santaṁ vā vīriyasambojjhaṅgaṁ 있는 정진 깨달음 구성요소도❻; 정진 깨달음 구성요소가 있어도; 정진 깨달음 구성요소가 생겨나도 'me 나의 ajjhattaṁ 내부 상속에 vīriyasambojjhaṅgo atthi'ti 정진 깨달음 구성요소가 있다; 정진 깨달음 구성요소가 생겨난다'라고 pajānāti 안다. ajjhattaṁ 자신의 내부 상속에 asantaṁ vā vīriyasambojjhaṅgaṁ 없는 정진 깨달음 구성요소도; 정진 깨달음 구성요소가 없어도; 정진 깨달음 구성요소가 생겨나지 않아도 'me 나의 ajjhattaṁ 내부 상속에 vīriyasambojjhaṅgo natthi'ti 정진 깨달음 구성요소가 없다; 정진 깨달음 구성요소가 생겨나지 않는다'라고 pajānāti 안다. 〔'yathā ca' 등의 두 구절은 새김 깨달음 구성요소에 대한 내용과 동일하다. 새김 깨달음 구성요소 대신에 정진 깨달음 구성요소가 들어가는 것만 달라진다.〕

Ajjhattaṁ 자신의 내부 상속에 santaṁ vā pītisambojjhaṅgaṁ 있는 희열 깨달음 구성요소도❼; 희열 깨달음 구성요소가 있어도; 희열 깨달음 구성요소가 생겨나도 'me 나의 ajjhattaṁ 내부 상속에 pītisambojjhaṅgo atthi'ti 희열 깨달음 구성요소가 있다; 희열 깨달음 구성요소가 생겨난다'라고 pajānāti 안다. ajjhattaṁ 자신의 내부 상속에 asantaṁ vā pītisambojjhaṅgaṁ 없는 희열 깨달음 구성요소도; 희열 깨달음 구성요소가 없어도; 희열 깨달음 구성요소가 생겨나지 않아도 'me 나의 ajjhattaṁ 내부 상속에 pītisambojjhaṅgo natthi'ti 희열 깨달음 구성요소가 없다; 희열 깨달음 구성요소가 생겨나지 않는다'라고 pajānāti 안다. 〔'yathā ca' 등의 두 구절은 새김 깨달음 구성요소에 대한 내용과 동일하다. 새김 깨달음 구성요소 대신에 희열 깨달음 구성요소가 들어가는 것만 달라진다.〕

Ajjhattaṁ 자신의 내부 상속에 santaṁ vā passaddhisambojjhaṅgaṁ 있는 경안 깨달음 구성요소도❽; 경안 깨달음 구성요소가 있어도; 경안 깨달음 구성요소가 생겨나도 'me나의 ajjhattaṁ내부 상속에 passaddhisambojjhaṅgo atthi'ti경안 깨달음 구성요소가 있다; 경안 깨달음 구성요소가 생겨난다'라고 pajānāti안다. ajjhattaṁ자신의 내부 상속에 asantaṁ vā passaddhisambojjhaṅgaṁ없는 경안 깨달음 구성요소도; 경안 깨달음 구성요소가 없어도; 경안 깨달음 구성요소가 생겨나지 않아도 'me나의 ajjhattaṁ내부 상속에 passaddhisambojjhaṅgo natthi'ti경안 깨달음 구성요소가 없다; 경안 깨달음 구성요소가 생겨나지 않는다'라고 pajānāti안다. ('yathā ca' 등의 두 구절은 새김 깨달음 구성요소에 대한 내용과 동일하다. 새김 깨달음 구성요소 대신에 경안 깨달음 구성요소가 들어가는 것만 달라진다.)

Ajjhattaṁ자신의 내부 상속에 santaṁ vā samādhisambojjhaṅgaṁ있는 삼매 깨달음 구성요소도[9]; 삼매 깨달음 구성요소가 있어도; 삼매 깨달음 구성요소가 생겨나도 'me나의 ajjhattaṁ내부 상속에 samādhisambojjhaṅgo atthi'ti삼매 깨달음 구성요소가 있다; 삼매 깨달음 구성요소가 생겨난다'라고 pajānāti안다. ajjhattaṁ자신의 내부 상속에 asantaṁ vā samādhisambojjhaṅgaṁ없는 삼매 깨달음 구성요소도; 삼매 깨달음 구성요소가 없어도; 삼매 깨달음 구성요소가 생겨나지 않아도 'me나의 ajjhattaṁ내부 상속에 samādhisambojjhaṅgo natthi'ti삼매 깨달음 구성요소가 없다; 삼매 깨달음 구성요소가 생겨나지 않는다'라고 pajānāti안다. ('yathā ca' 등의 두 구절은 새김 깨달음 구성요소에 대한 내용과 동일하다. 새김 깨달음 구성요소 대신에 삼매 깨달음 구성요소가 들어가는 것만 달라진다.)

Ajjhattaṁ자신의 내부 상속에 santaṁ vā upekkhāsambojjhaṅgaṁ있는 평온 깨달음 구성요소도[10]; 평온 깨달음 구성요소가 있어도; 평온 깨달음 구성요소가 생겨나도 'me나의 ajjhattaṁ내부 상속에 upekkhāsambojjhaṅgo atthi'ti평온 깨달음 구성요소가 있다; 평온 깨달음 구성요소가 생겨난다'라고 pajānāti안다. ajjhattaṁ자신의 내부 상속에 asantaṁ vā upekkhāsambojjhaṅgaṁ없는 평온 깨달음 구성요소도; 평온 깨달음 구성요소가 없어도; 평온 깨달음 구성요소가 생겨나지 않아도 'me나의 ajjhattaṁ내부 상속에 upekkhāsambojjhaṅgo natthi'ti평온 깨달음 구성요소가 없다; 평온 깨달음 구성요소가 생겨나지 않는다'라고 pajānāti안다.

Ca또한 anuppannassa upekkhāsambojjhaṅgassa아직 생겨나지 않은 평온 깨달음 구성요소가 uppādo생겨나는 것은 yathā합리적 마음기울임이라는 원인 때문 hoti인데 tañca그 합리적 마음기울임이라는 원인도 pajānāti안다.

Ca또한 uppannassa upekkhāsambojjhaṅgassa이미 생겨난 평온 깨달음 구성요소가; 평온 깨달음 구성요소를 bhāvanāya pāripūrī수행하는 것의 온전한 성취는; 수행하는 것의 완전한 성취는 yathā아라한 도라는 원인 때문hoti인데 tañca그 아라한 도라는 원인도 pajānāti안다.

Iti이렇게 말한 방법을 통해 ajjhattaṁ vā dhammesu내부인 자신의 깨달음 구성요소라는 법들에 대해서도 dhammānupassī viharati중생이나 영혼이 아닌 성품법일 뿐이라고 관찰하면서 지낸다. bahiddhā vā dhammesu외부인 다른 이의 깨달음 구성요소라는 법들에 대해서도 dhammānupassī viharati중생이나 영혼이 아닌 성품법일 뿐이라고 관찰하며 지낸다. ajjhattabahiddhā vā dhammesu때로는 자신의 깨달음 구성요소라는 법들에 대해서, 때로는 남의 깨달음 구성요소라는 법들에 대해서도 dhammānupassī viharati중생이나 영혼이 아닌 성품법일 뿐이라고 관찰하며 지낸다.

Dhammesu깨달음 구성요소라는 법들에 대해 samudayadhammānupassī vā viharati생겨나게 하는 원인법과 생겨남의 성품을 관찰하면서도 지낸다. dhammesu 깨달음 구성요소라는 법들에 대해 vayadhammānupassī vā viharati사라지게 하는 원인법과 사라짐의 성품을 관찰하면서도 지낸다. dhammesu깨달음 구성요소라는 법들에 대해 samudayavayadhammānupassī vā viharati생겨나게 하는 원인법과 사라지게 하는 원인법, 생겨남과 사라짐의 성품을 관찰하면서도 지낸다.

Vā pana그리고 혹은; 새김이 드러나는 모습의 또 다른 방법은 'atthi dhammā'ti '중생이나 영혼이 아닌 성품법들만 존재한다'라고 assa sati그 비구의 새김이 paccupaṭṭhitā hoti현전한다. sā sati그렇게 현전한 새김은 yāvadeva ñāṇamattāya지혜를 단계적으로 향상시키기만 한다. yāvadeva paṭissatimattāya되새김을 단계적으로 향상시키기만 한다.

So bhikkhu새겨 아는 그 비구는 anissito ca또한 갈애나 사견으로 의지하지 않고 viharati지낸다고 말한다. loke다섯 취착무더기라는 세상 중에 kiñci어떠한 물질, 느낌, 인식, 형성, 의식도 na ca upādiyati자아나 나의 것이라고 갈애와 사견으로 더 이상 집착하지 않는다.

Bhikkhave비구들이여, bhikkhu비구는 evampi kho이와 같이; 이렇게 설명한 대로 sattasu일곱 가지 bojjhaṅgesu깨달음 구성요소라는 dhammesu법들에 대해 dhammānupassī viharati중생이나 영혼이 아닌 성품법일 뿐이라고 관찰하면서 지낸다.

Bojjhaṅgapabbaṁ깨달음 구성요소의 장이 niṭṭhitaṁ끝났다.

4. 법 거듭관찰 (4) 깨달음 구성요소의 장에 대한 해설

❶ bojjhaṅgesu사성제를 알게 하는 것이어서 깨달음 구성요소라고 하는

먼저 'sambodhi'라는 단어는 'saṁ 잘; 스스로' + 'bodhi 아는 이; 알게 하는 법의 무더기'라고 분석을 할 수 있다. 그렇다면 먼저 'sambodhi 잘 아는 이; 스스로 아는 이'라고 결합해서 해석한다면 생멸의 지혜 등을 구족한 위빳사나 수행자를 말한다고 할 수 있다. 혹은 'sambodhi 잘 알게 하는 법 무더기; 스스로 알게 하는 법 무더기'라고 결합해서 해석한다면 깨달음 동반법bodhipakkhiya dhamma을 말한다고 할 수 있다.

'sambojjhaṅga'라는 단어는 'sambodhi 잘 알고 스스로 아는 이; 잘 알게 하고 스스로 알게 하는 법 무더기인 깨달음 동반법' + 'aṅga 구성요소; 부분'으로 분석할 수 있다. 그렇다면 먼저 '잘 알고 스스로 아는 이'와 결합해서 해석한다면 'sambojjhaṅga 잘 아는 이가 되게 하는 원인법, 스스로 아는 이가 되게 하는 원인법'이란 뜻이고, 이것은 생멸의 지혜를 시작으로 위빳사나의 순간이나 도의 순간에 네 가지 진리를 잘 알게 하거나 스스로 알게 하는 원인법이라는 의미다. 혹은 '잘 알게 하고 스스로 알게 하는 법 무더기인 깨달음 동반법'과 결합해서 해석한다면 'sambojjhaṅga 잘 알게 하고 스스로 알게 하는 법 무더기의 구성요소나 부분'이라는 뜻이고, 이것은 생멸의 지혜를 시작으로 위빳사나의 순간이나 도의 순간에 네 가지 진리를 잘 알게 하거나 스스로 알게 하는 법 무더기 중의 한 부분, 구성요소라는 의미다.

❷ satisambojjhaṅgaṁ새김 깨달음 구성요소

새김sati, 바로 그것이 네 가지 진리를 아는 것의 원인이기 때문에, 또는 네 가지 진리를 알게 하는 원인법인 법 무더기 중의 한 부분이기 때문에 새김 깨달음 구성요소satisambojjhaṅga라고 한다.

❸ anuppannassa satisambojjhaṅgassa아직 생겨나지 않은 새김 깨달음 구성요소가 uppādo생겨나는 것은 yathā합리적 마음기울임이라는 원인 때문 hoti인데 tañca그 합리적 마음기울임이라는 원인도 pajānāti안다.

'새김을 생겨나게 하리라, 새기리라'라고 마음 기울이는 것, 또는 그 앞의 여러 관찰과 새김들을 합리적 마음기울임yoniso manasikāra이라고 한다. 그 두 가지 합리적 마음기울임 때문에 수행자에게 새김 깨달음 구성요소가 생겨난다. 따라서 수행자는 그 합리적 마음기울임 두 가지라는 원인을 안다.[210]

❹ uppannassa satisambojjhaṅgassa이미 생겨난 새김 깨달음 구성요소가; 새김 깨달음 구성요소를 bhāvanāya pāripūrī수행하는 것의 온전한 성취는; 수행하는 것의 완전한 성취는 yathā아라한 도라는 원인 때문hoti인데 tañca그 아라한 도라는 원인도 pajānāti안다.

이 새김 깨달음 구성요소를 자기 상속에서 끊임없이 생겨나게 하는

210 각각의 깨달음 구성요소를 생겨나게 하는 원인법들에 대해서는『네 가지 마음챙기는 공부』 pp.237~257 참조.

것은[211] 아라한 도로써 완전히 성취된다. 다시 생겨나게 할 필요가 더 이상 없다. 따라서 아라한은 새김 깨달음 구성요소를 수행하는 것이 완전히 성취되었기 때문에 그 아라한 도도 직접 안다는 뜻이다.

❺ dhammavicayasambojjhaṅgaṁ 법 간택 깨달음 구성요소

'dhamma 물질과 정신이라는 법' + 'vicaya 조사하고 간택하며 아는 것' = 'dhammavicaya 물질과 정신법을 조사하고 간택하여 아는 지혜'라고 단어 분석을 할 수 있다. '이것이 물질, 이것이 정신, 이것이 생겨남, 이것이 사라짐, 이것이 항상하지 않은 성품' 등으로 확실하게 아는 지혜를 법 간택 깨달음 구성요소dhammavicayasambojjhaṅga라고 한다.

❻ vīriyasambojjhaṅgaṁ 정진 깨달음 구성요소

관찰과 새김에 포함된, 느슨하지도 않고 지나치지도 않게 잘 균형 맞춰진 노력, 애씀, 정진을 정진 깨달음 구성요소vīriyasambojjhaṅga라고 한다.

❼ pītisambojjhaṅgaṁ 희열 깨달음 구성요소

소름끼침, 전율 등을 생겨나게 하며 몸과 마음에서 분명하게 생겨나는 기쁨, 흡족함을 희열 깨달음 구성요소pītisambojjhaṅga라고 한다. 이 희열 깨달음 구성요소에는 작은 희열kuddikāpīti 등의 다섯 가지가 있다.[212]

211 미얀마어로 'bhāvanā'는 '생겨나게 하는 것'으로 번역한다. 역자는 '수행', 또는 '수행하는 것'으로 번역하였다.

212 대림스님, 『청정도론』 제1권, pp.375~377 참조.

❽ passaddhisambojjhaṅgaṁ 경안 깨달음 구성요소

관찰과 새김이 좋아졌을 때, 특별히 애쓰지 않아도 몸과 마음에 걱정이나 근심이 사라지고 편안하고 고요한 성품이 경안 깨달음 구성요소 passaddhisambojjhaṅga이다.

❾ samādhisambojjhaṅgaṁ 삼매 깨달음 구성요소

관찰하고 새기는 대상마다 꿰뚫어 들어가듯이, 계속해서 밀착하여 도달하듯이 매 순간 집중되어 머무는 것이 삼매 깨달음 구성요소 samādhisambojjhaṅga이다.

❿ upekkhāsambojjhaṅgaṁ 평온 깨달음 구성요소

관찰할 때마다 믿음과 지혜, 정진과 삼매 등의 서로서로 지나칠 수 있는 결합된 법들을 균형 맞추게 하는 성품이 평온 깨달음 구성요소 upekkhāsambojjhaṅga이다. 이 평온 깨달음 구성요소는 관찰이 좋을 때 특히 애쓰지 않아도 그 수행의 여세에 따라 저절로 새겨 알고 있는 것처럼 분명하게 생겨난다. 잘 맞추어 나아가는 두 마리 소를 재촉하지도 않고 늦추지도 않고 그냥 따라가기만 하는 달구지꾼처럼 수행자에게 분명하게 드러난다. 혹은 잘 닦여진 길 위를 좋은 차를 타고 편안하게 운전하는 것처럼 수행자에게 분명하게 드러난다.

4. Dhammānupassanā (5) Saccapabba
Uddesavāra

Puna caparaṁ, bhikkhave, bhikkhu dhammesu dhammānupassī viharati catūsu ariyasaccesu. Kathañca pana, bhikkhave, bhikkhu dhammesu dhammānupassī viharati catūsu ariyasaccesu? Idha, bhikkhave, bhikkhu 'idaṁ dukkha'nti yathābhūtaṁ pajānāti, 'ayaṁ dukkhasamudayo'ti yathābhūtaṁ pajānāti, 'ayaṁ dukkhanirodho'ti yathābhūtaṁ pajānāti, 'ayaṁ dukkhanirodhagāminī paṭipadā'ti yathābhūtaṁ pajānāti.

4. 법 거듭관찰 (5) 진리의 장
약설

Bhikkhave비구들이여, puna ca또한 aparaṁ다른 관찰모습이, bhikkhu비구는 catūsu 네 가지 ariyasaccesu성스러운 진리라는 dhammesu법들에 대해 dhammānupassī중생이나 영혼이 아닌 성품법일 뿐이라고 관찰하면서 viharati지낸다.
Bhikkhave비구들이여, bhikkhu비구가 catūsu네 가지 ariyasaccesu성스러운 진리라는 dhammesu법들에 대해 kathañca어떻게 dhammānupassī중생이나 영혼이 아닌 성품법일 뿐이라고 관찰하면서 viharati pana지내는가?
Bhikkhave비구들이여, idha bhikkhu이 가르침에서 비구는; 이 가르침에서 수행하고 있는 이는 'idaṁ생멸하고 있는 이 법이 dukkha'nti괴로움이다'라고 yathābhūtaṁ사실대로 바르게 pajānāti안다. 'ayaṁ애착하고 좋아하는 이 갈애가 dukkhasamudayo'ti괴로움을 생겨나게 하는 원인이다'라고 yathābhūtaṁ사실대로 바르게 pajānāti안다. 'ayaṁ생멸이 사라진 이 열반이라는 법이 dukkhanirodho'ti괴로움의 소멸이다'라고 yathābhūtaṁ사실대로 바르게 pajānāti안다. 'ayaṁ특별하게 알고 보는 이 도 구성요소라는 법 무더기가 dukkhanirodhagāminī paṭipadā'ti괴로움의 소멸에 이르게 하는 실천이다'라고 yathābhūtaṁ사실대로 바르게 pajānāti안다.

4. Dhammānupassanā (5) Saccapabba Niddesavāra

① Dukkhasaccakhaṇḍa

Katamañca, bhikkhave, dukkhaṁ ariyasaccaṁ? Jātipi dukkhā, jarāpi dukkhā, maraṇampi dukkhaṁ, sokaparidevadukkhadomanassupāyāsāpi dukkhā, appiyehi sampayogopi dukkho, piyehi vippayogopi dukkho, yampicchaṁ na labhati tampi dukkhaṁ, saṅkhittena pañcupādānakkhandhā[213] dukkhā.

Katamā ca, bhikkhave, jāti? Yā tesaṁ tesaṁ sattānaṁ tamhi tamhi sattanikāye jāti sañjāti okkanti abhinibbatti khandhānaṁ pātubhāvo āyatanānaṁ paṭilābho, ayaṁ vuccati, bhikkhave, jāti.

Katamā ca, bhikkhave, jarā? Yā tesaṁ tesaṁ sattānaṁ tamhi tamhi sattanikāye jarā jīraṇatā khaṇḍiccaṁ pāliccaṁ valittacatā āyuno saṁhāni indriyānaṁ paripāko, ayaṁ vuccati, bhikkhave, jarā.

Katamañca, bhikkhave, maraṇaṁ? Yaṁ tesaṁ tesaṁ sattānaṁ tamhā tamhā sattanikāyā cuti cavanatā bhedo antaradhānaṁ maccu

213 pañcupādānakkhandhāpi(ka.).

maraṇaṁ kālakiriyā khandhānaṁ bhedo kaḷevarassa nikkhepo jīvitindriyassupacchedo, idaṁ vuccati, bhikkhave, maraṇaṁ.

Katamo ca, bhikkhave, soko? Yo kho, bhikkhave, aññataraññatarena byasanena samannāgatassa aññataraññatarena dukkhadhammena phuṭṭhassa soko socanā socitattaṁ antosoko antoparisoko, ayaṁ vuccati, bhikkhave, soko.

Katamo ca, bhikkhave, paridevo? Yo kho, bhikkhave, aññataraññatarena byasanena samannāgatassa aññataraññatarena dukkhadhammena phuṭṭhassa ādevo paridevo ādevanā paridevanā ādevitattaṁ paridevitattaṁ, ayaṁ vuccati, bhikkhave paridevo.

Katamañca, bhikkhave, dukkhaṁ? Yaṁ kho, bhikkhave, kāyikaṁ dukkhaṁ kāyikaṁ asātaṁ kāyasamphassajaṁ dukkhaṁ asātaṁ vedayitaṁ, idaṁ vuccati, bhikkhave, dukkhaṁ.

Katamañca, bhikkhave, domanassaṁ? Yaṁ kho, bhikkhave, cetasikaṁ dukkhaṁ cetasikaṁ asātaṁ manosamphassajaṁ dukkhaṁ asātaṁ vedayitaṁ, idaṁ vuccati, bhikkhave, domanassaṁ.

Katamo ca, bhikkhave, upāyāso? Yo kho, bhikkhave, aññataraññatarena byasanena samannāgatassa aññataraññatarena dukkhadhammena phuṭṭhassa āyāso upāyāso āyāsitattaṁ upāyāsitattaṁ, ayaṁ vuccati, bhikkhave, upāyāso.

Katamo ca, bhikkhave, appiyehi sampayogo dukkho? Idha yassa te honti aniṭṭhā akantā amanāpā rūpā saddā gandhā rasā phoṭṭhabbā dhammā, ye vā panassa te honti anatthakāmā ahitakāmā aphāsukakāmā ayogakkhemakāmā, yā tehi saddhiṁ saṅgati samāgamo samodhānaṁ missībhāvo, ayaṁ vuccati, bhikkhave, appiyehi sampayogo dukkho.

Katamo ca, bhikkhave, piyehi vippayogo dukkho? Idha yassa te honti iṭṭhā kantā manāpā rūpā saddā gandhā rasā phoṭṭhabbā dhammā, ye vā panassa te honti atthakāmā hitakāmā phāsukakāmā yogakkhemakāmā mātā vā pitā vā bhātā vā bhaginī vā mittā vā amaccā vā ñātisālohitā vā, yā tehi saddhiṁ asaṅgati asamāgamo asamodhānaṁ amissībhāvo, ayaṁ vuccati, bhikkhave, piyehi vippayogo dukkho.

Katamañca, bhikkhave, yampicchaṁ na labhati tampi dukkhaṁ? Jātidhammānaṁ, bhikkhave, sattānaṁ evaṁ icchā uppajjati 'aho vata mayaṁ na jātidhammā assāma, na ca vata no jāti āgaccheyyā'ti. Na kho panetaṁ icchāya pattabbaṁ, idampi yampicchaṁ na labhati tampi dukkhaṁ. Jarādhammānaṁ, bhikkhave, sattānaṁ evaṁ icchā uppajjati 'aho vata mayaṁ na jarādhammā assāma, na ca vata no jarā āgaccheyyā'ti. Na kho panetaṁ icchāya pattabbaṁ, idampi yampicchaṁ na labhati tampi dukkhaṁ. Byādhidhammānaṁ, bhikkhave, sattānaṁ evaṁ icchā uppajjati 'aho vata mayaṁ na byādhidhammā assāma, na ca vata no byādhi āgaccheyyā'ti. Na kho panetaṁ icchāya pattabbaṁ, idampi yampicchaṁ na labhati tampi dukkhaṁ. Maraṇadhammānaṁ, bhikkhave, sattānaṁ evaṁ icchā uppajjati 'aho vata mayaṁ na maraṇadhammā assāma, na ca vata no maraṇaṁ āgaccheyyā'ti. Na kho panetaṁ icchāya pattabbaṁ, idampi yampicchaṁ na labhati tampi dukkhaṁ. Sokaparidevadukkhadomanassupāyāsadhammānaṁ, bhikkhave, sattānaṁ evaṁ icchā uppajjati 'aho vata mayaṁ na sokaparidevadukkhadomanassupāyāsadhammā assāma, na ca vata no sokaparidevadukkhadomanassupāyāsā[214]

214 sokaparidevadukkhadomanassupāyāsadhammā(cha.).

āgaccheyyu'nti. Na kho panetaṁ icchāya pattabbaṁ, idampi yampicchaṁ na labhati tampi dukkhaṁ.

Katame[215] ca, bhikkhave, saṅkhittena pañcupādānakkhandhā dukkhā? Seyyathidaṁ – rūpupādānakkhandho, vedanupādānakkhandho, saññupādānakkhandho, saṅkhārupādānakkhandho, viññāṇupādānakkhandho. Ime vuccanti, bhikkhave, saṅkhittena pañcupādānakkhandhā dukkhā. Idaṁ vuccati, bhikkhave, dukkhaṁ ariyasaccaṁ.

Dukkhasaccakhaṇḍaṁ niṭṭhitaṁ.

4. 법 거듭관찰 (5) 진리의 장
상설

① 괴로움의 진리

Bhikkhave비구들이여, dukkhaṁ괴로움이라는 ariyasaccaṁ성자들이 알 수 있는 진리란 katamañca무엇인가?

Jātipi새로운 생에 태어남도 dukkhā괴로움이다. jarāpi늙음도 dukkhā괴로움이다. maraṇampi죽음도 dukkhā괴로움이다. sokaparidevadukkhadomanassupāyāsāpi걱정하고 슬퍼하는 슬픔, 울고 통곡하는 비탄, 육체적 괴로움인 고통, 정신적 괴로움인 근심, 정신적 좌절감인 절망도 dukkhā괴로움이다. appiyehi sampayogopi싫어하는 중생이나 형성 대상들과 만나고 함께하는 것도 dukkhā

215 저본의 빠알리어 원문에는 'katamo'라고 되어 있고 뒤의 대역에는 'katamā'라고 되어 있다. 네인 사야도Neyin Sayadaw의 『*Thoukmahāvāpāḷito Nissaya*디가 니까야 대품 대역』 제2권, p.196에는 제6차 결집본 그대로 'katame'라고 되어 있어 이를 채택했다.

괴로움이다. piyehi vippayogopi좋아하는 중생이나 형성 대상들과 헤어지고 함께하지 못하는 것도 dukkhā괴로움이다. yampi=yenapi이유 없이 단순히 원하고 갈망하는 그 갈애로 icchaṁ원하지만 na labhati얻지 못한다. tampi그렇게 이유 없이 단순히 원하고 갈망하여 얻을 수 없는 것을 원하는 그 갈애도 dukkhā괴로움이다.❶ saṅkhittena간단히 말해서 pañcupādānakkhandhā다섯 취착무더기가 dukkhā괴로움이다.❷

Bhikkhave비구들이여, jāti태어남이란 katamā ca무엇인가? tesaṁ tesaṁ sattānaṁ 이런저런 중생들이 tamhi tamhi sattanikāye이런저런 중생 무더기에서 yā jāti제일 먼저 생겨남[216], yā sañjāti온전하게 생겨남, yā okkanti알이나 자궁에 들어감, yā abhinibbatti몸이 분명하게 생겨남, khandhānaṁ새로운 생의 무더기가 yo pātubhāvo분명하게 나타남, āyatanānaṁ눈 등의 감각장소들을 yo paṭilābho다시 얻음이 atthi있는데, bhikkhave비구들이여, ayaṁ이와 같은 성품을 jāti태어남이라고 vuccati말한다.

Bhikkhave비구들이여, jarā늙음이란 katamā ca무엇인가? tesaṁ tesaṁ sattānaṁ이런저런 중생들이 tamhi tamhi sattanikāye이런저런 중생 무더기에서 yā jarā늙음, yā jīraṇatā노쇠함, yaṁ khaṇḍiccaṁ치아가 빠짐, yaṁ pāliccaṁ머리가 희어짐, yā valittacatā피부가 주름짐, āyuno생명물질의 yaṁ saṁhāni줄어듦, indriyānaṁ눈 등의 감각기관의 yo paripāko노숙함이 atthi있는데, bhikkhave비구들이여, ayaṁ이와 같은 성품을 jarā늙음이라고 vuccati말한다.

Bhikkhave비구들이여, maraṇaṁ죽음이란 katamañca무엇인가? tesaṁ tesaṁ sattānaṁ 이런저런 중생들이 tamhā tamhā sattanikāyā이런저런 중생 무더기에서 yā cuti

216 온전하게 번역하자면 관계대명사인 yā를 포함해서 '어떤 제일 먼저 생겨남이 ~ 있는데 ~ 이것을 태어남이라고 한다'라고 해야 하나 한국어의 용법으로는 자연스럽지 않아 '어떤'이라는 해석을 하지 않았다.

떠나감, yā cavanatā떠나가는 상태[217], yo bhedo부서짐, yaṁ antaradhānaṁ사라짐, yaṁ maccu maraṇaṁ사망과 죽음, yā kālaṁ kiriyā죽음을 행함, khandhānaṁ무더기의 yo bhedo부서짐, kaḷevarassa시체를 yo nikkhepo내던짐, jīvitindriyassa생명기능의 yo upacchedo끊어짐이 atthi있는데, bhikkhave비구들이여, idaṁ이와 같은 성품을 maraṇaṁ죽음이라고 vuccati말한다.

Bhikkhave비구들이여, soko슬픔이란 katamo ca무엇인가? bhikkhave비구들이여, aññatarаññatarena이런저런 byasanena친척의 무너짐, 재산의 무너짐, 질병의 괴롭힘[218], 계의 무너짐, 견해의 무너짐이라고 하는 다섯 가지 무너짐과 samannāgatassa만나서 겪는 이나, aññatarаññatarena이런저런 dukkhadhammena괴로움을 생겨나게 하는 원인인 물건이나 행위라는 대상에 phuṭṭhassa맞닿아 괴롭힘을 당하는 이의 yo soko슬픔, yā socanā슬퍼함, ayaṁ socitattaṁ슬퍼하는 이의 상태, yo antosoko내면의 슬픔, yo antoparisoko내면의 심한 슬픔이 atthi있는데, bhikkhave비구들이여, ayaṁ이와 같은 성품을 soko슬픔이라고 vuccati말한다.

Bhikkhave비구들이여, paridevo비탄이란 katamo ca무엇인가? bhikkhave비구들이여, aññatarаññatarena이런저런 byasanena무너짐과 samannāgatassa만나서 겪는 이나, aññatarаññatarena이런저런 dukkhadhammena괴로움을 생겨나게 하는 원인인 물건이나 행위라는 대상에 phuṭṭhassa맞닿아 괴롭힘을 당하는 이의 yo ādevo 무너짐을 겪는 어떤 사람이나 어떤 물건을 대상으로 한탄하는 것, yo paridevo무너짐을 겪는 어떤 사람이나 어떤 물건의 덕목을 대상으로 비탄하는 것, yā ādevanā사람이나 물건을 대상으로 한탄하는 행위, yā paridevanā 사람이나 물건의 덕목을 말하면서 비탄하는 행위, ādevitattaṁ사람이나 물건을 대상으로 한탄하는 이의 상태, yaṁ paridevitattaṁ사람이나 물건의 덕목

217 저본의 대역에 충실하게 번역하였다.
218 저본의 대역에 따랐다.

을 말하면서 비탄하는 이의 상태가 atthi 있는데, bhikkhave 비구들이여, ayaṁ 이와 같은 성품을 paridevo 비탄이라고 vuccati 말한다.

Bhikkhave 비구들이여, dukkhaṁ 고통이란 katamañca 무엇인가? bhikkhave 비구들이여, yaṁ kāyikaṁ dukkhaṁ 육체적으로 생겨나는 괴로움인 고통, yaṁ kāyikaṁ asātaṁ 육체적으로 생겨나는 불쾌감, yaṁ kāyasamphassajaṁ dukkhaṁ 육체적 접촉에 의해서 생기는 괴로움, yaṁ asātaṁ vedayitaṁ 불쾌한 느낌이 atthi 있는데, bhikkhave 비구들이여, idaṁ 이와 같은 성품을 dukkhaṁ 고통이라고 vuccati 말한다.

Bhikkhave 비구들이여, domanassaṁ 근심이란 katamañca 무엇인가? bhikkhave 비구들이여, yaṁ cetasikaṁ dukkhaṁ 정신적으로 생겨나는 괴로움, yaṁ cetasikaṁ asātaṁ 정신적으로 생겨나는 불쾌감, yaṁ manosamphassajaṁ dukkhaṁ 정신적 접촉에 의해서 생기는 괴로움, yaṁ asātaṁ vedayitaṁ 불쾌한 느낌이 atthi 있는데, bhikkhave 비구들이여, idaṁ 이와 같은 성품을 domanassaṁ 근심이라고 vuccati 말한다.

Bhikkhave 비구들이여, upāyāso 절망이란 katamo ca 무엇인가? bhikkhave 비구들이여, aññataraññatarena 이런저런 byasanena 무너짐과 samannāgatassa 만나고 겪는 이나, aññataraññatarena 이런저런 dukkhadhammena 괴로움을 생겨나게 하는 원인인 물건이나 행위라는 대상에 phuṭṭhassa 맞닿아 괴롭힘을 당하는 이의 yo āyāso 마음의 극심한 좌절감, yo upāyāso 마음의 극심한 절망감, yaṁ āyāsitattaṁ 마음의 극심한 좌절감의 상태, yaṁ upāyāsitattaṁ 마음의 극심한 절망감의 상태가 atthi 있는데, bhikkhave 비구들이여, ayaṁ 이와 같은 성품을 upāyāso 절망이라고 vuccati 말한다.

Bhikkhave 비구들이여, appiyehi sampayogo dukkho 싫어하는 대상이나 사람과 만나서 함께해야 하는 괴로움이란 katamo ca 무엇인가? idha 이 세상에서 ye[219]

219 ㉮ 'yassa'를 'ye assa'로 나누어서 해석하라.

te rūpā saddā gandhā rasā phoṭṭhabbā dhammā어떤 형색, 소리, 냄새, 맛, 감촉, 성품법이란 대상들은 assa그가 aniṭṭhā원하는 것이 아니고 akantā좋아하는 것이 아니고 amanāpā마음을 북돋는 것이 아니고 기쁘게 하는 것이 아니어서 소중하게 생각하는 것이 아닌, 마음에 들어 하는 것이 아닌 것들honti이다.[220] ye vā pana te또는 어떤 이들은 assa그의 anatthakāmā불이익을 바라고 ahitakāmā쇠망을 바라고 aphāsukakāmā불행을 바라고 ayogakkhemakāmā위험이 없어지지 않기를 바라는 이들honti이다. tassa그의 tehi saddhiṁ싫어하는 그 대상, 그 사람들과 함께 yā saṅgati모이고 yo samāgamo함께하고 yaṁ samodhānaṁ만나고 yo missībhāvo섞여야 하는 것이 atthi있는데, bhikkhave비구들이여, ayaṁ이와 같은 성품을 appiyehi sampayogo dukkho싫어하는 대상이나 사람과 만나서 함께해야 하는 괴로움이라고 vuccati말한다.

Bhikkhave비구들이여, piyehi vippayogo dukkho좋아하는 대상이나 사람과 헤어져야 하는 괴로움이란 katamo ca무엇인가? idha이 세상에서 ye te rūpā saddā gandhā rasā phoṭṭhabbā dhammā어떤 형색, 소리, 냄새, 맛, 감촉, 성품법이란 대상들은 assa그가 iṭṭhā원하는 것이고 kantā좋아하는 것이고 manāpā마음에 들어하는 것들honti이다. ye vā pana te또는 어떤 이들은 assa그의 atthakāmā이익을 바라고 hitakāmā번영을 바라고 phāsukakāmā행복을 바라고 yogakkhemakāmā위험이 없어지기를 바라는 이들honti인데, mātā vā어머니나 pitā vā아버지나 bhātā vā형제나 bhaginī vā자매나 mittā vā친구나 amaccā vā동료나 ñātisālohitā vā친척들honti이다. tehi saddhiṁ그렇게 좋아하는 대상들이나 사람들과 함께 yā asaṅgati모이지 못하고 yo asamāgamo함께하지 못하고 yaṁ asamodhānaṁ만나지 못하고 yo amissībhāvo섞이지 못하는 것이 atthi있는데, bhikkhave비구들이여, ayaṁ이와

220 저본에는 '형색들을 ~ 어떤 이는 ~ 원하지 않는다'라고 의역하였으나 직역을 하는 것이 자연스러워 위와 같이 번역하였다.

같은 성품을 piyehi vippayogo dukkho좋아하는 대상이나 사람과 헤어져야 하는 괴로움이라고 vuccati말한다.

Bhikkhave비구들이여, yampicchaṁ na labhati tampi dukkhaṁ갈애로 원하지만 얻지 못하는 것, 그렇게 얻지 못하는 것을 원하는 괴로움이란 katamañca무엇인가? bhikkhave비구들이여, jātidhammānaṁ sattānaṁ새로운 생에 태어나는 성품이 있는 중생들에게 'mayaṁ우리들이 na jātidhammā assāma새로운 생에 다시 태어나는 성품이 없으면[221] aho vata참으로 좋을 것이다. jāti ca새로운 생에 다시 태어남도 no우리에게 na āgaccheyya오지 않으면 aho vata참으로 좋을 것이다'iti라고 evaṁ이와 같은 icchā소망이 uppajjati생겨난다. pana그러나 그렇게 소망하더라도 etaṁ그 새로운 생에 태어나지 않음을 icchāya단지 소망하는 것만으로는 na kho pattabbaṁ실로 성취할 수 없다. idampi이와 같은 성품도 yampicchaṁ na labhati tampi dukkhaṁ갈애로 원하지만 얻지 못하는 것, 그렇게 얻지 못하는 것을 원하는 괴로움이라고 한다.

Bhikkhave비구들이여, jarādhammānaṁ sattānaṁ늙는 성품이 있는 중생들에게 'mayaṁ우리들이 na jarādhammā assāma늙는 성품이 없으면 aho vata참으로 좋을 것이다. jarā ca늙음도 no우리에게 na āgaccheyya오지 않으면 aho vata참으로 좋을 것이다'iti라고 evaṁ이와 같은 icchā소망이 uppajjati생겨난다. pana그러나 그렇게 소망하더라도 etaṁ그 늙지 않음을 icchāya단지 소망하는 것만으로는 na kho pattabbaṁ실로 성취할 수 없다. idampi이와 같은 성품도 yampicchaṁ na labhati tampi dukkhaṁ갈애로 원하지만 얻지 못하는 것, 그렇게 얻지 못하는 것을 원하는 괴로움이라고 한다.

Bhikkhave비구들이여, byādhidhammānaṁ sattānaṁ병드는 성품이 있는 중생들에게 'mayaṁ우리들이 na byādhidhammā assāma병드는 성품이 없으면 aho vata참으

221 저본에는 '~ 없는 것이 참으로 좋을 것이다'라고 대역하였으나 한국어로 자연스럽게 의역하였다.

로 좋을 것이다. byādhi ca병듦도 no우리에게 na āgaccheyya오지 않으면 aho vata 참으로 좋을 것이다'iti라고 evaṁ이와 같은 icchā소망이 uppajjati생겨난다. pana그러나 그렇게 소망하더라도 etaṁ그 병들지 않음을 icchāya단지 소망하는 것만으로는 na kho pattabbaṁ실로 성취할 수 없다. idampi이와 같은 성품도 yampicchaṁ na labhati tampi dukkhaṁ갈애로 원하지만 얻지 못하는 것, 그렇게 얻지 못하는 것을 원하는 괴로움이라고 한다.

Bhikkhave비구들이여, maraṇadhammānaṁ sattānaṁ죽는 성품이 있는 중생들에게 'mayaṁ우리들이 na maraṇadhammā assāma죽는 성품이 없으면 aho vata참으로 좋을 것이다. maraṇaṁ ca죽음도 no우리에게 na āgaccheyya오지 않으면 aho vata참으로 좋을 것이다'iti라고 evaṁ이와 같은 icchā소망이 uppajjati생겨난다. pana그러나 그렇게 소망하더라도 etaṁ그 죽지 않음을 icchāya단지 소망하는 것만으로는 na kho pattabbaṁ실로 성취할 수 없다. idampi이와 같은 성품도 yampicchaṁ na labhati tampi dukkhaṁ갈애로 원하지만 얻지 못하는 것, 그렇게 얻지 못하는 것을 원하는 괴로움이라고 한다.

Bhikkhave비구들이여, sokaparidevadukkhadomanassupāyāsadhammānaṁ sattānaṁ슬퍼하고, 비탄하고, 고통스러워하고, 근심하고, 절망하는 성품이 있는 중생들에게 'mayaṁ우리들이 na sokaparidevadukkhadomanassupāyāsadhammā assāma슬퍼하고, 비탄하고, 고통스러워하고, 근심하고, 절망하는 성품이 없으면 aho vata참으로 좋을 것이다. sokaparidevadukkhadomanassupāyāsā ca슬픔과 비탄과 고통과 근심과 절망도 no우리에게 na āgaccheyya오지 않으면 aho vata참으로 좋을 것이다'iti라고 evaṁ이와 같은 icchā소망이 uppajjati생겨난다. pana그러나 그렇게 소망하더라도 etaṁ그 슬픔 없음, 비탄 없음, 고통 없음, 근심 없음, 절망 없음을 icchāya단지 소망하는 것만으로는 na kho pattabbaṁ실로 성취할 수 없다. idampi이와 같은 성품도 yampicchaṁ na labhati tampi dukkhaṁ갈애로 원하지만 얻지 못하는 것, 그렇게 얻지 못하는 것을 원하는 괴로움이라고 한다.

Bhikkhave비구들이여, saṅkhittena간단히 말해서 pañcupādānakkhandhā dukkhā다섯 취착무더기라는 괴로움이란 katame ca무엇인가? seyyathidaṁ이 취착무더기를 종류로 나타내자면 rūpupādānakkhandho물질 취착무더기가 하나, vedanupādānakkhandho느낌 취착무더기가 하나, saññupādānakkhandho인식 취착무더기가 하나, saṅkhārupādānakkhandho형성 취착무더기가 하나, viññāṇupādānakkhandho의식 취착무더기가 하나이다. bhikkhave비구들이여, ime이러한 법들을 saṅkhittena pañcupādānakkhandhā dukkhā'간단히 말해서 다섯 취착무더기라는 괴로움이다'라고 vuccanti말한다.

Bhikkhave비구들이여, idaṁ지금까지 언급했던 태어남을 시작으로 하고 다섯 취착무더기를 끝으로 하는 이러한 법들을 dukkhaṁ ariyasaccaṁ괴로움이라는 성스러운 진리라고 vuccati말한다.

Dukkhasaccakhaṇḍaṁ괴로움의 진리가 niṭṭhitaṁ끝났다.

4. 법 거듭관찰 (5) 진리의 장에 대한 해설
상설

① 괴로움의 진리에 대한 해설

❶ yampi=yenapi이유 없이 단순히 원하고 갈망하는 그 갈애로 iccham̊원하지만 na labhati얻지 못한다. tampi그렇게 이유 없이 단순히 원하고 갈망하여 얻을 수 없는 것을 원하는 그 갈애도 dukkhā괴로움이다.

이 대역은 "Yampicchanti yenapi dhammena alabbhaneyyavatthum̊ icchanto na labhati, tam̊ alabbhaneyya vatthumhi icchanam̊ dukkham̊"[222]이라는 주석서에 따라 번역해 놓은 것이다. '갈애는 생겨남의 진리일 뿐 아닌가?'라고 의심할 여지가 있다. 하지만 『맛지마 니까야(근본50편)』「삼마딧티숫따Sammādiṭṭhisutta 정견경」에서 "taṇhañca pajānāti, taṇhā samudayañca pajānāti(갈애도 안다. 갈애의 생겨남도 안다)"[223]라고 갈애를 괴로움의 진리로 아는 모습을 설해 놓은 곳도 있다. 이「마하사띠빳타나숫따」에서도 "rūpataṇhā loke piyarūpam̊ sātarūpam̊(형성 세상 중에 형색에 대해 갈망하는 형색 갈애는 좋아할 만한 성품이고 즐거워할 만한 성품이다)"[224]이라는 등으로 생겨남samudaya의 대상인 괴로움으로[225] 설해 놓은 곳도 있다. 따라서 이전 생에서 행했던, 원인법으로서

222 DA.ii.388; Yampicchanti원하는 것이란 yenapi dhammena어떤 법으로도 alabbhaneyyavatthum̊얻을 수 없는 대상을 icchanto원하는 이가 na labhati얻지 못하는데 alabbhaneyya vatthumhi얻지 못하는 대상에 대해 tam̊ icchanam̊원하는 그것이 dukkham̊괴로움이다. *Ashin Janaka Bhivam̊sa*, 『*Tkoukmahāvā Aṭṭhākathā Bhāsāṭīkā*디가 니까야 대품 주석서 해설』 p.695 참조.

223 M.i.63

224 본서 p.239 참조.

225 갈애의 대상인 괴로움으로.

의 갈애를 생겨남의 진리라고, 다음 생에 생겨나는 결과인 자기존재에 포함되는 '얻을 수 없는 것을 갈망하는 갈애alabbhaneyyavatthu icchātaṇhā'를 괴로움의 진리라고 알면 그러한 의심을 제거할 수 있다.

❷ saṅkhittena간단히 말해서 pañcupādānakkhandhā다섯 취착무더기가 dukkhā 괴로움이다.

"pañcupādānakkhandā"라는 구절에는 'pi ~도'라는 단어가 포함되어서는 안 된다. 무엇 때문인가? 태어남jāti을 시작으로 하여 바라는 것을 얻지 못함icchāvighāta을 끝으로 하는 열한 가지의 고통은 자세하게 보인 괴로움이다. 이렇게 자세하게 보인 괴로움 열한 가지 중에 태어남 하나만 괴로움이라고 하지 않는다. 늙음jarā 등도 괴로움이라고 말한다. 따라서 자세하게 괴로움을 보인 부분에서는 'pi'라는 단어가 필요하다. 그렇게 자세한 괴로움 열한 가지를 요약하면 취착무더기라는 괴로움upādānakkhandhādukkha 한 가지만이다. 그 한 종류의 괴로움만을 설명하는 곳에서는 다른 괴로움들을 포함하거나 묶을 필요가 더 이상 없다. 요약하여 설명한 괴로움saṅkhittadukkhā에 두 가지, 세 가지가 있는 것이 아니다. 한 종류만 있기 때문에 포함하거나 묶을 필요가 없다. 만약 'pi ~도'라는 단어가 결합한다면 간략하게 다섯 취착무더기도 괴로움이라고 하고, 그 밖에도 간략하게 괴로움이라고 할 만한 다른 법이 더 있다는 의미가 되고 만다. 하지만 간략하게 다섯 취착무더기를 제외하고 다른 괴로움이라고 하는 것은 더 이상 없다. 따라서 'pi ~도'라는 단어는 필요가 없다. 여기에서 "다섯 취착무더기를 제외한 다른 태어남 등의 괴로움을 포함시키고 묶기 위해서 'pi ~도'라는 단어가 필요한 것 아닌가?"라고 한다면 그렇게 "upādānakkhandhāpi"라는 구절의 'pi'라는 단어로 태어남 등의 괴로움을 포함시켜서는 안 된다. 무엇 때문인가? 태어남 등의 괴로움은 간략하게 설명하는 괴로움이 아니기 때문이다. 따라서 "saṅkhittena pancupādānakkhandhā dukkhā"라고 이렇게 'pi'라는 단어를 포함시키지 않은 성전이 바른 구절이라고 알아야 한다.

여기에서 말하고자 하는 근본 의미는 다음과 같다. 태어남 등의 괴로움 열한 가지는 자세하게 설명한 괴로움이다. 그 괴로움을 요약하게 되면 다섯 취착무더기라는 괴로움 한 종류만 된다는 뜻이다. 다섯 취착무더기라는 것은 각각의 중생들이 볼 때마다, 들을 때마다 자신의 상속에서 분명하게 생겨나고 있는 물질법과 정신법들일 뿐이다. 위빳사나 지혜나 도의 지혜 등으로 '무상하다, 괴로움이다, 무아다'라고 알지 못하면, 알지 못한 바로 그 물질법과 정신법들을 '항상하다, 행복하다, 자아다'라고 생각하여 갈애나 사견으로 좋아할 수 있고 집착할 수 있다. 이러한 갈애와 사견이라는 취착을 통해 좋아할 수 있고, 집착할 수 있기 때문에 볼 때마다, 들을 때마다 분명하게 드러나는 물질법과 정신법들을 취착무더기upādānakkhandhā라고 말한다. 갈애 취착, 사견 취착이 좋아하고 집착하는 대상인 무더기라는 뜻이다. 위빳사나 수행자는 취착의 영역인 바로 이 무더기를, 바로 그 취착이 주로 다니는 영역이 되지 못하도록[226] 관찰해야 한다. 그래서 경전에 "pañcupādānakkhandhe vipassati(다섯 취착무더기에 대해 관찰한다)"라고[227] 설하셨다.

226 저본에는 '주로 다니는 영역이 되도록'이라고 되어 있으나 문맥상 부적당하여 부정으로 번역하였다.

227 엄밀하게 표현하자면 "pañcupādānakkhandhe aniccādīhi vipassati(다섯 취착무더기에 대해 무상 등으로 관찰한다; M.i.113)"라고 표현되어 있다.

② Samudayasaccakhaṇḍa

Katamañca, bhikkhave, dukkhasamudayo[228] ariyasaccaṁ? Yāyaṁ taṇhā ponobbhavikā[229] nandīrāgasahagatā[230] tatratatrābhinandinī, seyyathidaṁ – kāmataṇhā bhavataṇhā vibhavataṇhā.

Sā kho panesā, bhikkhave, taṇhā kattha uppajjamānā uppajjati, kattha nivisamānā nivisati? Yaṁ loke piyarūpaṁ sātarūpaṁ, etthesā taṇhā uppajjamānā uppajjati, ettha nivisamānā nivisati.

Kiñca loke piyarūpaṁ sātarūpaṁ? Cakkhu loke piyarūpaṁ sātarūpaṁ, etthesā taṇhā uppajjamānā uppajjati, ettha nivisamānā nivisati.

Sotaṁ loke … ghānaṁ loke … jivhā loke … kāyo loke … mano loke piyarūpaṁ sātarūpaṁ, etthesā taṇhā uppajjamānā uppajjati, ettha nivisamānā nivisati.

Rūpā loke … saddā loke … gandhā loke … rasā loke … phoṭṭhabbā loke … dhammā loke piyarūpaṁ sātarūpaṁ, etthesā taṇhā uppajjamānā uppajjati, ettha nivisamānā nivisati.

Cakkhuviññāṇaṁ loke … sotaviññāṇaṁ loke … ghānaviññāṇaṁ loke … jivhāviññāṇaṁ loke … kāyaviññāṇaṁ loke … manoviññāṇaṁ loke piyarūpaṁ sātarūpaṁ, etthesā taṇhā uppajjamānā uppajjati, ettha nivisamānā nivisati.

Cakkhusamphasso loke … sotasamphasso loke … ghānasamphasso loke … jivhāsamphasso loke … kāyasamphasso loke … manosamphasso

228 dukkhasamudayo(syā.), dukkhasamudayaṁ(cha.).

229 ponobhavikā(sī. pī.).

230 nandirāgasahagatā(sī. syā. pī.).

loke piyarūpaṁ sātarūpaṁ, etthesā taṇhā uppajjamānā uppajjati, ettha nivisamānā nivisati.

Cakkhusamphassajā vedanā loke ··· sotasamphassajā vedanā loke ··· ghānasamphassajā vedanā loke ··· jivhāsamphassajā vedanā loke ··· kāyasamphassajā vedanā loke ··· manosamphassajā vedanā loke piyarūpaṁ sātarūpaṁ, etthesā taṇhā uppajjamānā uppajjati, ettha nivisamānā nivisati.

Rūpasaññā loke ··· saddasaññā loke ··· gandhasaññā loke ··· rasasaññā loke ··· phoṭṭhabbasaññā loke ··· dhammasaññā loke piyarūpaṁ sātarūpaṁ, etthesā taṇhā uppajjamānā uppajjati, ettha nivisamānā nivisati.

Rūpasañcetanā loke ··· saddasañcetanā loke ··· gandhasañcetanā loke ··· rasasañcetanā loke ··· phoṭṭhabbasañcetanā loke ··· dhamma sañcetanā loke piyarūpaṁ sātarūpaṁ, etthesā taṇhā uppajjamānā uppajjati, ettha nivisamānā nivisati.

Rūpataṇhā loke ··· saddataṇhā loke ··· gandhataṇhā loke ··· rasataṇhā loke ··· phoṭṭhabbataṇhā loke ··· dhammataṇhā loke piyarūpaṁ sātarūpaṁ, etthesā taṇhā uppajjamānā uppajjati, ettha nivisamānā nivisati.

Rūpavitakko loke ··· saddavitakko loke ··· gandhavitakko loke ··· rasavitakko loke ··· phoṭṭhabbavitakko loke ··· dhammavitakko loke piyarūpaṁ sātarūpaṁ, etthesā taṇhā uppajjamānā uppajjati, ettha nivisamānā nivisati.

Rūpavicāro loke ··· saddavicāro loke ··· gandhavicāro loke ··· rasavicāro loke ··· phoṭṭhabbavicāro loke ··· dhammavicāro loke piyarūpaṁ sātarūpaṁ, etthesā taṇhā uppajjamānā uppajjati, ettha nivisamānā nivisati. Idaṁ vuccati, bhikkhave, dukkhasamudayo ariyasaccaṁ.

Samudayasaccakhaṇḍaṁ niṭṭhitaṁ.

② 생겨남의 진리

Bhikkhave비구들이여, dukkhasamudayo괴로움의 생겨남❶이라는 ariyasaccaṁ성자들이 알 수 있는 진리란 katamañca무엇인가?

Yāyaṁ taṇhā갈망함인 그 갈애는 ponobbhavikā다시 새로운 생을 생겨나게 하고, nandīrāgasahagatā즐기고 애착하는 성품이기도 하며[231], tatratatra각각의 자기존재, 각각의 대상들을 만날 때마다 접할 때마다 그것들에서 abhinandinī항상 쾌락을 찾고 즐기기도 한다. seyyathidaṁ이 갈애에 어떠한 것들이 있는가 하면 kāmataṇhā감각욕망대상에 대해 갈망하고 즐기는 것인 감각욕망 갈애, bhavataṇhā존재에 대해 갈망하는 것인 존재 갈애, vibhavataṇhā존재가 사라지는 것에 대해 갈망하는 것인 비존재 갈애이다.❷

Bhikkhave비구들이여, sā kho panesā taṇhā그 세 가지 갈애는 uppajjamānā생겨날 때는 kattha uppajjati어디에서 생겨나고 nivisamānā잠재할 때는 kattha nivisati어디에서 잠재하는가?❸ [232]

Loke형성 세상 중에 yaṁ piyarūpaṁ sātarūpaṁ어떤 좋아할 만한 성품이고 즐거워할 만한 성품이 atthi있는데, esā taṇhā그 세 가지 갈애는 uppajjamānā생겨날 때는 ettha uppajjati그 좋아할 만하고 즐거워할 만한 성품에서 생겨나고 nivisamānā잠재할 때는 ettha nivisati그 좋아할 만하고 즐거워할 만한 성품에서

231 직역하면 '즐김과 애착이 함께하며'이다.

232 'nivisati'가 단순히 '머문다'는 뜻이 아니어서 '잠재한다'라고 번역하였다. 자세한 해설은 본서 p.242를 참조하라.

잠재한다.

Loke형성 세상 중에 piyarūpaṁ sātarūpaṁ좋아할 만한 성품이나 즐거워할 만한 성품이란 kiñca무엇인가?

Loke형성 세상 중에 cakkhu눈은 piyarūpaṁ sātarūpaṁ좋아할 만한 성품이고 즐거워할 만한 성품이다. esā taṇhā그 세 가지 갈애는 uppajjamānā생겨날 때는 ettha uppajjati그 눈이라는 좋아할 만하고 즐거워할 만한 성품에서 생겨나고 nivisamānā잠재할 때는 ettha nivisati그 눈이라는 좋아할 만하고 즐거워할 만한 성품에서 잠재한다. Sotaṁ귀는 … ghānaṁ코는 … jivhā혀는 … kāyo몸은 … mano마음은 piyarūpaṁ sātarūpaṁ좋아할 만한 성품이고 즐거워할 만한 성품이다. esā taṇhā그 세 가지 갈애는 uppajjamānā생겨날 때는 ettha uppajjati그 마음이라는 좋아할 만하고 즐거워할 만한 성품에서 생겨나고 nivisamānā잠재할 때는 ettha nivisati그 마음이라는 좋아할 만하고 즐거워할 만한 성품에서 잠재한다.

Loke형성 세상 중에 rūpā형색은 … saddā소리는 … gandhā냄새는 … rasā맛은 … phoṭṭhabbā감촉은 … dhammā성품법은 …

Loke형성 세상 중에 cakkhuviññāṇaṁ눈 의식은 … sotaviññāṇaṁ귀 의식은 … ghānaviññāṇaṁ코 의식은 … jivhāviññāṇaṁ혀 의식은 … kāyaviññāṇaṁ몸 의식은 … manoviññāṇaṁ마음 의식[233]은 …

Loke형성 세상 중에 cakkhusamphasso눈 접촉은 … sotasamphasso귀 접촉은 … ghānasamphasso코 접촉은 … jivhāsamphasso혀 접촉은 … kāyasamphasso몸 접촉은 … manosamphasso마음 접촉은 …

Loke형성 세상 중에 cakkhusamphassajā vedanā눈 접촉에서 생긴 느낌은 … sotasamphassajā vedanā귀 접촉에서 생긴 느낌은 … ghānasamphassajā vedanā코 접촉에서 생긴 느낌은 … jivhāsamphassajā vedanā혀 접촉에서 생긴 느낌은 …

233 'manoviññāṇa'를 '마음 의식'이라고 번역한 이유는 『위빳사나 수행방법론』 제1권, p.422를 참조하라.

kāyasamphassajā vedanā몸 접촉에서 생긴 느낌은 … manosamphassajā vedanā마음 접촉에서 생긴 느낌은 …

Loke형성 세상 중에 rūpasaññā형색에 대한 인식인 형색 인식은 … saddasaññā소리 인식은 … gandhasaññā냄새 인식은 … rasasaññā맛 인식은 … phoṭṭhabbasaññā감촉 인식은 … dhammasaññā성품법 인식은 …

Loke형성 세상 중에 rūpasañcetanā형색에 대해 자극하고 격려하는 형색 의도는 … saddasañcetanā소리 의도는 … gandhasañcetanā냄새 의도는 … rasasañcetanā맛 의도는 … phoṭṭhabbasañcetanā감촉 의도는 … dhammasañcetanā성품법 의도는 …

Loke형성 세상 중에 rūpataṇhā형색에 대해 갈망하는 형색 갈애는 … saddataṇhā소리 갈애는 … gandhataṇhā냄새 갈애는 … rasataṇhā맛 갈애는 … phoṭṭhabbataṇhā감촉 갈애는 … dhammataṇhā성품법 갈애는 …

Loke형성 세상 중에 rūpavitakko형색에 대해 생각하는 형색 사유는 … saddavitakko소리 사유는 … gandhavitakko냄새 사유는 … rasavitakko맛 사유는 … phoṭṭhabbavitakko감촉 사유는 … dhammavitakko성품법 사유는 …

Loke형성 세상 중에 rūpavicāro형색에 대해 고찰하는 형색 고찰은 … saddavicāro소리 고찰은 … gandhavicāro냄새 고찰은 … rasavicāro맛 고찰은 … phoṭṭhabbavicāro감촉 고찰은 … dhammavicāro성품법 고찰은 piyarūpaṁ sātarūpaṁ좋아할 만한 성품이고 즐거워할 만한 성품이다. esā taṇhā그 세 가지 갈애는 uppajjamānā생겨날 때는 ettha uppajjati그 성품법 고찰이라는 좋아할 만하고 즐거워할 만한 성품에서 생겨나고 nivisamānā잠재할 때는 ettha nivisati그 성품법 고찰이라는 좋아할 만하고 즐거워할 만한 성품에서 잠재한다.

Bhikkhave비구들이여, idaṁ이 갈애를 dukkhasamudayo ariyasaccaṁ괴로움의 생겨남이라는 성스러운 진리라고 vuccati말한다.

Samudayasaccakhaṇḍaṁ생겨남의 진리가 niṭṭhitaṁ끝났다.

② 생겨남의 진리에 대한 해설

❶ dukkhasamudayo괴로움의 생겨남

'dukkhasamudayaṁ'과 'dukkhasamudayo'라는 두 가지 표현 중에 "satipi dvinnaṁ padānaṁ samānādhikaraṇabhāve liṅgabhedo gahito, yathā dukkhaṁ samudayo ariyasaccaṁ(이렇게 두 단어[234]가 같은 위치에 있더라도 성性 분리를 취해야 한다. '괴로움 생겨남의 성스러운 진리'처럼)"[235]이라고 하는 『마하띠까』 p.449에 따라 'dukkhasamudayo'라는 단어를 채택하였다. 'dukkhanirodho'라는 단어에 대해서도 마찬가지이다.

❷ kāmataṇhā감각욕망대상에 갈망하고 즐기는 것인 감각욕망 갈애, bhavataṇhā존재에 대해 갈망하는 것인 존재 갈애, vibhavataṇhā존재가 사라지는 것에 대해 갈망하는 것인 비존재 갈애이다.

감각욕망 갈애는 분명하다. 존재 갈애에 대해서는 다음의 주석서를 살펴보아야 한다.

> Bhave taṅhā bhavataṅhā, bhavapatthanāvasena uppannassa, sassataditṭhisahagatassa, rūpārūpabhavarāgassa ca, jhānanikantiyā-

234 두 단어란 "uppādo bhayaṁ 일어남은 두려움이다"를 말한다.

235 Pm.ii.449; 『*Visuddhimagga Mahāṭīkā Nissaya*청정도론 대복주서 대역』 제4권, p.437 참조. 남성명사인 'samudayo'라는 단어가 중성명사인 'saccaṁ'이라는 단어와 문법적으로는 주격으로 같은 위치에 있더라도 중성명사의 형태인 'samudayaṁ'으로 바꾸어서는 안 된다는 뜻이다. 자세한 설명은 『위빳사나 수행방법론』 제2권, p.508 주451을 참조하라.

cetaṁ adhivacanaṁ.

(DA.ii.389)

대역

Bhave생이나 존재에 대한 taṇhā갈애가 bhavataṇhā존재 갈애이다. etaṁ존재 갈애라는 그것은 bhavapatthanāvasena욕계존재를 갈망하는 것으로 uppannassa ca생겨나는 갈애나, sassatadiṭṭhisahagatassa상견과 함께 생겨나는 애착이나, rūpārūpabhavarāgassa ca색계존재나 무색계존재에 대한 애착이나, jhānanikantiyā ca색계선정이나 무색계선정에 애착하는 갈애에 대한 adhivacanaṁ명칭이다.

이 주석서의 의미에 따르자면 존재 갈애는 네 가지 종류가 있다. 그 중 ①욕계존재에 대해 갈망하는 갈애라고 하는 것에 대해서는, 욕계 세상에 태어난 이가 자신이 얻은 생에 대해 좋아하고 즐기는 것이나 혹은 다음 생에 사람의 생이나 욕계천신의 생 등으로 태어나길 바라는 것은 욕계존재에 대해 갈망하고 애착하는 것이기 때문에 존재 갈애라고 한다. ②상견과 함께 생겨나는 애착이라는 것은 '중생들은 항상 무너지지 않고 상존한다'라고 생각하는 상견과 함께 생겨나는 갈애이다. 여기에서 존재라고 하는 구절의 의미를 '항상 존재한다'라고 번역해야 한다. 항상 존재하는 것으로 좋아하기 때문에 이 상견과 함께하는 감각욕망을 존재 갈애라고 한다. 나머지 두 가지 존재 갈애는 분명하다.[236]

비존재 갈애라는 것은 '죽으면 다음 생은 없다'라고 생각하여 죽은

236 이것은 경전방법에 의한 설명이다. 아비담마 방법에 의하면 '색계존재 · 무색계존재 · 색계선정 · 무색계선정에 대해 애착하는, 사견과 결합하지 않은 탐욕만 존재 갈애이다. 『위빳사나 수행방법론』 제2권, pp.422~423 참조.

뒤에 존재가 없이 저절로 소멸해 버리는 것을 좋아하고 애착하는 갈애이다.

❸ nivisamānā잠재할 때는 kattha nivisati어디에서 잠재하는가?

여기서 'nivisati'는 단순히 '머문다'는 뜻보다는 대상에 접했을 때 관찰하지 않아서 갈애나 사견이 '잠재한다'는 것을 뜻한다. '잠재한다'라는 것도 항상 마음속에 머물고 있는 것이 아니라 조건이 형성되면 언제든지 생겨날 수 있는 힘을 갖추게 된 것을 말한다.[237]

237 *Mahāsi Sayadaw*, 『*Dhammasacca tayato*초전법륜경에 대한 법문』, p.306; 마하시 아가마하빤디따 지음, 김한상 옮김, 『초전법륜경』, p.338 참조.

③ Nirodhasaccakhaṇḍa

Katamañca, bhikkhave, dukkhanirodho[238] ariyasaccaṁ? Yo tassāyeva taṇhāya asesavirāganirodho cāgo paṭinissaggo mutti anālayo.

Sā kho panesā, bhikkhave, taṇhā kattha pahīyamānā pahīyati, kattha nirujjhamānā nirujjhati? Yaṁ loke piyarūpaṁ sātarūpaṁ, etthesā taṇhā pahīyamānā pahīyati, ettha nirujjhamānā nirujjhati.

Kiñca loke piyarūpaṁ sātarūpaṁ? Cakkhu loke piyarūpaṁ sātarūpaṁ, etthesā taṇhā pahīyamānā pahīyati, ettha nirujjhamānā nirujjhati. Sotaṁ loke … ghānaṁ loke … jivhā loke … kāyo loke … mano loke piyarūpaṁ sātarūpaṁ, etthesā taṇhā pahīyamānā pahīyati, ettha nirujjhamānā nirujjhati.

Rūpā loke … saddā loke … gandhā loke … rasā loke … phoṭṭhabbā loke … dhammā loke piyarūpaṁ sātarūpaṁ, etthesā taṇhā pahīyamānā pahīyati, ettha nirujjhamānā nirujjhati.

Cakkhuviññāṇaṁ loke … sotaviññāṇaṁ loke … ghānaviññāṇaṁ loke … jivhāviññāṇaṁ loke … kāyaviññāṇaṁ loke … manoviññāṇaṁ loke piyarūpaṁ sātarūpaṁ, etthesā taṇhā pahīyamānā pahīyati, ettha nirujjhamānā nirujjhati.

Cakkhusamphasso loke … sotasamphasso loke … ghānasamphasso loke … jivhāsamphasso loke … kāyasamphasso loke … manosamphasso loke piyarūpaṁ sātarūpaṁ, etthesā taṇhā pahīyamānā

238 dukkhanirodho(syā.), dukkhanirodhaṁ(cha.). 본서에서 'dukkhanirodho'라고 한 것은 본서 p.240을 참조하라.

pahīyati, ettha nirujjhamānā nirujjhati.

Cakkhusamphassajā vedanā loke ··· sotasamphassajā vedanā loke ··· ghānasamphassajā vedanā loke ··· jivhāsamphassajā vedanā loke ··· kāyasamphassajā vedanā loke ··· manosamphassajā vedanā loke piyarūpaṁ sātarūpaṁ, etthesā taṇhā pahīyamānā pahīyati, ettha nirujjhamānā nirujjhati.

Rūpasaññā loke ··· saddasaññā loke ··· gandhasaññā loke ··· rasasaññā loke ··· phoṭṭhabbasaññā loke ··· dhammasaññā loke piyarūpaṁ sātarūpaṁ, etthesā taṇhā pahīyamānā pahīyati, ettha nirujjhamānā nirujjhati.

Rūpasañcetanā loke ··· saddasañcetanā loke ··· gandhasañcetanā loke ··· rasasañcetanā loke ··· phoṭṭhabbasañcetanā loke ··· dhammasañcetanā loke piyarūpaṁ sātarūpaṁ, etthesā taṇhā pahīyamānā pahīyati, ettha nirujjhamānā nirujjhati.

Rūpataṇhā loke ··· saddataṇhā loke ··· gandhataṇhā loke ··· rasataṇhā loke ··· phoṭṭhabbataṇhā loke ··· dhammataṇhā loke piyarūpaṁ sātarūpaṁ, etthesā taṇhā pahīyamānā pahīyati, ettha nirujjhamānā nirujjhati.

Rūpavitakko loke ··· saddavitakko loke ··· gandhavitakko loke ··· rasavitakko loke ··· phoṭṭhabbavitakko loke ··· dhammavitakko loke piyarūpaṁ sātarūpaṁ, etthesā taṇhā pahīyamānā pahīyati, ettha nirujjhamānā nirujjhati.

Rūpavicāro loke ··· saddavicāro loke ··· gandhavicāro loke ··· rasavicāro loke ··· phoṭṭhabbavicāro loke ··· dhammavicāro loke piyarūpaṁ sātarūpaṁ, etthesā taṇhā pahīyamānā pahīyati, ettha nirujjhamānā nirujjhati. Idaṁ vuccati, bhikkhave, dukkhanirodho ariyasaccaṁ.

Nirodhasaccakhaṇḍaṁ niṭṭhitaṁ.

③ 소멸의 진리

Bhikkhave비구들이여, dukkhanirodho괴로움의 소멸이라는 ariyasaccaṁ성자들이 알 수 있는 진리란 katamañca무엇인가?

Tassāyeva taṇhāya생겨남의 진리라는 바로 그 갈애가 yo asesavirāganirodho남김없이 빛바래고 소멸한 성품; 남김없이 빛바래고 소멸한 곳인 성품❶, yo cāgo 버려진 성품; 버려진 곳인 성품, yo paṭinissaggo놓아버려진 성품; 놓아버려진 곳인 성품, yā mutti갈애로부터 벗어난 성품; 갈애로부터 벗어난 곳인 성품, yo anālayo갈애로 들붙지 않는 성품; 갈애로 들붙지 않는 곳인 성품이 atthi있으니 idaṁ이러한 성품이다.

Bhikkhave비구들이여, sā kho panesā taṇhā그 갈애는 pahīyamānā제거될 때는; 사라질 때는 kattha pahīyati어디에서 제거되고; 사라지고 nirujjhamānā소멸할 때는 kattha nirujjhati어디에서 소멸하는가?

Loke형성 세상 중에 yaṁ piyarūpaṁ sātarūpaṁ어떤 좋아할 만한 성품이고 즐거워할 만한 성품이 atthi있는데, esā taṇhā그 갈애는 pahīyamānā제거될 때는 ettha pahīyati그 좋아할 만하고 즐거워할 만한 성품에서 제거되고 nirujjhamānā소멸할 때는 ettha nirujjhati그 좋아할 만하고 즐거워할 만한 성품에서 소멸한다.

Loke형성 세상 중에 piyarūpaṁ sātarūpaṁ좋아할 만한 성품이고 즐거워할 만한 성품이란 kiñca무엇인가?

Loke형성 세상 중에 cakkhu눈은 piyarūpaṁ sātarūpaṁ좋아할 만한 성품이고 즐거워할 만한 성품이다. esā taṇhā그 갈애는 pahīyamānā제거될 때는 ettha pahīyati그 눈이라는 좋아할 만하고 즐거워할 만한 성품에서 제거되고 nirujjhamānā소멸할 때는 ettha nirujjhati그 눈이라는 좋아할 만하고 즐거워할 만한 성품에서 소멸한다. sotaṁ귀는 … ghānaṁ코는 … jivhā혀는 … kāyo몸은 … mano마음은 …

Loke형성 세상 중에 rūpā형색은 … saddā소리는 … gandhā냄새는 … rasā맛은 … phoṭṭhabbā감촉은 … dhammā성품법은 …

Loke형성 세상 중에 cakkhuviññāṇaṁ눈 의식은 … sotaviññāṇaṁ귀 의식은 … ghānaviññāṇaṁ코 의식은 … jivhāviññāṇaṁ혀 의식은 … kāyaviññāṇaṁ몸 의식은 … manoviññāṇaṁ마음 의식은 …

Loke형성 세상 중에 cakkhusamphasso눈 접촉은 … sotasamphasso귀 접촉은 … ghānasamphasso코 접촉은 … jivhāsamphasso혀 접촉은 … kāyasamphasso몸 접촉은 … manosamphasso마음 접촉은 …

Loke형성 세상 중에 cakkhusamphassajā vedanā눈 접촉에서 생긴 느낌은 … sotasamphassajā vedanā귀 접촉에서 생긴 느낌은 … ghānasamphassajā vedanā코 접촉에서 생긴 느낌은 … jivhāsamphassajā vedanā혀 접촉에서 생긴 느낌은 … kāyasamphassajā vedanā몸 접촉에서 생긴 느낌은 … manosamphassajā vedanā마음 접촉에서 생긴 느낌은 …

Loke형성 세상 중에 rūpasaññā형색에 대한 인식인 형색 인식은 … saddasaññā소리 인식은 … gandhasaññā냄새 인식은 … rasasaññā맛 인식은 … phoṭṭhabbasaññā감촉 인식은 … dhammasaññā성품법 인식은 …

Loke형성 세상 중에 rūpasañcetanā형색에 대해 자극하고 격려하는 형색 의도는 … saddasañcetanā소리 의도는 … gandhasañcetanā냄새 의도는 … rasasañcetanā맛 의도는 … phoṭṭhabbasañcetanā감촉 의도는 … dhammasañcetanā성품법 의도는

…

Loke형성 세상 중에 rūpataṇhā형색에 대해 갈망하는 형색 갈애는 … saddataṇhā소리 갈애는 … gandhataṇhā냄새 갈애는 … rasataṇhā맛 갈애는 … phoṭṭhabbataṇhā감촉 갈애는 … dhammataṇhā성품법 갈애는 …

Loke형성 세상 중에 rūpavitakko형색에 대해 생각하는 형색 사유는 … saddavitakko소리 사유는 … gandhavitakko냄새 사유는 … rasavitakko맛 사유는 … phoṭṭhabbavitakko감촉 사유는 … dhammavitakko성품법 사유는 …

Loke형성 세상 중에 rūpavicāro형색에 대해 고찰하는 형색 고찰은 … saddavicāro소리 고찰은 … gandhavicāro냄새 고찰은 … rasavicāro맛 고찰은 … phoṭṭhabbavicāro감촉 고찰은 … dhammavicāro성품법 고찰은 piyarūpaṁ sātarūpaṁ좋아할 만한 성품이고 즐거워할 만한 성품이다. esā taṇhā그 갈애는 pahīyamānā제거될 때는 ettha pahīyati그 성품법 고찰이라는 좋아할 만하고 즐거워할 만한 성품에서 제거되고 nirujjhamānā소멸할 때는 ettha nirujjhati그 성품법 고찰이라는 좋아할 만하고 즐거워할 만한 성품에서 소멸한다.

Bhikkhave비구들이여, idaṁ갈애의 소멸, 갈애가 소멸된 곳인 이 열반을 dukkhanirodho ariyasaccaṁ괴로움의 소멸이라는 성스러운 진리라고 vuccati말한다.

Nirodhasaccakhaṇḍaṁ소멸의 진리가 niṭṭhitaṁ끝났다.

③ 소멸의 진리에 대한 해설

❶ tassāyeva taṇhāya 생겨남의 진리라는 바로 그 갈애가 yo asesavirāganirodho 남김없이 빛바래고 소멸한 성품; 남김없이 빛바래고 소멸한 곳인 성품

고요하고 적정한 열반을 도의 지혜로 알고 보게 되면 '생멸하는 모든 물질과 정신 무더기들은 전부 괴로운 것일 뿐이다'라고 사실대로 바르게 결정하여 알고 볼 수 있다. 따라서 물질과 정신 무더기들에 대해 좋아하고 바라는 갈애가 생겨날 수 없다. 좋아하고 바라는 것이 사라지기 때문에 새로운 생의 물질과 정신 무더기들도 생겨날 수 없다. 이렇게 새로운 생에서 물질과 정신 무더기가 생겨나지 않는 것이 무여열반 anupādisesa nibbāna이라고 하는, 괴로움의 소멸이다. 그래서 주석서에서 집착없이 소멸함anuppādanirodha이라고 하였다. 따라서 생겨남의 진리라고 하는 갈애와 괴로움의 진리라고 하는 물질과 정신 무더기들이 생겨나지 않음과 소멸함인, 도 지혜magga ñāṇa의 대상인 열반을 '소멸의 진리'라고 한다.[239]

239 저본에 따로 해설이 없어 『위빳사나 수행방법론』 제1권, pp.533~534를 인용하였다.

④ Maggasaccakhaṇḍa

Katamañca, bhikkhave, dukkhanirodhagāminī paṭipadā ariyasaccaṁ? Ayameva ariyo aṭṭhaṅgiko maggo seyyathidaṁ – sammādiṭṭhi sammāsaṅkappo sammāvācā sammākammanto sammāājīvo sammāvāyāmo sammāsati sammāsamādhi.

Katamā ca, bhikkhave, sammādiṭṭhi? Yaṁ kho, bhikkhave, dukkhe ñāṇaṁ, dukkhasamudaye ñāṇaṁ, dukkhanirodhe ñāṇaṁ, dukkhanirodhagāminiyā paṭipadāya ñāṇaṁ, ayaṁ vuccati, bhikkhave, sammādiṭṭhi.

Katamo ca, bhikkhave, sammāsaṅkappo? Nekkhammasaṅkappo abyāpādasaṅkappo avihiṁsāsaṅkappo, ayaṁ vuccati bhikkhave, sammāsaṅkappo.

Katamā ca, bhikkhave, sammāvācā? Musāvādā veramaṇī[240] pisuṇāya vācāya veramaṇī pharusāya vācāya veramaṇī samphappalāpā veramaṇī, ayaṁ vuccati, bhikkhave, sammāvācā.

Katamo ca, bhikkhave, sammākammanto? Pāṇātipātā veramaṇī adinnādānā veramaṇī kāmesumicchācārā veramaṇī, ayaṁ vuccati, bhikkhave, sammākammanto.

Katamo ca, bhikkhave, sammāājīvo? Idha, bhikkhave, ariyasāvako micchāājīvaṁ pahāya sammāājīvena jīvitaṁ kappeti, ayaṁ vuccati, bhikkhave, sammāājīvo.

Katamo ca, bhikkhave, sammāvāyāmo? Idha, bhikkhave, bhikkhu

240 veramaṇi(ka.).

anuppannānaṁ pāpakānaṁ akusalānaṁ dhammānaṁ anuppādāya chandaṁ janeti vāyamati vīriyaṁ ārabhati cittaṁ paggaṇhāti padahati; uppannānaṁ pāpakānaṁ akusalānaṁ dhammānaṁ pahānāya chandaṁ janeti vāyamati vīriyaṁ ārabhati cittaṁ paggaṇhāti padahati; anuppannānaṁ kusalānaṁ dhammānaṁ uppādāya chandaṁ janeti vāyamati vīriyaṁ ārabhati cittaṁ paggaṇhāti padahati; uppannānaṁ kusalānaṁ dhammānaṁ ṭhitiyā asammosāya bhiyyobhāvāya vepullāya bhāvanāya pāripūriyā chandaṁ janeti vāyamati vīriyaṁ ārabhati cittaṁ paggaṇhāti padahati. Ayaṁ vuccati, bhikkhave, sammāvāyāmo.

Katamā ca, bhikkhave, sammāsati? Idha, bhikkhave, bhikkhu kāye kāyānupassī viharati ātāpī sampajāno satimā vineyya loke abhijjhādomanassaṁ; vedanāsu vedanānupassī viharati ātāpī sampajāno satimā vineyya loke abhijjhādomanassaṁ; citte cittānupassī viharati ātāpī sampajāno satimā vineyya loke abhijjhādomanassaṁ; dhammesu dhammānupassī viharati ātāpī sampajāno satimā vineyya loke abhijjhādomanassaṁ. Ayaṁ vuccati, bhikkhave, sammāsati.

Katamo ca, bhikkhave, sammāsamādhi? Idha, bhikkhave, bhikkhu vivicceva kāmehi vivicca akusalehi dhammehi savitakkaṁ savicāraṁ vivekajaṁ pītisukhaṁ paṭhamaṁ jhānaṁ upasampajja viharati. Vitakkavicārānaṁ vūpasamā ajjhattaṁ sampasādanaṁ cetaso ekodibhāvaṁ avitakkaṁ avicāraṁ samādhijaṁ pītisukhaṁ dutiyaṁ jhānaṁ upasampajja viharati. Pītiyā ca virāgā upekkhako ca viharati, sato ca sampajāno, sukhañca kāyena paṭisaṁvedeti, yaṁ taṁ ariyā ācikkhanti 'upekkhako satimā sukhavihārī'ti tatiyaṁ jhānaṁ upasampajja viharati. Sukhassa ca pahānā dukkhassa ca pahānā pubbeva somanassadomanassānaṁ atthaṅgamā adukkhamasukhaṁ upekkhāsatipārisuddhiṁ catutthaṁ jhānaṁ upasampajja viharati. Ayaṁ vuccati, bhikkhave, sammāsamādhi. Idaṁ vuccati, bhikkhave, dukkhanirodhagāminī paṭipadā ariyasaccaṁ.

Maggasaccakhaṇḍaṁ niṭṭhitaṁ.

④ 도의 진리

Bhikkhave비구들이여, dukkhanirodhagāminī paṭipadā괴로움의 소멸에 이르게 하는 실천이라는 ariyasaccaṁ성자들이 알 수 있는 진리란 katamañca무엇인가? Ariyo깨끗하고 거룩하여 성스러운 aṭṭhaṅgiko여덟 가지 구성요소를 갖춘 ayameva maggo바로 이 도; 바로 이 실천의 길이다. seyyathidaṁ그 도란 무엇인가 하면 sammādiṭṭhi바른 견해, sammāsaṅkappo바른 사유, sammāvācā바른 말, sammākammanto바른 행위, sammāājīvo바른 생계, sammāvāyāmo바른 노력, sammāsati바른 새김, sammāsamādhi바른 삼매이다.❶

Bhikkhave비구들이여, sammādiṭṭhi바른 견해란 katamā ca무엇인가? bhikkhave비구들이여, dukkhe괴로움이라는 진리, 즉 괴로움의 진리에 대해 ñāṇaṁ아는 지혜, dukkhasamudaye괴로움을 생겨나게 하는 원인이라는 진리, 즉 생겨남의 진리에 대해 ñāṇaṁ아는 지혜, dukkhanirodhe괴로움의 소멸이라는 진리, 즉 소멸의 진리에 대해 ñāṇaṁ아는 지혜, dukkhanirodhagāminiyā paṭipadāya괴로움의 소멸에 이르게 하는 도라는 진리, 즉 도의 진리에 대해 ñāṇaṁ아는 지혜가 atthi있는데, bhikkhave비구들이여, ayaṁ이 아는 지혜를 sammādiṭṭhi바른 견해라고 vuccati말한다.

Bhikkhave비구들이여, sammāsaṅkappo바른 사유란 katamo ca무엇인가?

Nekkhammasaṅkappo감각욕망에서 벗어난 출리의 사유, abyāpādasaṅkappo분노의 반대인 분노없음의 사유, avihiṁsāsaṅkappo해함의 반대인 해함없음의 사유가 atthi있는데, bhikkhave비구들이여, ayaṁ바르게 사유하는 이 세 가지를 sammāsaṅkappo바른 사유라고 vuccati말한다.

Bhikkhave비구들이여, sammāvācā바른 말이란 katamā ca무엇인가? musāvādā거짓말을 veramaṇī삼가는 것, pisuṇāya vācāya이간하는 말을 veramaṇī삼가는 것, pharusāya vācāya거친 말을 veramaṇī삼가는 것, samphappalāpā쓸데없는 말을 veramaṇī삼가는 것이 atthi있는데, bhikkhave비구들이여, ayaṁ말의 악행 네 가지를 삼가는 이것을 sammāvācā바른 말이라고 vuccati말한다.

Bhikkhave비구들이여, sammākammanto바른 행위란 katamo ca무엇인가? pāṇātipātā생명을 해치는 살생을 veramaṇī삼가는 것, adinnādānā주지 않은 것을 빼앗거나 훔치는 도둑질을 veramaṇī삼가는 것, kāmesumicchācārā소유하지 않은 감각욕망 대상에 대해 잘못을 범하는 삿된 음행을 veramaṇī삼가는 것이 atthi있는데, bhikkhave비구들이여, ayaṁ몸의 악행 세 가지를 삼가는 이것을 sammākammanto바른 행위라고 vuccati말한다.

Bhikkhave비구들이여, sammāājīvo바른 생계란 katamo ca무엇인가? bhikkhave비구들이여, idha가르침에서 ariyasāvako성제자는; 청정하고 거룩한 제자는; 부처님의 제자는 micchāājīvaṁ잘못된 생계를 pahāya제거하여 버리고 sammāājīvena바른 생계를 통해 jīvitaṁ생활을 kappeti영위한다. bhikkhave비구들이여, ayaṁ삿된 생계를 삼가는 이것을 sammāājīvo바른 생계라고 vuccati말한다.

Bhikkhave비구들이여, sammāvāyāmo바른 노력이란 katamo ca무엇인가? bhikkhave비구들이여, idha bhikkhu이 가르침에서 비구는; 이 가르침에서 수행하고 있는 이는 anuppannānaṁ아직 생겨나지 않은 pāpakānaṁ저열한[241] akusalānaṁ

241 저본에 '저열한'으로 번역되었다. '악한'으로 보통 번역한다.

dhammānaṁ불선법은 anuppādāya생겨나지 않도록[242] chandaṁ의욕을 janeti일으키고 vāyamati노력하고 vīriyaṁ ārabhati정진을 쏟고 cittaṁ paggaṇhāti마음을 다잡고 padahati매진한다. uppannānaṁ이미 생겨난 pāpakānaṁ저열한 akusalānaṁ dhammānaṁ불선법을 pahānāya제거하여 버리기 위해 chandaṁ의욕을 janeti일으키고 vāyamati노력하고 vīriyaṁ ārabhati정진을 쏟고 cittaṁ paggaṇhāti마음을 다잡고 padahati매진한다. anuppannānaṁ아직 생겨나지 않은 kusalānaṁ dhammānaṁ선법이 uppādāya생겨나도록 chandaṁ의욕을 janeti일으키고 vāyamati노력하고 vīriyaṁ ārabhati정진을 쏟고 cittaṁ paggaṇhāti마음을 다잡고 padahati매진한다. uppannānaṁ이미 생겨난 kusalānaṁ dhammānaṁ선법을 ṭhitiyā지속시키고 asammosāya사라지지 않게 하고 bhiyyobhāvāya증장시키고 vepullāya충만하게 하고 bhāvanāya pāripūriyā수행을 구족하기 위해서[243] chandaṁ의욕을 janeti일으키고 vāyamati노력하고 vīriyaṁ ārabhati정진을 쏟고 cittaṁ paggaṇhāti마음을 다잡고 padahati매진한다. bhikkhave비구들이여, ayaṁ네 가지로 노력하는 이것을 sammāvāyāmo바른 노력이라고 vuccati말한다.

Bhikkhave비구들이여, sammāsati바른 새김이란 katamā ca무엇인가? bhikkhave비구들이여, idha bhikkhu이 가르침에서 비구는; 이 가르침에서 수행하고 있는 이는 ātāpī번뇌라는 끈적임, 마음의 때를 뜨겁게 말려버려 없애버리는 정근, 정진, 노력이 있으면서; 매우 열심히 노력하면서 satimā새김이 있으면서; 새김을 갖추면서 sampajāno바르고 다양하게 알면서 kāye항상하지 않고 괴로움이고 주재할 수도 없고 깨끗하지 않은 물질 무더기인 몸에 대해 kāyānupassī항상하지 않고 괴로움이고 주재할 수도 없고 깨끗하지 않은

242 빠알리 직역과 저본대로라면 '불선법의 일어나지 않음을 위해'라고 번역할 수 있으나 의역하였다. 뒤의 구절들도 마찬가지이다.

243 '수행하기 위해서, 구족하기 위해서'라고 나누어 번역하지 않고 저본에서는 '수행의 구족, 즉 완성을 위해서'라고 결합하여 번역하여 저본을 따랐다.

물질 무더기인 몸일 뿐이라고 관찰하여 loke관찰 대상인 물질 무더기라는 세상에 대해; 다섯 취착무더기라는 세상에 대해 abhijjhādomanassaṁ관찰하지 않으면 생겨날 수 있는 탐애와 근심을; 관찰하지 않으면 생겨날 수 있는 탐욕과 성냄을 vineyya생겨날 기회를 얻지 못하도록 부분제거와 억압제거를 통해 제거하고 없애면서 viharati지낸다.

ātāpī번뇌라는 끈적임, 마음의 때를 뜨겁게 말려버려 없애버리는 정근, 정진, 노력이 있으면서; 매우 열심히 노력하면서 satimā새김이 있으면서; 새김을 갖추면서 sampajāno바르고 다양하게 알면서 vedanāsu항상하지 않고 괴로움이고 주재할 수도 없는, 단지 느끼는 것일 뿐인 느낌에 대해 vedanānupassī항상하지 않고 괴로움이고 주재할 수도 없는, 단지 느끼는 것인 느낌일 뿐이라고 관찰하여 loke관찰 대상인 느낌 무더기라는 세상에 대해; 다섯 취착무더기라는 세상에 대해 abhijjhādomanassaṁ관찰하지 않으면 생겨날 수 있는 탐애와 근심을; 관찰하지 않으면 생겨날 수 있는 탐욕과 성냄을 vineyya생겨날 기회를 얻지 못하도록 부분제거와 억압제거를 통해 제거하고 없애면서 viharati지낸다.

ātāpī번뇌라는 끈적임, 마음의 때를 뜨겁게 말려버려 없애버리는 정근, 정진, 노력이 있으면서; 매우 열심히 노력하면서 satimā새김이 있으면서; 새김을 갖추면서 sampajāno바르고 다양하게 알면서 citte항상하지 않고 괴로움이고 주재할 수도 없는, 단지 아는 것일 뿐인 마음에 대해 cittānupassī 항상하지 않고 괴로움이고 주재할 수도 없는, 단지 아는 것인 마음일 뿐이라고 관찰하여 loke관찰 대상인 마음 무더기라는 세상에 대해; 다섯 취착무더기라는 세상에 대해 abhijjhādomanassaṁ관찰하지 않으면 생겨날 수 있는 탐애와 근심을; 관찰하지 않으면 생겨날 수 있는 탐욕과 성냄을 vineyya생겨날 기회를 얻지 못하도록 부분제거와 억압제거를 통해 제거하고 없애면서 viharati지낸다.

ātāpī번뇌라는 끈적임, 마음의 때를 뜨겁게 말려버려 없애버리는 정근, 정진, 노력이 있으면서; 매우 열심히 노력하면서 satimā새김이 있으면서; 새김을 갖추면서 sampajāno바르고 다양하게 알면서 dhammesu항상하지 않고 괴로움이고 주재할 수도 없고 자아도 아닌 성품법에 대해 dhammānupassī항상하지 않고 괴로움이고 주재할 수도 없고 자아도 아닌 단지 성품법일 뿐이라고 관찰하여 loke관찰 대상인 성품법 무더기라는 세상에 대해; 다섯 취착무더기라는 세상에 대해 abhijjhādomanassaṁ관찰하지 않으면 생겨날 수 있는 탐애와 근심을; 관찰하지 않으면 생겨날 수 있는 탐욕과 성냄을 vineyya생겨날 기회를 얻지 못하도록 부분제거와 억압제거를 통해 제거하고 없애면서 viharati지낸다.[244] bhikkhave비구들이여, ayaṁ이 네 가지 새김을 sammāsati바른 새김이라고 vuccati말한다.

Bhikkhave비구들이여, sammāsamādhi바른 삼매란 katamo ca무엇인가? bhikkhave비구들이여, idha bhikkhu이 가르침에서 비구는; 이 가르침에서 수행하고 있는 이는 kāmehi대상 감각욕망과 번뇌 감각욕망이라는 감각욕망에서 vivicca eva완전히 떠나서; 완전히 떠난 ('~초선정을'과 연결하라) akusalehi dhammehi불선법에서 vivicca eva완전히 떠나서; 완전히 떠난, ('~초선정을'과 연결하라) savitakkaṁ사유도 있고 savicāraṁ고찰도 있고[245] vivekajaṁ pītisukhaṁ장애로부터 떠났기 때문에[246] 생겨난 희열과 행복이 있는 paṭhamaṁ jhānaṁ초선정에 upasampajja viharati도달하여[247] 지낸다. vitakkavicārānaṁ vūpasamā사유와 고찰이 사라졌기 때문에 ajjhattaṁ자신 내부 상속에 생겨나는, sampasādanaṁ 깨끗하게 하는, cetaso ekodibhāvaṁ마음의 하나됨인 상태를 생겨나게 하는,

244 저본에서는 이 설명을 앞의 약설과 동일하다고 생략하였다.

245 저본에 '~도'를 첨가하여 번역되어 이를 따랐다.

246 저본에서는 '장애로부터의 떠남 때문에'라고 되어 있다.

247 '초선정을 구족하여'라고도 번역할 수 있으나 저본의 번역을 그대로 따랐다.

avitakkaṁ avicāraṁ사유와 고찰이 없는, samādhijaṁ pītisukhaṁ삼매 때문에 생겨난 희열과 행복이 있는 dutiyaṁ jhānaṁ제2선정에 upasampajja viharati도달하여 지낸다. pītiyā ca희열도 virāgā사라졌기 때문에[248] upekkhako ca평온하게, 또한 sato ca sampajāno새기고 바르게 알면서 viharati지낸다. sukhañca마음의 행복도 kāyena정신 무더기라는 몸을 통해 paṭisaṁvedeti경험한다. yaṁ=yena이 제3선정 때문에 taṁ그 제3선정을 구족한 이를 두고 ariyā부처님 등의 성자들이 "upekkhako satimāto sukhavihārī'ti평온하게 관찰할 수 있다. 새김이 좋다. 행복하게 지낼 수 있다"라고 ācikkhanti칭송하는데, taṁ tatiyaṁ jhānaṁ그 제3선정에 upasampajja viharati도달하여 지낸다. sukhassa ca pahānā행복이 제거되었기 때문에[249], 또한 dukkhassa ca pahānā괴로움이 제거되었기 때문에, 또한 somanassadomanassānaṁ즐거움과 근심은 pubbeva atthaṅgamā이전에 이미 사라졌기 때문에 adukkhamasukhaṁ괴로움과 행복, 두 가지 모두가 없는, upekkhāsatipārisuddhiṁ평온 때문에 새김이 완전히 청정한 catutthaṁ jhānaṁ제4선정에 upasampajja viharati도달하여 지낸다. bhikkhave비구들이여, ayaṁ이 네 가지 삼매를 sammāsamādhi바른 삼매라고 vuccati말한다.

Bhikkhave비구들이여, idaṁ지금까지 설명한 이 여덟 가지 도 구성요소라는 법들을 dukkhanirodhagāminī paṭipadā ariyasaccaṁ괴로움의 소멸에 이르게 하는 실천이라는 성스러운 진리라고 vuccati말한다.

Maggasaccakhaṇḍaṁ도의 진리가 niṭṭhitaṁ끝났다.

248 '빛바랬기 때문에'라고 번역할 수 있으나 저본의 번역을 따랐다.

249 직역하면 '행복의 제거됨 때문에'라고 할 수 있으나 의역했다.

Iti ajjhattaṁ vā dhammesu dhammānupassī viharati, bahiddhā vā dhammesu dhammānupassī viharati, ajjhattabahiddhā vā dhammesu dhammānupassī viharati. Samudayadhammānupassī vā dhammesu viharati, vayadhammānupassī vā dhammesu viharati, samudayavayadhammānupassī vā dhammesu viharati. 'Atthi dhammā'ti vā panassa sati paccupaṭṭhitā hoti yāvadeva ñāṇamattāya paṭissatimattāya anissito ca viharati, na ca kiñci loke upādiyati. Evampi kho, bhikkhave, bhikkhu dhammesu dhammānupassī viharati catūsu ariyasaccesu.

Saccapabbaṁ niṭṭhitaṁ.
Dhammānupassanā niṭṭhitā.

Iti이렇게 말한 방법을 통해 ajjhattaṁ vā dhammesu내부인 자신의 네 가지 진리라는 법들에 대해서도 dhammānupassī viharati중생이나 영혼이 아닌 성품법일 뿐이라고 관찰하면서 지낸다. bahiddhā vā dhammesu외부인 다른 이의 네 가지 진리라는 법들에 대해서도 dhammānupassī viharati중생이나 영혼이 아닌 성품법일 뿐이라고 관찰하며 지낸다. ajjhattabahiddhā vā dhammesu때로는 자신의 네 가지 진리라는 법들에 대해서, 때로는 남의 네 가지 진리라는 법들에 대해서도 dhammānupassī viharati중생이나 영혼이 아닌 성품법일 뿐이라고 관찰하며 지낸다.[2]

Dhammesu네 가지 진리라는 법들에 대해 samudayadhammānupassī vā viharati생겨나게 하는 원인법과 생겨남의 성품을 관찰하면서도 지낸다. dhammesu네 가지 진리라는 법들에 대해 vayadhammānupassī vā viharati사라지게 하는 원인법과 사라짐의 성품을 관찰하면서도 지낸다. dhammesu네 가지 진리라는 법들에 대해 samudayavayadhammānupassī vā viharati생겨나게 하는 원인법과 사라지게 하는 원인법, 생겨남과 사라짐의 성품을 관찰하면서도 지낸다.

Vā pana그리고 혹은; 새김이 드러나는 모습의 또 다른 방법은 'atthi dhammā'ti '중생이나 영혼이 아닌 성품법들만 존재한다'라고 assa sati그 비구의 새김이 paccupaṭṭhitā hoti현전한다. sā sati그렇게 현전한 새김은 yāvadeva ñāṇamattāya지혜를 단계적으로 향상시키기만 한다. yāvadeva paṭissatimattāya되새김을 단계적으로 향상시키기만 한다.

So bhikkhu새겨 아는 그 비구는 anissito ca또한 갈애나 사견으로 의지하지 않고 viharati지낸다고 말한다. loke다섯 취착무더기라는 세상 중에 kiñci어떠한 물질, 느낌, 인식, 형성, 의식도 na ca upādiyati자아나 나의 것이라고 갈애와 사견으로 더 이상 집착하지 않는다.

Bhikkhave비구들이여, bhikkhu비구는 evampi kho이와 같이; 이렇게 설명한 대로 catūsu네 가지 ariyasaccesu성스러운 진리라는 dhammesu법들에 대해 dhammānupassī viharati중생이나 영혼이 아닌 성품법일 뿐이라고 관찰하면서 지낸다.❸[250]

Saccapabbaṁ진리의 장이 niṭṭhitaṁ끝났다.

Dhammānupassanā법 거듭관찰이 niṭṭhitā끝났다.

250 수행주제의 분석에 관한 마하시 사야도의 자세한 해설은 본서 pp.261~262를 참조하라.

④ 도의 진리에 대한 해설

❶ sammādiṭṭhi바른 견해, sammāsaṅkappo바른 사유, sammāvācā바른 말, sammākammanto바른 행위, sammāājīvo바른 생계, sammāvāyāmo바른 노력, sammāsati바른 새김, sammāsamādhi바른 삼매이다.

일부 주석서들에서 'sammā'라는 단어를 'sundara(좋은), pasattha(칭송받을 만한), sobhana(아름다운, 훌륭한)'라는 의미로 설명하는 것이 적당하다고 말하고 있다. 하지만 근본 의미는 'micchādiṭṭhi 삿된 견해' 등의 상대어로서 'sammādiṭṭhi'이기 때문에 'sammā'라는 단어는 'micchā'라는 단어의 반대인 'aviparīta 틀리지 않은, 바른'이라는 의미로 알아야 한다.

❷ ajjhattabahiddhā vā dhammesu때로는 자신의 네 가지 진리라는 법들에 대해서, 때로는 남의 네 가지 진리라는 법들에 대해서도 dhammānupassī viharati중생이나 영혼이 아닌 성품법일 뿐이라고 관찰하며 지낸다.

소멸의 진리와 도의 진리를 '거룩하다, 좋다'라고 이해하고서 그 두 가지 진리를 직접 실현할 수 있도록 바라면서, 자신의 상속에 분명한 괴로움의 진리와 생겨남의 진리를 관찰하고 새기면서 알고 보고 있는 바로 그것을 'ajjhattasaccadhammānupassanā(내부인 자신의 진리라는 법들에 대해 거듭 관찰하는 것)'라고 한다. 자신의 법에 대해 분명하게 알고 보고 이해하게 되었을 때, 외부 법들에 대해서도 같은 방법으로 이해하여 결정한다. 이렇게 결정하여 관찰하고 숙고하는 것을 'bahiddhasaccadhammānupassanā(외부인 남의 진리라는 법들에 대해 거듭 관찰하는 것)'라고 한다. 또한 보이고 들리는 다른 이의 형색, 소리 등을 관찰하며 괴로움이라고 알고 보는 것도 'bahiddhasaccadhammānupassanā(외부인 남의 진리라는 법들에 대해 거듭 관찰하는 것)'라고 한다.

여기에서 '네 가지 진리를 관찰한다'라고 말해도 괴로움의 진리와 생겨남의 진리만 관찰해야 한다. 소멸의 진리와 도의 진리는 위빳사나로 관찰해야 할 법이 아니기 때문에, 또한 범부들로서는 아직 알지 못하기 때문에, 아직 얻지 못했기 때문에 관찰할 수 없다. 그 진리 두 가지는 "'거룩하다, 좋다'라고 들어 이해하고서 알려고 바라는 것, 얻기를 바라는 것, 바로 그것을 통해 소멸의 진리와 도의 진리에 대해 관찰하는 일이 성취된다"라고 주석서, 복주서에 설명해 놓았다.[251] 또 다른 방법으로는 봄, 들림 등의 괴로움의 진리법들을 관찰하면서 '괴로움이다'라고 이해할 때마다 그 괴로움의 진리법들에 대해 좋아하는 갈애를 제거하는 제거 통찰의 작용pahāna paṭivedha kicca이 성취된다. 부분 소멸tadaṅga nirodha도 성취되고, 실현 통찰의 작용sacchikiriyā paṭivedha kicca도 성취된다. 세간도를 생겨나게 하는 수행 통찰의 작용bhāvanā paṭivedha kicca도 성취된다. 따라서 봄, 들림 등의 괴로움의 진리법들을 관찰하면 나머지 세 가지 진리들에 대한 제거 작용, 실현 작용, 수행 작용도 성취되는 것으로 아는 바로 그것을 '내부의 네 가지 진리, 외부의 네 가지 진리를 관찰한다'라고 알아야 한다.[252]

251 DA.ii.391; 『위빳사나 수행방법론』 제1권, pp.535~539 참조.
252 『위빳사나 수행방법론』 제1권, pp.554~557 참조.

❸ 수행주제의 분석

이 「마하사띠빳타나숫따」에서 몸 거듭관찰은 들숨날숨 하나, 자세 하나, 바른 앎 하나, 혐오[253] 하나, 요소 마음기울임 하나, 묘지 아홉의 모두 열네 부분으로, 느낌 거듭관찰은 한 부분으로, 마음 거듭관찰도 한 부분으로, 법 거듭관찰은 장애 하나, 무더기 하나, 감각장소 하나, 깨달음 구성요소 하나, 진리 하나로 다섯 부분, 이렇게 스물한 가지 수행주제를 설해 놓았다. 이 스물한 가지 부분 중에 들숨날숨 하나, 혐오 하나, 묘지 아홉 부분, 이 열한 가지 부분을 '몰입appanā선정에 이르게 할 수 있는 수행주제들'이라고 주석서에서 설명하였다. 그러나 『디가 니까야』 수지자인 마하시와Mahāsīva 장로는 묘지 아홉 부분을 허물 거듭관찰ādīnavānupassanā이라는 위빳사나로 설한 것이라고 설명하였다. 이 장로의 견해에 따르자면 들숨날숨과 혐오, 이 두 가지만 몰입삼매에 이르게 할 수 있는 몰입 수행주제appanākammaṭṭhāna이다. 나머지 열아홉 가지 부분에서는 근접삼매라는 찰나삼매만 생겨나게 할 수 있기 때문에 위빳사나 수행주제, 근접 수행주제upacārakammaṭṭhāna일 뿐이라고 알아야 한다.

그래서 주석서에서는 "tesu ānāpānaṁ dvittiṁsākāraṁ navasivathikāti ekādasa appanākammaṭṭhānāni honti, dīghabhāṇaka mahāsivatthero pana navasivathikā ādinavānupassāvasena vuttāti āha, tasmā tassa matena dveheva appanākammaṭṭhānāni, sesāni upacāra kammaṭṭhānāni(그 중 들숨날숨과 서른두 가지 혐오와 아홉 가지 묘지라는 열한 가지는 몰입 수행주제이다. 하지만 『디가 니까야』 수지자 마하시와

253 원래는 혐오 마음기울임paṭikūlamanasikāra으로 표현해야 하나 저본에서 혐오paṭikūla로만 언급되어 그대로 따랐다.

장로는 아홉 가지 묘지는 허물 거듭관찰로 말했다고 설명했다. 따라서 그 장로의 견해에 따르자면 두 가지만 몰입 수행주제이고 나머지는 근접 수행주제이다)"[254]라고 설명해 놓았다.

이 주석서의 구절 중에 "sesāni upacāra kammaṭṭhānāni(나머지는 근접 수행주제이다)"라는 구절에 특히 주의해야 한다. 들숨날숨과 서른두 가지 신체부분 혐오를 제외한 나머지 열아홉 가지 부분을 근접 수행주제라고 말해 놓았다. 이 구절을 통해 자세와 바른 앎 등에 따라 수행하고 있는 수행자에게 생겨나는 바로 그 위빳사나 찰나삼매를 근접삼매라고 부를 수 있다는 사실, 그 삼매로 마음청정을 성취할 수 있다는 사실이 분명하다.

254 DA.ii.363; 「네 가지 마음챙기는 공부」 p.289 참조.

Ānisaṁsakathā

Yo hi koci, bhikkhave, ime cattāro satipaṭṭhāne evaṁ bhāveyya sattavassāni, tassa dvinnaṁ phalānaṁ aññataraṁ phalaṁ pāṭikaṅkhaṁ diṭṭheva dhamme aññā; sati vā upādisese anāgāmitā.

Tiṭṭhantu, bhikkhave, sattavassāni. Yo hi koci, bhikkhave, ime cattāro satipaṭṭhāne evaṁ bhāveyya cha vassāni … pañca vassāni … cattāri vassāni … tīṇi vassāni … dve vassāni … ekaṁ vassaṁ … tiṭṭhatu, bhikkhave, ekaṁ vassaṁ. Yo hi koci, bhikkhave, ime cattāro satipaṭṭhāne evaṁ bhāveyya sattamāsāni, tassa dvinnaṁ phalānaṁ aññataraṁ phalaṁ pāṭikaṅkhaṁ diṭṭheva dhamme aññā; sati vā upādisese anāgāmitā.

Tiṭṭhantu, bhikkhave, satta māsāni. Yo hi koci, bhikkhave, ime cattāro satipaṭṭhāne evaṁ bhāveyya cha māsāni … pañca māsāni … cattāri māsāni … tīṇi māsāni … dve māsāni … ekaṁ māsaṁ … aḍḍhamāsaṁ … tiṭṭhatu, bhikkhave, aḍḍhamāso. Yo hi koci, bhikkhave, ime cattāro satipaṭṭhāne evaṁ bhāveyya sattāhaṁ, tassa dvinnaṁ phalānaṁ aññataraṁ phalaṁ pāṭikaṅkhaṁ diṭṭheva dhamme aññā; sati vā upādisese anāgāmitāti.

Ānisaṁsakathā niṭṭhitā.

이익에 관한 말씀

Bhikkhave비구들이여, yo hi koci누구든지; 어떠한 비구, 비구니, 청신사, 청신녀든지❶ ime cattāro satipaṭṭhāne이 네 가지 새김확립을 evaṁ들숨날숨 등의 스물한 가지 장에서 설해진 방법대로 이렇게 sattavassāni칠 년 동안 bhāveyya 수행한다고 하자. 〔evaṁ sati이렇게 수행한다면〕 tassa그에게는; 어떠한 비구, 비구니, 청신사, 청신녀든 diṭṭheva dhamme현재의 바로 이 생에서 aññā vā 구경지든지; 아라한 과든지 sati upādisese아직 집착이 남아 있다면 anāgāmitā vā아나함 과든지 dvinnaṁ phalānaṁ두 가지 결과 중 aññataraṁ phalaṁ어느 한 가지 결과를 pāṭikaṅkhaṁ틀림없이 확실하게 얻을 것이라고 믿을 수 있다; 기대할 수 있다.

Bhikkhave비구들이여, sattavassāni tiṭṭhantu칠 년은 그만두자. bhikkhave비구들이여, yo hi koci누구든지; 어떠한 비구, 비구니, 청신사, 청신녀든지 ime cattāro satipaṭṭhāne이 네 가지 새김확립을 evaṁ들숨날숨 등의 스물한 가지 장에서 설해진 방법대로 이렇게 cha vassāni육 년 동안 … pañca vassāni오 년 동안 … cattāri vassāni사 년 동안 … tīṇi vassāni삼 년 동안 … dve vassāni이 년 동안 … ekaṁ vassaṁ일 년 동안 … bhikkhave비구들이여, ekaṁ vassaṁ tiṭṭhatu일 년은 그만두자. bhikkhave비구들이여, yo hi koci누구든지; 어떠한 비구, 비구니, 청신사, 청신녀든지 ime cattāro satipaṭṭhāne이 네 가지 새김확립을 evaṁ들숨날숨 등의 스물한 가지 장에서 설해진 방법대로 이렇게 sattamāsāni칠 개월 동안 bhāveyya수행한다고 하자. 〔evaṁ sati이렇게 수행한다면〕 tassa그에게는; 어떠한 비구, 비구니, 청신사, 청신녀든 diṭṭheva dhamme현재의 바로 이 생에서 aññā vā구경지든지; 아라한 과든지 sati upādisese아직 집착이 남아 있다면 anāgāmitā vā아나함 과든지 dvinnaṁ phalānaṁ두 가지 결과 중 aññataraṁ phalaṁ어느 한 가지 결과를 pāṭikaṅkhaṁ틀림없이 확실하게 얻을 것이라고 믿을 수 있다; 기대할 수 있다.

Bhikkhave비구들이여, sattamāsāni tiṭṭhantu칠 개월은 그만두자. bhikkhave비구들이여, yo hi koci누구든지; 어떠한 비구, 비구니, 청신사, 청신녀든지 ime cattāro satipaṭṭhāne이 네 가지 새김확립을 evaṁ들숨날숨 등의 스물한 가지 장에서 설해진 방법대로 이렇게 cha māsāni육 개월 동안 … pañca māsāni오 개월 동안 … cattāri māsāni사 개월 동안 … tīṇi māsāni삼 개월 동안 … dve māsāni이 개월 동안 … ekaṁ māsaṁ일 개월 동안 … aḍḍhamāsaṁ반달 동안, 즉 보름 동안 … bhikkhave비구들이여, aḍḍhamāso tiṭṭhatu보름은 그만두자. bhikkhave비구들이여, yo hi koci누구든지; 어떠한 비구, 비구니, 청신사, 청신녀든지 ime cattāro satipaṭṭhāne이 네 가지 새김확립을 evaṁ들숨날숨 등의 스물한 가지 장에서 설해진 방법대로 이렇게 sattāhaṁ칠 일 동안 bhāveyya수행한다고 하자.❷ 〔evaṁ sati이렇게 수행한다면〕 tassa그에게는; 어떠한 비구, 비구니, 청신사, 청신녀든 diṭṭheva dhamme현재의 바로 이 생에서 aññā vā구경지든지; 아라한 과든지 sati upādisese아직 집착이 남아 있다면 anāgāmitā vā아나함 과든지 dvinnaṁ phalānaṁ두 가지 결과 중 aññataraṁ phalaṁ어느 한 가지 결과를 pāṭikaṅkhaṁ틀림없이 확실하게 얻을 것이라고 믿을 수 있다; 기대할 수 있다.

Ānisaṁsakathā이익에 관한 말씀이 niṭṭhitā끝났다.

이익에 관한 말씀에 대한 해설

❶ yo hi koci누구든지; 어떠한 비구, 비구니, 청신사, 청신녀든지

"yo hi koci"라는 구절에 대해 "yo hi koci bhikkhu vā bhikhunī vā upāsako vā upāsikā vā"라고 설명한 주석서에 따라 출가자든 재가자든, 남자든 여자든 어느 누구를 막론하고 이 새김확립 수행을 바른 방법에 따라 닦는다면 아라한까지 될 수 있다고 믿고 기억해야 한다.

여기에서 여러 위빳사나 지혜들과 아래 단계의 두 가지 과를 설명하지 않고 아나함 과와 아라한 과만을 보인 것은 법의 가르침이라는 "sāsana"가 바른 길인 모습, "올바로 인도하는 것niyyānika"인 모습, 거룩한 모습을 분명하게 알게 하여, 제도 가능한 이들에게 이 수행에 대해 믿음saddhā과 의욕chanda이 매우 강하게 생겨나게 하려는 이유 때문이다. 이렇게 설명하셨기 때문에 '이 새김확립의 방법은 매우 특별하구나. 거룩하구나. 단지 칠 일 정도 노력하는 것만으로 아라한까지 될 수 있구나. 아라한이 되지 못하더라도 아나함까지 될 수 있구나. 조건이 형성되지 않아 아라한, 아나함까지 되지 못하더라도 수다원, 사다함까지 될 수 있는 것이 확실하구나. 매우 짧은 이러한 시간 중에 도와 과라는 이토록 거룩하고 특별한 법들을 얻게 할 수 있는 가르침은 진실로 올바로 인도하는 가르침, 거룩한 가르침이구나'라고 제도 가능한 이들에게 신심이 매우 강하게 생겨나고, 이 새김확립의 법을 노력하고자 하는 의욕이 매우 강하게 생겨나서 구족하게 노력하여 도와 과, 열반이라고 하는 결과의 법을 스스로 직접 경험하여 즐길 수 있게 된다.

❷ sattavassāni칠 년 동안 bhāveyya수행한다고 하자. … sattāhaṁ칠 일 동안 bhāveyya수행한다고 하자.

여기에서 제일 길게는 칠 년, 제일 빠르게는 칠 일로 구분하여 보여 놓은 사람들은 모두 중간 정도의 제도 가능한 이들이다. 지혜와 통찰지가 아직 여린 제도 가능자들의 경우에는 칠 년보다 더 오래 노력해야 아나함, 아라한이 될 수 있을 것이라고, 또한 지혜와 통찰지가 매우 예리한 제도 가능자들의 경우에는 칠 일보다 더 빠르게 특별한 법을 얻을 수도 있다고 알아야 한다. 그래서 주석서에서는 다음과 같이 설명하였다.

> Sabbampi cetaṁ majjhimasseva neyyapuggalassa vasena vuttaṁ. tikkhapaññaṁ pana sandhāya 'pāto anusiṭṭho sāyaṁ visesaṁ adhigamissati, sāyaṁ anusiṭṭho pāto visesaṁ adhigamissatī'ti vuttaṁ.
>
> (DA.ii.395)

대역

Ca'칠 년보다 더 오래, 혹은 칠 일보다 더 짧게 수행해야 하는 이들은 없는가?'라고 질문할 수 있기 때문에 이어서 말하자면 sabbampi모두 이기도 한 etaṁ칠 년과 칠 일로 구분하여 보인 이 구절은 majjhimasseva 중간 정도만인 neyyapuggalassa vasena제도 가능자에 대해 vuttaṁ말한 것이다. tikkhapaññaṁ pana지혜와 통찰지가 예리한 이들을 sandhāya대상으로 해서는 'pāto anusiṭṭho아침에 가르침을 받아 수행하는 이는 sāyaṁ 저녁에 visesaṁ adhigamissati도와 과라는 특별한 법을 증득할 것이고, sāyaṁ anusiṭṭho저녁에 가르침을 듣고 수행하는 이는 pāto새벽에 visesaṁ adhigamissati도와 과라는 특별한 법을 증득할 것이다'라고 vuttaṁ말했다.

Nigamakathā

Ekāyano ayaṁ, bhikkhave, maggo sattānaṁ visuddhiyā sokaparidevānaṁ samatikkamāya dukkhadomanassānaṁ atthaṅgamāya ñāyassa adhigamāya nibbānassa sacchikiriyāya yadidaṁ cattāro satipaṭṭhānāti. Iti yaṁ taṁ vuttaṁ, idametaṁ paṭicca vutta"nti. Idamavoca bhagavā. Attamanā te bhikkhū bhagavato bhāsitaṁ abhinandunti.
〔Imasmiṁ ca pana veyyākaraṇasmiṁ bhaññamāne tiṁsamattānaṁ bhikkhusahassānaṁ anupādāya āsavehi cittāni vimucciṁsuti.〕[255]

Mahāsatipaṭṭhānasuttaṁ niṭṭhitaṁ.

결론의 말씀

"'Bhikkhave비구들이여, cattaro네 가지의 yadidaṁ=ye ime어떤 이러한 satipaṭṭhānā확고한 새김을 가지는 것; 새김의 확고함; 새김확립이 santi있는데 ayaṁ확고한 새김을 가지는 것; 새김의 확고함; 새김확립이라는 이 실천의 길

255 ㉯ 이 괄호 안의 구절은 성전 원문에는 없다. 「사띠빳타나숫따」의 여러 짧은 대역들에만 있다. 따라서 결집에 참석한 스승들께서 설해 놓은 글이 아니라고, 또한 주석서의 'desanā pariyosāne tiṁsabhikkhusahassāni arahatte patiṭṭhahiṁsu(게송의 끝에 삼만의 비구가 아라한을 확립했다)'라는 구절을 근거로 후대 스승들이 첨가시켜 넣은 구절이라고 알아야 한다.

은 sattānaṁ나중에 부처님이나 벽지불, 성제자가 될 이들을 포함한 모든 중생들의 visuddhiyā마음의 더러움으로부터 멀리 벗어남, 깨끗함, 청정을 위한 ekāyano maggo하나뿐인 도, 한 갈래인 도이다. sokaparidevānaṁ걱정하고 근심하는 슬픔과 울고 통곡하는 비탄의 samatikkamāya극복을 위한 ekāyano maggo하나뿐인 도, 한 갈래인 도이다. dukkhadomanassānaṁ몸의 괴로움인 고통과 마음의 괴로움인 근심의 atthaṅgamāya소멸과 사라짐을 위한 ekāyano maggo하나뿐인 도, 한 갈래인 도이다. ñāyassa adhigamāya성스러운 도라는 도리의 증득을 위한 ekāyano maggo하나뿐인 도, 한 갈래인 도이다. nibbānassa sacchikiriyāya열반의 실현을 위한 ekāyano maggo하나뿐인 도, 한 갈래인 도이다'라고 iti이렇게 yaṁ taṁ법문의 서문을 mayā나는 vuttaṁ설했는데 etaṁ그 서문은 idam지금까지 설한 이 네 가지 새김확립을 paṭicca연유로 해서 vuttaṁ설한 것이다"iti라는 말로 부처님께서 설한 가르침이 끝났다.

Idaṁ이 「마하사띠빳타나숫따」의 가르침을 bhagavā거룩하신 세존께서 avoca설하셨다. te bhikkhū그때 법문을 들은 비구들은 bhagavato bhāsitaṁ세존께서 설하신 가르침에 attamanā마음이 흡족해졌고, abhinanduṁ'사~두'라고 외치며 기뻐하였다. iti이상으로 「마하사띠빳타나숫따」가 끝났다.

(Ca pana또한 '이 「마하사띠빳타나숫따」는 제도가능자neyya들을 위해서만 설하신 것인가? 이 경을 단지 듣는 것만으로 특별한 법을 구족한 약설지자ugghāṭitaññū, 상설지자vipañcitaññū들도[256] 있었는가?'라는 질문에 대해 조금 이어서 말하자면, imasmiṁ veyyākaraṇasmiṁ게송과 함께 설하지 않으시고 온전히 설명으로만 설하셨기 때문에 상설veyyākaraṇa에[257] 포함되는 이 「마하사띠빳타나숫따」의 가르침을 bhaññamane세존께서 설하셨을 때

256 약설지자와 상설지자, 제도가능자에 대해서는 『위빳사나 수행방법론』 제1권, p.117을 참조하라.

257 상설veyyākaraṇa은 부처님의 말씀을 아홉 가지로 분류한 것九分敎 중 하나이다. 구분교에 대해서는 각묵스님 옮김, 『디가 니까야』 제3권, p.584를 참조하라.

tiṁsamattānaṁ bhikkhusahassānaṁ삼만 정도의 비구들의 cittāni마음이 anupādāya어떤 하나도 나라고, 나의 것이라고 집착하지 않은 채 āsavehi번뇌로부터 vimucciṁsuti벗어났다.〕

Mahāsatipaṭṭhānasuttaṁ마하사띠빳타나숫따가 niṭṭhitaṁ끝났다.

대역의 결어

이천사백 구십에 삼년이 지나||
불기년도 석가력 환산해 보면||
일천삼백 십일년 미얀마 연도||
음력사월 십육일 저술을 마쳐||
이십팔일 교정후 인쇄를 마쳐||
새김확립 바른길 가게 드러내||
正道가면 열반得 고통 잠재워||

『마하사띠빳타나숫따 대역』의 결어가 끝났다.

쟁점에 관한 보충설명

1. 부풂과 꺼짐 관찰의 근거

이 「마하사띠빳타나숫따 대역」의 p.96에 배의 부풂 · 꺼짐과 함께 미세한 몸의 여러 동작들 모두를 "yathā yathā vā panassa kāyo paṇihito hoti, tathā tathā naṁ pajānāti(그리고 혹은 그의 몸이 어떠어떠하게 유지된다면 그 몸을 그러그러하게 안다)"[258]라는 구절을 통해 포함시켜야 한다는 것을 설명했다. 이렇게 설명한 것에 대해 성전과 주석서, 그리고 복주서를 통해서 근거가 있음을 보이겠다.

그 중에서 다른 견해를 가진paravādī 어떤 사람이 부풂과 꺼짐을 지목하여 비난하기 때문에 부풂과 꺼짐만을 기본으로 하여 설명하고자 한다.

배의 부풂과 꺼짐은 바람 요소가 두드러진 물질 무더기이므로 무더기로는 물질 무더기에 포함된다. 감각장소로는 감촉 감각장소에 포함된다. 요소 열여덟 가지 중에는 감촉 요소에 포함된다. 네 가지 근본요소 중에는 바람 요소이다. 진리로는 괴로움의 진리에 포함된다. 이러한 물질 무더기, 감촉 감각장소, 감촉 요소, 바람 요소, 괴로움의 진리들은 확실하게 위빳사나 관찰대상, 즉 위빳사나 관찰을 해도 좋은 법들일 뿐이

258 대역을 참조하여 역자의 해석을 첨부하였다.

다. 관찰하면 안 될 법이 아니다. 따라서 부풂과 꺼짐을 무상하고 괴로움이고 무아라고 알고 보도록 관찰하는 것은 무더기 가르침, 감각장소 가르침 등 각각 부처님의 성전과 일치하기 때문에 부처님께서 원하시는 바에 확실히 부합된다. 먼저 성전과 일치하는 모습을 간략하게 설명해 보겠다.

(1) 성전에 따라 근거가 있는 모습

배가 부풀고 꺼질 때 분명하게 드러나는 팽팽함과 움직임들은 바람 요소, 감촉 물질이기 때문에 '부풂, 꺼짐'이라고 관찰하면서 그 팽팽함과 움직임들을 바르게 아는 것은 "Rūpaṁ, bhikkhave, yoniso manasi karotha, rūpāniccatañca yathābhūtaṁ samanupassatha 비구들이여, 물질에 대해 합리적으로 마음 기울여라, 즉 관찰하라. 물질의 무상함도 사실대로 바르게 관찰하라"(S.ii.42), "Aniccaññeva, bhikkhave, bhikkhu rūpaṁ aniccanti passati, sāssa hoti sammādiṭṭhi 비구들이여, 한 비구가 무상할 뿐인 물질을 무상하다고 관찰하여 본다. 그 비구가 그렇게 관찰하여 보는 것은 바른 견해이다"(S.ii.42)라는 등의 『상윳따 니까야(무더기 주제)』 성전의 가르침과도 일치하고 「마하사띠빳타나숫따」의 법 거듭 관찰 중 무더기를 아는 모습에도 포함된다.

또한 "Phoṭṭhabbe, bhikkhave, yoniso manasi karotha, phoṭṭhabb-aniccatañca yathābhūtaṁ samanupassatha 비구들이여, 감촉대상들에 대해 합리적으로 마음 기울여라, 즉 관찰하라. 감촉의 무상함도 사실대로 바르게 관찰하라"(S.ii.355), "Anicceyeva, bhikkhave, bhikkhu phoṭṭhabbe aniccāti passati, sāssa hoti sammādiṭṭhi 비구들이여, 한 비구가 무상할 뿐인 감촉을 무상하다고 관찰하여 본다. 그 비구가 그렇게

관찰하여 보는 것은 바른 견해이다"(S.ii.355), "Phoṭṭhabbe abhijānaṁ parijānaṁ virājayaṁ vijahaṁ bhabbo dukkhakkhayāya 감촉을 특별하게 알면, 구분하여 알면, 애착이 빛바래면, 감촉을 버리면 고통 다함인 아라한 과를 증득하기에 적당하다"(S.ii.250), "Phoṭṭhabbe aniccato jānato passato avijjā pahīyati, vijjā uppajjati 감촉을 무상하다고 알고 보는 이에게 무명은 제거되고 명지明智가 생겨난다"(S.ii.259), 이러한 등의 『상윳따 니까야(감각장소 주제)』 성전의 가르침과도 일치하고 「마하사띠빳타나숫따」의 법 거듭관찰 중 감각장소를 아는 모습에도 포함된다.

또한 "Yā ceva kho pana ajjhattikā vāyodhātu yā ca bāhirā vāyodhātu vāyodhāturevesā. Taṁ 'netaṁ mama, nesohamasmi, na meso attā'ti evametaṁ yathābhūtaṁ sammappaññāya daṭṭhabbaṁ 또한 내부의 바람 요소, 외부의 바람 요소가 있다. 그것은 전부 바람 요소일 뿐이다. 그 바람 요소를 '이것은 나의 것이 아니다. 이것은 나가 아니다. 이것은 나의 자아가 아니다'라고 그렇게 바르게 아는 지혜로 사실대로 바르게 관찰하여 보아야 한다"(M.ii.85; M.iii.285)라는 등의 요소 가르침과도 일치하고 「마하사띠빳타나숫따」의 몸 거듭관찰 중 요소 마음기울임에도 포함된다.

또한 배의 부풂과 꺼짐이라는 바람 요소는 다섯 취착무더기 중 물질 취착무더기로서 괴로움의 진리에 해당되는 법이기 때문에 "Katamañca, bhikkhave, dukkhaṁ ariyasaccaṁ? Pañcupādānakkhandahā 비구들이여, 무엇이 괴로움의 진리인가? 다섯 취착무더기이다"(S.iii.373), "Dukkhaṁ, bhikkhave, ariyasaccaṁ pariññeyyaṁ 비구들이여, 괴로움의 성스러운 진리를 구분하여 알아야 한다"(S.iii.38)라는 등의 진리 가르침과도 일치하고 「마하사띠빳타나숫따」의 법 거듭관찰 중 성스러운 진리를 아는 모습에도 포함된다.

따라서 위의 여러 성전들의 근거를 통해 배의 부풂과 꺼짐이라는 팽팽함이나 움직임을 관찰해도 된다는 사실이 분명하다. 그 부풂과 꺼짐을 관찰하는 것을 통해 바르게 알고 보는 바른 견해와 명지의 지혜가 생겨나 삿된 견해와 무명을 제거할 수 있다는 사실, 도와 과, 열반에도 이를 수 있다는 사실도 분명하다.

또한 "Sīlavatāvuso, koṭṭhika, bhikkhunā pañcupādānakkhandhā aniccato dukkhato … anattato yoniso manasikātabbā. Ṭhānaṁ kho panetaṁ, āvuso, vijjati, yaṁ sīlavā bhikkhu ime pañcupādānakkhandhe aniccato dukkhato … anattato yoniso manasikaronto sotāpattiphalaṁ sacchikareyya. … sakadāgāmiphalaṁ … anāgāmiphalaṁ … arahattaphalaṁ sacchikareyya 도반 꼿티까여, 계행을 갖춘 비구는 다섯 취착무더기를 무상하다고, 괴로움이라고 … 무아라고 합리적으로 마음 기울여야 합니다. 즉 관찰해야 합니다. 도반 꼿티까여, 계행을 갖춘 비구가 이 다섯 취착무더기를 무상하다고, 괴로움이라고 … 무아라고 합리적으로 마음 기울이면, 즉 관찰하면 수다원 과를 실현할 근거가 있습니다. … 사다함 과 … 아나함 과 … 아라한 과를 실현할 근거가 있습니다"(S.ii.136)라는 「실라완따숫따Sīlavanta sutta 계 구족경」[259]를 통해 다섯 취착무더기를 바르게 관찰하면 수다원, 사다함, 아나함, 아라한이 될 수 있다는 사실을 분명하게 제시하였다. 부풂과 꺼짐은 다섯 취착무더기 중 물질 취착무더기에 포함되는 바람 요소 물질이다. 따라서 그 부풂과 꺼짐이라는 바람 물질을 관찰하는 것을 통해 수다원이 될 수 있다는 사실, 사다함, 아나함, 아라한도 될 수 있다는 사실이 매우 분명하다.

---

259 『상윳따 니까야』 제3권, pp.436~439 참조. 『상윳따 니까야』에는 '꼿티따Koṭṭhita'로 되어 있으나 미얀마 본에서는 '꼿티까Koṭṭhika'로 표현한다.

또한 「마하사띠빳타나숫따」의 몸 거듭관찰 중 자세를 아는 모습에 "yathā yathā vā panassa kāyo paṇihito hoti, tathā tathā naṁ pajānāti 몸 무더기가 어떠어떠한 자세로 유지되고 있다면, 그 몸 무더기를 그렇게 유지되고 있는 대로 그러그러한 자세를 통해, 또는 그렇게 취한 자세로 유지되고 있는 대로 안다"(D.ii.232)라는 문장이 있다.[260] 이 문장 중에 "yathā yathā 몸이 어떠어떠한 자세로 유지되고 있다면 ~ tathā tathā 그러그러한 자세를 통해"라는 구절은 부풂과 꺼짐을 포함해서 몸의 모든 동작을 직접 보여 준 것이다. 나타내지 못하는 동작이라고는 없다. 그러한 모든 몸의 동작들도 방금 드러내어 보였던 성전들에 따라서도, 또한 그와 비슷한 다른 여러 성전에 따라서도 위빳사나로 관찰해도 되는, 관찰할 수 있는 물질법들일 뿐이다. 몸의 여러 동작 물질 중에 위빳사나로 관찰하면 안 되는 물질이라고는 어떤 한 가지도 없다. 따라서 부풂과 꺼짐을 비롯한 여러 부분적인 모든 동작을 여기에서 "yathā yathā vā panassa"라는 등의 구절에 포함시켜 보인 것은 어떠한 성전과도 상반되지 않을 뿐만 아니라 물질을 관찰하도록 설명한 모든 성전들과 한 가지로 일치한다는 결론을 얻을 수 있다. 또한 이 자세의 장에서 관찰해야 하는 모든 물질법들을 구족하게 보였다는 결론도 얻을 수 있다.

또한 부처님께서 바라시는 바도 관찰할 만한 그 모든 물질과 정신에 대해 할 수 있는 만큼 무상 · 고 · 무아라고 관찰하는 것만을 바라셨다. 관찰할 수 있음에도 불구하고 관찰하지 않고 내버려 두는 것은 바라지 않으셨다. 따라서 이 자세의 장에서는 관찰할 수 있는 물질 모두를 남김 없이 구족하게 포함시키기 위해 부처님께서 바라시는 바와 일치하게 설명한 것이다.

260 대역은 본서 p.78을 참조하라. 이 구절에 대해서는 저본에 해석이 따로 소개되어 그대로 번역하였다.

본승本僧 혼자만 이렇게 설명한 것이 아니다. 레디 사야도Ledī Sayadaw께서도 『Anatta Dīpanī무아 해설서』 p.5에서 "'yathā yathā vā panassa kāyo paṇihito hoti, tathā tathā naṁ pajānāti'라는 성전을 통해 부처님께서는 앞에서 보인 기본자세 네 가지에 포함되어 생겨나는 여러 가지 몸 부분의 움직임, 일어남, 멈춤, 올림, 뻗음 등의 동작들을 행할 때에도 보통 행하는 대로 무의식적으로 행해서는 안 되며 '어떠한 것을 행해야지'라고 그 몸 부분을 대상으로 꼭 하고서 그 행위를 해야 한다는 것을 설명하셨다. 부처님께서 말씀하시고자 하는 근본 의미는 몸에 대한 새김kāyagatāsati이라는 것과 일치하게 자신의 몸에서 벗어난 다른 외부에 자신의 마음이 달아나서 산란하게 되지 않도록 새김을 통해 잘 단속해야 한다는 뜻이다. 이렇게 기본자세나 부분자세 등에 대해 그 행위를 보통 행하는 대로 무의식적으로 행하지 않고, 모든 것을 자세하게 계속해서 알면서 마음속에 계속 드러나 알고 보면서만 행위 하는 것을 미혹없음 바른 앎asammoha sampajañña이라고 한다. 주석서의 자세의 장에서 설명한 미혹없음 바른 앎의 내용은 매우 심오한 지혜를 갖춘 이들에게만 적합한 내용이다"라고 설명하셨다.

위의 내용은 레디 사야도께서 부분적인 몸의 동작들을 'yathā yathā vā panassa'라는 구절을 통해 설명하여 보이신 구절이다. 그 구절의 마지막에 주석서의 설명에 대해서까지 분석해 놓으셨기 때문에 레디 사야도께서는 그 구절을 쓰실 때 이미 여러 주석서와 복주서들도 확실하게 살펴보신 후에 성전의 의미를 완벽하게 이해할 수 있게 하는 제일 좋은 의미를 선택해서 서술하신 것이라고 생각하는 것이 적당하다. 관련된 주석서와 복주서들을 드러내시지는 않았지만 그것은 책의 분량이 너무 많지 않게 하려고 하셨기 때문에, 또한 주석서와 복주서를 자세하게 분석하려고 하지 않으셨기 때문에 드러내 보이시지 않은 것이다. 주석서와 복주서들을 무시하고자 보이지 않으신 것이 아니다. 본승도 그와 마찬가지로 책이 너무 분량이 많지 않도록, 또한 주석서와 복주서를 너무 자세하게는 분석하려고 하지 않았기 때문에 이 부분[261]에 관련된 여러 주석서와 복주서들의 설명을 드러내 보이지 않은 것이다. 그러나 지금은 다른 견해를 가진 이가 비난하기 때문에 이렇게 보충설명을 통해 관련된 주석서와 복주서를 설명하고자 한다.

(2) 주석서와 복주서의 설명

Yathā yathā vā panassa … pajānātīti sabbasaṅgāhikavacanamtaṁ. Idaṁ vuttaṁ hoti–yena yena vā ākārenassa kāyo ṭhito hoti, tena tena naṁ pajānāti. Gamanākārena ṭhitaṁ gacchatīti pajānāti, ṭhānanisajjāsayanā kārena ṭhitaṁ sayānomhīti pajānātīti.

(DA.ii.358; MA.i.257)

해석

"yathā yathā vā panassa … pajānātī"라는 이 구절은 모든 것을 포함하는 말이다. 이러한 의미를 뜻한다. 또 다른 방법으로는 어떠어떠한 모습으로 그 비구의 몸이 놓여 있다고 하면 그러그러한 모습으로 그 몸을 안다. 가는 모습으로 있는 몸을 '간다'라고 안다. 서거나 앉거나 누운 모습으로 있는 몸을 '눕는다'라고 안다. 이러한 의미다.

Sabbasaṅgāhikavacananti sabbesampi catunnaṁ iriyāpathānaṁ

261 앞의 자세의 장에서 모든 것을 포함시키는 구절에 대한 설명을 말한다. 본서 p.96을 참조하라.

ekajjhaṁ saṅgaṇhanavacanaṁ, pubbe visuṁ visuṁ iriyāpathānaṁ vuttattā idaṁ nesaṁ ekajjhaṁ gahetvā vacanati attho. Purimanayo vā iriyāpathappadhāno vuttoti tattha kāyo appadhāno anunimmādīti idha kāyaṁ padhānaṁ, appadhānañca iriyāpathaṁ anunimmādiṁ katvā dassetuṁ dutiya nayo vuttoti evampettha dvinnaṁ nayānaṁ viseso veditabbo.

(DAṬ.ii.306; MAṬ.i.353)

해석

'모든 것을 포함하는 말이다'라는 구절은 모든 것이기도 한[262] 네 가지 자세를 하나로 포함하는 구절이다. 앞에서는 자세들을 각각 설명했기 때문에 이 구절은[263] 모든 자세를 하나로 포함해서 설명한 구절이라는 뜻이다. 또 다르게 설명하자면 앞의 방법은[264] 자세를 기본으로 하여 설한 것이다. 따라서 그 방법에서 몸은 기본이 아니라 자세에 따라 포함되어 성취된다.[265] 그러나 여기에서는 몸을 기본으로 했기 때문에, 또한 자세는 그 몸을 따라서 포함되어 성취되는,[266] 기본이 아닌 것으로 설명하기 위해서 두 번째 방법을[267] 보였다. 이러한 두 가지 방법의 다른 점을 알아야 한다.

---

262 네 가지인데 그것이 전부라는 뜻이다. 즉 네 가지만 있다는 뜻으로 'pi'라는 단어를 저본에 해석해 놓았기 때문에 그대로 따라 번역하였다.

263 ㉯ "yathā yathā vā panassa … pajānātī 어떠어떠한 자세로 유지되고 있다면 … 안다"라는 구절을 뜻한다.

264 ㉯ "gacchanto vā 'gacchāmī'ti pajānāti 갈 때는 '간다'라고 안다"라는 등의 구절을 뜻한다.

265 ㉯ 자세에 따라 포함된 것이다.

266 ㉯ 몸의 뒤를 따라오는.

267 ㉯ "yathā yathā vā panassa … pajānātī 어떠어떠한 자세로 유지되고 있다면 … 안다"라는 구절을 뜻한다.

위의 성전과 주석서의 의미를 취할 때 ①복주서의 첫 번째 해석을 기본으로 취하는 모습, ②복주서의 두 번째 해석을 기본으로 하여 취하는 모습, 이렇게 두 가지로 나누어진다.[268]

(3) 복주서의 첫 번째 방법으로 취하는 모습

그 중 복주서의 첫 번째 설명에 따른다면 'sabbasaṅgāhikavacana(모든 것을 포함하는 말)'라는 구절에서 'sabba(모든 것)'는 모든 몸의 동작들을 말하는 것이 아니다. 모든 자세만을 뜻한다. 따라서 'yathā yathā; yena yena ākārena(어떠어떠한; 어떠어떠한 모습으로)'라는[269] 구절과 'tathā tathā; tena tena ākārena(그러그러한; 그러그러한 모습으로)'라는 구절도 모든 몸의 동작들을 말하는 것이 아니다. 네 가지 자세 모두만 뜻한다고 알아야 한다. 바로 그 네 가지 자세를 "gamanākārena ṭhitaṁ … sayānomhīti pajānātīti(가는 모습으로 있는 몸을 … '눕는다'라고 안다)"라는 구절을 통해 네 가지 모두를 드러내 보였다. 그보다 더 넓게 취해서는 안 된다는 뜻이다. 무엇 때문인가? "Cittaṁ uppannaṁ hoti rūpārammaṇaṁ vā … dhammārammaṇaṁ vā yaṁ yaṁ vā panārabbha(마음은 형색 대상을 대상으로 하거나 또는 … 법 대상을 대상으로 하거나 또는 어떠어떠한 것을 대상으로 하여 일어난다)"[270]라는 『담마상가니Dhammasaṅgaṇī 법집론』 구절에 대해 그 주석서인 『앗타살리니

268 하나는 네 가지 자세를 모은 말이라는 뜻. 또 하나는 네 가지 자세 외에 다른 모든 몸의 동작을 모은 말이라는 뜻이다.

269 경전에 'yathā yathā(어떠어떠한)'로 표현한 것을 주석서에서 'yena yena ākārena(어떠어떠한 모습으로)'라고 해석한 것을 합쳐서 나타낸 것이다.

270 Dhs.17; 자세한 해석은 본서 p.284를 참조하라. 문제가 되는 'yaṁ yaṁ vā panārabbha'라는 구절을 뒤에 주석서의 설명과 일치하게 '또는 형색 등 중에 특정지어지지 않은 어떤 하나를 대상으로'라고 해석했다. 즉 여기서 '어떠어떠한 것'이란 앞에서 말한 형색 등의 여섯 가지를 포함한다는 뜻이다.

Aṭṭhasālinī』에서 다음과 같이 설명했기 때문이다.

> Yaṁ yaṁ vā panārabbhāti ettha ayaṁ yojanā. Heṭṭhā vuttesu rūpārammaṇādīsu rūpārammaṇaṁ vā ārabbha ārammaṇaṁ katvāti attho. Saddārammaṇaṁ vā … dhammārammaṇaṁ vā ārabbha uppannaṁ hoti.
>
> (DhsA.149)

해석

'yaṁ yaṁ vā panārabbhā(또 다른 방법으로는 어떠어떠한 것을 대상으로)'라는 구절에 대해 앞뒤 구절의 연결은 다음과 같다. '아래에서[271] 이미 말했던 형색 대상 등 중에서 형색 대상을 의지하여 대상으로 취하거나'라는 뜻이다. 또는 소리 대상을 대상으로 취해서든 … 법 대상을 의지하여 대상으로 취해 마음이 생겨난다.

복주서의 첫 번째 설명은 이 『담마상가니』의 구절에 대한 해석과 마찬가지로 취한다는 말이다. 말하고자 하는 바는 다음과 같다. 앞에서 형색 대상 등의 여섯 대상을 대상으로 하여 마음이 생긴다고 언급한 다음에 바로 이어서 말한 "yaṁ yaṁ vā panārabbhā(또 다른 방법으로는 어떠어떠한 것을 대상으로)"라는 구절을 통해 특별하거나 더 첨가한 의미는 없다. 앞에서 이미 말했던 여섯 대상 중에 특정한 것이 아닌 어떤 한 가지를 대상으로 하여 마음이 생긴다는 의미만 취해야 한다는 의미다.

이와 마찬가지로 여기에서도 "yathā yathā; yena yena ākārena(어떠

271 ㉧ '앞에서'라는 뜻이다.

어떠한; 어떠어떠한 모습으로)"라는 구절에서도 앞에서 이미 말했던 네 가지 자세 중에 특정한 자세가 아닌 어떤 하나의 자세로 머무는 몸을 알아야 한다는 뜻이다. 이것이 복주서의 첫 번째 해석을 의지해서 의미를 취하는 모습이다.

앞에서 언급한 다른 견해를 가진 이들은 위 복주서의 이러한 첫 번째 해석에 따른 의미만을 중시하여 이 대역에[272] 본승이 설명해 놓은 것을 무례하고 거칠게 비난하고 있다. 사실대로 말하자면 부풂과 꺼짐 등의 부분적인 몸의 동작들이 그 복주서의 첫 번째 설명 방법에 따라 'yathā yathā; yena yena ākārena(어떠어떠한; 어떠어떠한 모습으로)'라는 구절에 설령 포함되지 않는다고 말할 수 있을지라도, 요소 마음기울임의 가르침이나 무더기 가르침 등의 아주 많은 여러 다른 경전 가르침들에 포함되는 것은 확실하기 때문에 그렇게 극단적으로 비난해서는 안 된다. 또한 그 복주서에서도 첫 번째 설명 방법으로는 충분하지 않아 다시 첨가하여 설명해 놓은 두 번째 방법에 따른다면 그 부분적인 몸의 동작들도 'yathā yathā; yena yena ākārena(어떠어떠한; 어떠어떠한 모습으로)'라는 구절에 포함된다. 포함되는 모습은 다음과 같다.

(4) 복주서의 두 번째 방법으로 취하는 모습

"kāyaṁ padhānaṁ appadhānañca iriyāpathaṁ anunimmādiṁ katvā dassetuṁ dutiya nayo vutto(몸을 기본으로 했기 때문에, 또한 자세는 그 몸을 따라서 포함되어 성취되는, 기본이 아닌 것으로 설명하기 위해서 두 번째 방법을 보였다)"라는 구절을 통해 'yathā yathā; yena yena

272 본서 p.78의 해석을 말한다.

ākārena 각각의 모습으로'라는 구절의 두 번째 방법의 가르침에서 "몸을 기본으로 하여 보였다. 자세는 다음에 따라오는 것으로 보였다"라고 말해 놓았기 때문에 'sabbasaṅgāhikavacana(모든 것을 포함하는 말)'라는 구절에서 'sabba(모든 것)'에 해당되는 것은, 기본이 되는 몸의 모든 동작과 모습을 다 포함해야 한다. 기본이 아닌 자세 네 가지만을 취해서는 안 된다. 이렇게 모든 몸의 동작들을 취하기 때문에 그 몸의 동작과 연결된 네 가지 자세도 뒤에 따라오는 것으로 저절로 포함된다. 비유하자면 앉아 있을 때 'yathā yathā … tathā tathā(어떠어떠한 … 그러그러한)'에 따라 가만히 있는 것, 앞으로 기울이는 것, 뒤로 젖히는 것, 굽히는 것, 펴는 것, 움직이는 것, 배가 부푸는 것, 배가 꺼지는 것 등을 관찰하여 알면, 앉아 있는 자세도 기본이 아닌 것으로 아는 것이라고 할 수 있다는 뜻이다. 가고 있을 때, 서 있을 때, 누워 있을 때에도 그 각각의 모든 움직임을 관찰하여 알면 감, 섬, 누움 등의 자세들도 기본이 아닌 것으로 아는 것이라고 할 수 있다. 이렇게 어떠한 몸의 동작 하나를 기본으로 하여 알면, 저절로 포함되어 성취되는 자세를 복주서에서는 'anunimmādīsu(따라서 포함되어 성취되는 것들 중에서)'라고[273] 설해 놓았다. 이것이 'vā(또 다른 방법이)'라고 말해 놓은 복주서의 두 번째 설명 방법에 따라 'yathā yathā vā panassa'라는 등의 의미를 취하는 모습과 방법이다.

그렇다면 주석서에서 자세 네 가지를 통해 유지되고 있는 모습만을 보여 주고 부분적인 몸의 동작들이 유지되고 있는 모습은 왜 보여주지 않았는가? 분명하고 기본이 되는 네 가지 자세로 유지되는 모습을 보여주면, 기본이 아닌 부분적인 몸의 동작들로 유지되는 모습들도 알 수 있기 때문에 그렇게 자세한 몸의 동작들을 구체적인 종류로 드러내어 설

273 'anunimmādīti'라거나 'anunimmādiṁ'이라고 표현되었다.

명하지 않았다고 알아야 한다. 이렇게 몸의 일반적인samañña 동작을 알게 하려 했기 때문에 이 경을 해석한 주석서에서 'yathā yathā(어떠어떠한)'라는 구절을 'yena yena ākārena(어떠어떠한 모습으로)'라는 일반적인 동작으로만 설명하여 보였다. 만약 네 가지 자세라는 특정한 동작만을 나타내고자 했다면 앞에서 언급한 『담마상가니』의 'yaṁ yaṁ vā panārabbhā(또 다른 방법으로는 어떠어떠한 것을 대상으로)'라는 구절에 대한 『앗타살리니』의 설명처럼 'idaṁ vuttaṁ hoti heṭṭhā vuttesu iriyāpathesu yena yena vā ākārena(이러한 의미를 뜻한다. 또 다른 방법으로는 앞에서 말한 네 가지 자세들 중의 어떠한 모습으로)'라고 전체 수식구niddhāraṇa visesana[274]와 함께 정확하게 해석했어야 할 것이다.

맞다. 앞에서 설명한 『담마상가니』의 구절을 다시 인용해 보겠다.

> Yasmiṁ samaye kāmāvacaraṁ kusalaṁ cittaṁ uppannaṁ hoti … rūpārammaṇaṁ vā saddārammaṇaṁ vā gandhārammaṇaṁ vā rasārammaṇaṁ vā phoṭṭhabbārammaṇaṁ vā dhammārammaṇaṁ vā yaṁ yaṁ vā panārabbha.
>
> (Dhs.17)

해석

어느 때 욕계 선한 마음이 형색을 대상으로, 또는 소리를 대상으로, 또는 냄새를 대상으로, 또는 맛을 대상으로, 또는 감촉을 대상으로, 또는 법을 대상으로, 또 다른 방법으로는 특별히 지정하지 않은 각각의 어떠어떠한 것을 대상으로 하여 생겨난다.

274 전체를 다 포함하는 의미가 들어있는 수식구를 말한다. 이 구절에서는 '앞에서 말한 네 가지 자세들 중의'라는 수식구가 해당된다.

이 구절에서 마음의 대상으로 지정해서 보인 것 중에 마음의 대상은 형색 대상을 시작으로 법 대상까지 모두 여섯 종류만 있기 때문에 'dhammārammaṇaṁ vā(또는 법을 대상으로)'까지의 구절을 통해 여섯 대상 모두를 다 보이고 나서 'yaṁ yaṁ vā panārabbha 특별히 지정하지 않은 각각의 어떠한 것을 대상으로 하여'라는 첨가 구절은 다른 새로운 어떤 대상을 의미하지 않는다. 그래서 그 성전을 해석한『앗타살리니』에서 다음과 같이 설명하였다.[275]

> Yaṁ yaṁ vā panārabbhāti ettha ayaṁ yojanā. Heṭṭhā vuttesu rūpārammaṇādīsu rūpārammaṇaṁ vā ārabbha ārammaṇaṁ katvāti attho. Saddārammaṇaṁ vā … dhammārammaṇaṁ vā ārabbha uppannaṁ hoti.
>
> (DhsA.149)

해석

'yaṁ yaṁ vā panārabbhā 또 다른 방법으로는 특별히 지정하지 않은 각각의 어떠한 것을 대상으로'[276]라는 구절에 대해 앞뒤 구절의 연결은 다음과 같다. '아래에서[277] 이미 말했던 형색 대상 등 중에서 형색 대상을 의지하여 대상으로 취하거나'라는 뜻이다. 또는 소리 대상을 대상으로 취해서든 … 법 대상을 의지하여 대상으로 취해 마음이 생겨난다.

275 앞에서도 설명했으나 저본에 반복되어 설명되어 있어 그대로 따랐다.

276 이 구절에 대해서는 저본에 해석이 따로 소개되어 그대로 번역하였다.

277 '앞에서'라는 뜻이다.

이 해석에서 'heṭṭhā vuttesu rūpārammaṇādisu(아래에서 이미 말했던 형색 대상 등 중에서)'라는 전체 수식구niddhāraṇa visesana에 특히 주의를 해야 한다. 'yaṁ yaṁ vā pana'라는 구절을 통해서는 특별히 지정되지 않은 각각의 어떠한 대상을 지칭하지만, 여기에서는 이미 앞에서 언급했던 여섯 대상에서 벗어난 어떤 다른 대상이라고는 없다. 따라서 그 앞에서 언급했던 여섯 대상 중에서 특별히 지정되지 않고, 차례에도 관계없는 어떠한 한 대상만을 취해야 한다고 알게 하려 했기 때문에 'heṭṭhā vuttesu rūpārammaṇādisu 이 세상에서[278] 앞에서 말했던 형색 대상 등 중에'라는 전체 수식구를 첨가하여 확실하게 설명했던 것이다.

반면 'yathā yathā vā panassa'라는 이 구절에서 'yathā yathā; yena yena ākārena'라고 하는 주석서에 따라 취할 수 있는 'ākāra 형태나 모습'은 앞에서 말한 자세 네 가지만 뜻하는 것이 아니다. 사실대로 설명하자면 그 성전에 따라 취할 수 있는, 취하기에 적당한 몸의 형태나 모습은 몇 백 이상으로 매우 많다. 바로 그렇기 때문에 그 경을 해석한 주석서에서는 'heṭṭhā vuttesu iriyāpathesu'라는 전체 수식구niddhāraṇa visesana로 제한하지 않고 'idaṁ vuttaṁ hoti, yena yena ākārena 이러한 의미를 뜻한다. 또 다른 방법으로는 각각의 모습으로'라고 일반적으로만 설명해 놓은 것이다.

(5) 취할 수 있는 모든 의미를 다 보였다

지금까지 설명했던 복주서의 두 번째 해석은 기본이 되는 몸의 모든 형태, 바로 그것을 'yathā yathā … tathā tathā'라는 성전 구절을 통해 포함할 수 있도록 보였기 때문에 그 해석에 따르자면 배의 부풂과 꺼짐을

278 '이 세상에서'라는 내용이 저본에 첨가되어 해석되어 그대로 번역하였다.

비롯하여 모든 몸의 부분적인 형태나 모습도 'yathā yathā vā panassa'라는 등의 구절에 포함되는 것이다. 이렇게 포함되기 때문에 이 두 번째 해석은 일반적으로 설해 놓은 'yathā yathā vā panassa' 등의 가르침에서 얻을 만한, 얻기에 적당한 그 모든 의미를 모두 다 드러낼 수 있다. 바로 그렇기 때문에 복주서의 스승들은 이 해석을 두 번째에 설명했던 것이다. 주석서나 복주서에서 앞의 해석으로 만족하지 않아서 두 번째, 세 번째 다시 해석해 놓은 것들 중에 마지막 해석을 더욱 중시하고 비중을 둔다는 사실을 여러 스승들이 언급하였다.

그러한 이유로 레디 사야도께서 성전의 의미를 모두 취하게 할 수 있는 그 주석서의 두 번째 해석만을 기본으로 하여 『*Anatta Dīpanī*무아 해설서』에 'yathā yathā vā panassa' 등의 구절의 의미를 전부 구족하게 드러내어 보이셨다. 본승도 레디 사야도처럼 이해하고서 본 책에서 위의 의미를 드러내어 보였다.

(6) 관찰하기에 적합한 바른 법이라는 사실이 중요하다

그렇기는 하지만 위에서 말한 다른 견해를 가진 이들은 복주서 첫 번째 해석과 일치하지 않는데도 'yathā yathā vā panassa' 등의 구절에 포함시켜 설명했다는 이유로[279] 부풂과 꺼짐을 위빳사나로 관찰하면 안 되는 듯 꾸미고 날조하여 은근슬쩍 배제하였다. 사실은 관찰해도 좋은 바른 법이면 어떠한 가르침에 포함시켜서 설명하더라도 관찰하면 안 될 법이 없다. 여전히 관찰해도 좋은 법일 뿐이다. 따라서 각각의 어떠한

279 'yathā yathā vā panassa'라는 구절의 첫 번째 해석에 따르자면 이것은 네 가지 자세 중의 어느 하나를 나타내기 때문에 부풂과 꺼짐은 이 구절에 포함될 수 없다. 그럼에도 저본에서 부풂과 꺼짐을 이 구절에 포함시켜 설명한 것을 꼬집는 것이다.

가르침에 포함시켜 설명하는가는 중요하지 않다. 관찰해도 좋은 법이 맞는지가 중요한 것이다. 이것에 대해서 조금 설명해 보겠다. 관찰해도 좋은 법임에도 불구하고 그 법이 어떠한 가르침에 하나의 법체로서 드러내어 설명되지 않았다면 가르침에서 벗어나지 않게 하기 위해 그 법을 적당한 다른 곳에 포함시켜 설명해야 하는 것이 책을 저술하는 스승들의 의무이다.

여기에서 예를 하나 드러내 보이겠다. 뇌수matthaluṇga라는 신체부분koṭṭhāsa은 부처님께서 직접 설하신 성전에서는 구체적인 법체로 드러내어 설명한 곳이 없다. 사리뿟따Sāriputta 존자가 설했다고 전해지는 『빠띠삼비다막가』 성전에서만 볼 수 있다. 하지만 그렇게 『빠띠삼비다막가』 성전에서 법체로 분명하게 설명해 놓았으므로 그 뇌수라는 신체부분은 확실하게 관찰하기에 적합한 법이다. 이렇게 관찰해도 되는 법이기 때문에 그 뇌수라는 신체부분을 부처님께서 바라시는 바에 일치하는 것으로, 부처님께서 설하신 성전에 포함시켜 설명하는 것이 주석서와 복주서 스승들의 의무인 것이다. 그래서 『위숫디막가』에서 "Matthaluṇgaṁ atthimiñjena saṅgahetvā paṭikūla manasikāravasena desitaṁ(뇌수는 골수에 포함시켜 혐오 마음기울임의 형태로 설하셨다; Vis.i.232)"이라고 뇌수라는 신체부분을 골수에 포함시켜 부처님께서 설하셨다고 설명하였다. 『위숫디막가』에 대한 주석인 『마하띠까Mahāṭīkā 대복주서』에서도 "Yaṁ vā panaññampi kiñcīti vā iminā pāḷiyaṁ matthaluṅgassa saṅgaho daṭṭhabbo("또한 다른 어떠한"이라는 이 성전 구절에서는 뇌수를 포함한 것을 나타냈다; Pm.ii.429)"라고 다시 설명하였다.[280]

280 『위숫디막가』에서는 "Yaṁ vā panaññampi kiñcīti avasesesu tīsu koṭṭhāsesu pathavīdhātu saṅgahitā('또한 다른 어떠한'이란 나머지 세 가지 신체부분에 포함된 땅 요소를 포함한다)"라고 설명하였다. 나머지 세 가지 신체부분이란 물 요소, 불 요소, 바람 요소를 말한다.

이 『마하띠까』에서 말하고자 하는 바는 다음과 같다. 「마하핫티빠도빠마숫따Mahāhatthipadopamasutta 코끼리 발자취 비유 긴 경」나 「마하라훌로와다숫따Mahārāhulovādasutta 라훌라 훈계 긴 경」 등에서 땅 요소의 법체를 나타낼 때 "Kesā lomā … udariyaṁ karīsaṁ yaṁ vā panaññampi kiñci ajjhattaṁ paccattaṁ kakkhaḷaṁ kharigataṁ upādinnaṁ(머리카락, 몸털 … 소변, 대변이 있다. 또한 자기 내부에서 생겨나며 각각의 개개인에 속하고 집착의 대상이 되는 어떤 거칠고 딱딱한 성품도 있다)"[281]이라고 설명하였는데, 이 설명 중의 'yaṁ vā pana(또한 어떤)'라는 등의 구절을 통해 "머리카락을 시작으로 하고 똥을 끝으로 하는 열아홉 가지 외에 전체 신체 중의 다른 어떠한 부분 중에 딱딱하고 거친 성품도 있다"라는 것을 나타냈다. 이 가르침에서 법체로 분명하게 나타내지 않은 뇌수라는 신체부분을 그 'yaṁ vā pana(또한 어떤)'라는 것으로 설명한 신체부분에 포함시켜야 한다는 뜻이다.

여기에서 말하고자 하는 바는 다음과 같다. 뇌수matthaluṅga라는 신체부분을 주석서에 따라 골수aṭṭhimiñja에 포함시키든, 복주서에 따라 'yaṁ vā pana(또한 어떤)'라는 구절에 포함시키든, 어디에 포함시켜 나타내는가는 중요하지 않다. 관찰해도 좋은 법이라는 사실이 중요하다. 두 방법 모두 적합한 방법이라고 취해도 좋다고 알게 하려는 것이 주된 목적이다.

또한 『위숫디막가』라는 주석서에서 골수라는 신체부분에 명백하게 포함시켜 보여 놓은 뇌수를 복주서의 스승이 'yaṁ vā pana(또한 어떤)'라는 구절에 포함시켜 설명하였기 때문에 그 뇌수를 관찰해서는 안 된

281 M.i.242; Vis.i.344; 해석은 *Mahāsi Sayadaw*, 『*Visuddhimagga Myanmarpyan*위숫디막가 미얀마어 번역』 제2권, p.618; 『청정도론』, 제2권, p.238 참조.

다거나 관찰하기에 적당하지 않다고 생각하거나 말해서는 안 된다는 사실도 알게 하려는 것이 주된 목적이다.

또한『빠띠삼비다막가』에 따라 관찰해도 좋은 뇌수라는 신체부분은 누가 어떠한 구절, 어떠한 가르침에 포함시켜 설명한다 하더라도 관찰해도 좋은 법이라는 사실은 변함이 없듯이 마찬가지로 부풂과 꺼짐을 비롯한 여러 가지 자세한 신체동작의 바람 물질들도 바른 앎의 장, 요소 마음기울임의 장, 무더기의 가르침, 감각장소의 가르침 등에 따라 위빳사나로 관찰해도 좋은 법이기 때문에 자세의 장에서 'yathā yathā vā panassa'라는 구절에 포함시켜 보였고, 그렇기 때문에 이들은[282] 관찰해서는 안 될 법이 절대로 아니다. 관찰해도 되는, 관찰해야 할 법일 뿐이다. 따라서 그러한 물질들을 관찰해서는 안 된다고 어느 누구도 말해서는 안 된다. 말해서는 안 될 뿐만 아니라 '관찰해야 되는 법이다. 관찰해도 좋은 법이다'라고 인정해야만 한다는 사실도 알게 한다.

이 정도의 설명을 통해 부풂과 꺼짐 등의 자세한 신체부분의 움직임 등을 'yathā yathā vā panassa'라는 구절에 포함시켜 설명한 것에 대해 관찰하기에 적당한 대상이라는 사실, 그리고 그곳에 포함시켜 설명해도 적당하다는 사실, 또한 의무와 소임에 따라[283] 넣어 설명했다는 사실 등을 분명하게 이해했을 것이다.

(7) 다른 방법으로 바꾸어 설명한 이유

이「마하사띠빳타나숫따 대역」의 자세 관찰에 대한 해설에[284] 'ye vā

282 부풂과 꺼짐을 비롯한 여러 가지 자세한 신체동작의 바람 물질들.

283 대역을 쓰는 저자의 의무에 따라.

284 본서 p.97을 참조하라.

pana(또 다른 방법은)'라고 설명하면서 'yathā yathā vā panassa'라는 구절에 대해 다른 방법으로 그 의미를 취하는 모습을 나타냈다. 그렇게 설명한 것은 지혜 있는 이들이 잘못따름agati에 따라가지 않고 스스로의 지혜를 통해 조사하고 분석하여 동의하면 받아들이고, 동의하지 않으면 받아들이지 않도록 하기 위함일 뿐이다. 그러한 방법에 관련하여 본승이 설명한 근거 정도라면 지혜 있는 이들이 이해할 수 있을 정도로 충분하다고 생각된다. 그렇지만 지혜가 둔한 이들을 위해 조금 더 다시 설명해 보겠다.

'vā pana'와 함께 설한 그 가르침에서 'yaṁ yaṁ vā panārabbha'라는 『담마상가니』 구절은 그 밖의 여러 구절에서 이미 설했던 의미 외에 다른 의미를 취하기 위해서만이다. 이미 설했던 것을 그대로 다시 취하기 위해서가 아니다. 하지만 'yaṁ yaṁ vā panārabbha'라는 『담마상가니』 구절에서는 이미 설했던 여섯 대상을 제외한 다른 어떠한 대상이라고 할 만한 것이 없기 때문에 이미 말했던 것을 요약해서 다시 설한 것이라는 사실이 분명하다. 다른 곳에서는 그 『담마상가니』와 경우가 다르다. 이미 설했던 것과 다른 어떠한 의미들도 있기 때문에 이미 설한 것 외에 다른 어떠한 의미를 말하고자 한다는 것을 알아야 한다.

이 「마하사띠빳타나숫따」에서도 "'atthi kāyo'ti vā panassa sati paccupaṭṭhitā hoti(혹은 '몸만 있다'라고 새김이 현전한다)"라는 등의 구절을 통해서, 또한 "ye vā panassa te honti anattha kāmā(혹은 불이익을 바라는 이들)"라는 등의 구절을 통해서도 이미 설했던 것 외의 다른 어떠한 의미를 설해 놓은 경우를 접할 수 있다. 지금 이 부록의 p.288에서 설명한 'yaṁ vā panaññampi' 등의 구절을 통해서도 이미 설했던 열아홉 가지 신체부분 외에 다른 어떠한 땅 요소를 나타낸다는 사실을 분명하게 알 수 있다.

그와 마찬가지로 『담마상가니』 성전의 여러 곳에서도 'ye vā pana aññepi atthi'[285]라는 등으로 설해 놓은 'ye vā pana'라는 구절에서, 또는 아비담마 『위방가Vibhaṅga 분별론』나 다른 여러 경전의 'yaṁ vā pana'[286]라는 등의 설해 놓은 그 'yaṁ vā pana'라는 구절에서는 이미 설했던 것 외의 다른 의미들을 나타냈다는 사실들도 분명하게 볼 수 있다.

특히 아비담마 『위방가』 등의 'taṁ taṁ vā pana rūpaṁ upādāya(또한 각각의 물질을 견주고 견주어서)'[287]라는 등의 성전에 대해 'taṁ taṁ vā panāti ettha na heṭṭhimanayo oloketabbā('또한 각각의'라는 구절은 앞에서 말한 방법으로 보아서는 안 된다)'[288]라는 등으로 주석서에서 설명해 놓았기 때문에 이전에 이미 설했던 의미가 아니라는 사실, 새로운 의미를 말한다는 사실이 매우 분명하다.

여기에서 "'yathā yathā'라는 구절은 방금 사례를 들어 나타낸 'ye, yaṁ, taṁ' 등의 구절과 같지 않은 것 아닌가?"라고 반론하지 않아야 한다. 본승이 말하고자 하는 원래 뜻은 법체를 나타내어 보인 곳이든[289], 모습을 보인 곳이든[290], 앞과 뒤에서 법체를 나타내어 보이는 것, 모습을 나타내어 보이는 것으로는 같기 때문에 'vā pana'라는 구절로 보였다는 사실을 설명하고자 할 따름이었다. 따라서 'ye vā pana' 등과 'yathā yathā vā panassa'라는 구절이 다르다고 반박하는 것은 지혜 있는 이의 반박이 아니다.

여기에서 'gacchanto vā'라는 등으로 앞의 네 구절을 통해 자세 네 가

285 Dhs.16.
286 Vbh.2.
287 Vbh.2.
288 VbhA.10.
289 'ye, yaṁ, taṁ' 등을 말한다.
290 'yathā yathā' 등을 말한다.

지를 관찰하는 모습은 이미 보였기 때문에 'yathā yathā'라는 구절을 통해 그 네 가지 자세로 취하지 못한 다른 세세한 몸의 움직임들만을 취한다 하더라도 관찰해야 하는 법들이 줄어들지 않는다. 따라서 어떠한 이익의 손실도 생기지 않는다. 따라서 지혜 있는 이들이라면 그러한 다른 설명 방법을 스스로의 지혜로 조사하고 분석하고 나서 그 의미를 이해하고 동의한다면 받아들이고, 이해하지 못하거나 동의하지 않는다면 받아들이지 않으면 그만이다. 그렇게 새롭게 설명하는 방법을 아주 장황하게 허물을 지적하면서 거부할 필요는 없다. 그렇게 거부한다 하더라도 어떠한 특별한 이익을 얻으리라는 보장이 없다.

(8) 부풂과 꺼짐을 들숨날숨에 포함시킨 이유

또한 앞과 같은 곳에 대한 해설 중에 부풂과 꺼짐을 바람 요소 여섯 가지 중에 들숨날숨이라는 바람 요소에 포함시켜야 하는 것이 적당하다고 설명하였다.[291] 그렇게 설명했지만 사실 부풂과 꺼짐이라는 바람 요소는 ① 신체부분을 움직이는 바람 요소aṅgamaṅgānusārī vāyo, ② 들숨날숨 바람 요소assāsapassāsa vāyo, ③ 배 안의[292] 바람 요소kucchisaya vāyo, ④ 그 밖의 모든 바람 요소yaṁ vā pana vāyo, 이러한 네 가지 바람 요소와 관련되어 있다. 그 중에서도 들숨날숨과 제일 가깝게 연결되어 있기 때문에, 또한 들숨날숨의 연속된 결과로 매우 분명하기 때문에 들숨날숨 바람 요소에 포함시켜 설명한 것이다. 하지만 그렇게 들숨날숨 바람 요소에 포함된다고 해서 들숨날숨ānāpāna이라는 사마타 수행주제라고 해서는 안

291 본서 p.97을 참조하라.
292 배 안에 있고 장 밖에 있는.

된다. 무엇 때문인가? 들숨날숨 사마타 수행에서는 『빠띠삼비다막가』나 『위숫디막가』 등에서 코끝이나 윗입술 등에 닿는 들숨날숨만을 관찰하도록 설명해 놓았기 때문이다. 맞다. 그 『빠띠삼비다막가』라는 성전, 『위숫디막가』라는 주석서에 따른다면 배에서 숨이 들어오고 나가면서 움직이고 있는 들숨과 날숨을 관찰하더라도 들숨날숨 사마타 수행주제라고 할 수 없다. 그렇지만 요소 구분 수행주제 또는 위빳사나 수행주제는 될 수 있다. 무엇 때문인가? 요소 구분 수행주제에서는 네 가지 요소 중 어느 것을 막론하고 관찰할 수 있기 때문이고, 위빳사나 수행주제에서도 몸 안, 몸 밖의 그 모든 다섯 취착무더기를 다 관찰할 수 있기 때문이다.

여기에서 다른 견해를 가진 이들이 '그렇다면 코끝에 종이를 붙여 놓고 들숨날숨 때문에 그 종이가 움직일 것이고, 그 움직이고 있는 종이를 관찰해도 좋다고 말하는 것과 같지 않은가?'라고 반론해 놓은 것을 보았다. 본승이라면 '분명하게 안다면 그 종이는 그만두고 그 어떤 움직임도 다 관찰해도 좋다'라고 대답할 것이다. 그 이유는 멀리 찾을 필요도 없다. 바로 이 「마하사띠빳타나숫따」에서 "Iti bahiddhā vā kāye kāyānupassī viharati; bahiddhā vā dhammesu dhammānupassī viharati"라는 등으로 내부와 외부, 그 모든 것을 관찰하도록 부처님께서 직접 설해 놓으셨지 않았는가? 부처님의 금언을 어떠한 불자가 의심하고 배제할 것인가?

지금까지 이 『마하사띠빳타나숫따 대역』의 p.96에 설명해 놓은 해설과 관련하여 지혜가 둔한 이들을 위해 다시 설명해 보였다.

2. 나타남 관찰의 근거

(1) 나타남을 통해서 관찰해도 좋은 이유

이 「마하사띠빳타나숫따 대역」의 p.125에 바람 요소의 특성과 역할, 나타남을 분명하게 설명했다. 이것은 그러한 것들이 관찰하기에 적당한 법들이기 때문에 주석서와 복주서 등에 따라 설명한 것이다.

이 설명 중에 나타남과 관련하여 '물질의 나타남은 위빳사나 관찰 대상이 아니다. 혹은 바람 요소의 나타남은 연속된 결과로서의 나타남phalapaccupaṭṭhāna일 뿐이다. 혹은 빤냣띠 개념일 뿐이다'라고 사오 년 전부터 시작하여 궤변론자들vitaṇḍavādi이 잘못 말하고 있기 때문에 그 사견에 대해서 분명하게 설명할 필요가 있다고 생각하여 여기에서 간략하게 언급하고자 한다.

"lakkhaṇarasādivasena pariggahetabbā 특성과 역할 등을 통해 파악해야 한다"(Vis.ii.222)라는 『위숫디막가』에 대한 『마하띠까』의 설명에서 "pariggahavidhi pana khandhaniddese vutto evāti adhippāyo"[293]라고 주석하였다. "특성과 역할 등으로 파악하는 모습은 『위숫디막가』의 무더기에 대한 상설에서 이미 보였다. 자세한 설명을 알고자 한다면 그 무더기에 대한 상설을 보라"라는 뜻이다.

무더기에 대한 상설을 보면 마음부수라는 정신법을 파악하는 모습에 대해 설명하는 차례에서 "phusatīti phasso, svāyaṁ phusana lakkhaṇo, saṅghaṭṭana–raso, sannipāta–paccupaṭṭhāno, āpāthagatavisaya–padaṭṭhāno(접촉한다고 해서 접촉이다. 그 접촉은 접촉함이라는 특성이

293 Pm.ii.350.

있다. 부딪힘이라는 역할이 있고, 함께 모이는 것으로 나타난다. 도달한 대상이 가까운 원인이다)"[294]라는 등으로 ① 특성, ② 역할, ③ 나타남을 통해서 파악하는 모습, 관찰하는 모습의 차례를 자세하게 설명해 놓은 것을 볼 수 있다.

마음, 즉 의식을 파악하는 모습에 대해 설명하는 차례에서도 눈 의식 요소 등으로 일곱 가지 종류로 나누고서 각각의 특성과 역할, 나타남, 가까운 원인, 이렇게 네 가지로 자세하게 설명해 놓은 것을 볼 수 있다.[295]

물질 무더기, 즉 물질법을 파악하는 모습도 근본 물질 네 가지四大를 시작으로 그와 마찬가지로 특성과 역할, 나타남, 가까운 원인, 이렇게 네 가지로 자세하게 설명해 놓은 것을 볼 수 있다.[296]

그 중 네 가지 근본 물질을 다음과 같이 설명하였다.

Bhūtarūpaṁ catubbidhaṁ – pathavīdhātu āpodhātu tejodhātu vāyodhātūti. Tāsaṁ lakkhaṇarasapaccupaṭṭhānāni catudhātuvavatthāne vuttāni. Padaṭṭhānato pana tā sabbāpi avasesadhātuttayapadaṭṭhānā.

(Vis.ii.73)

해석

근본 물질은 땅 요소, 물 요소, 불 요소, 바람 요소라는 네 가지가 있다. 그 네 가지의 특성, 역할, 나타남은 네 가지 요소 구분에서 이미 설명했다. 아직 보이지 않은 가까운 원인으로 말하자면 그 네

294 Vis.ii.93; 『*Visuddhimagga Myanmarpyan*』, 제3권, pp.278~279; 『청정도론』 제2권, p.465 참조.
295 『청정도론』 제2권, pp.445~451 참조.
296 『청정도론』 제2권, pp.265~266; 417~431 참조.

가지 요소 모두가 나머지 세 가지 요소를 가까운 원인으로 한다.

위의 『위숫디막가』에서는 네 가지 요소를 특성과 역할, 나타남을 통해 관찰하는 절차는 네 가지 요소 구분에서 설명한 대로라는 사실과 또한 가까운 원인으로는 자신을 제외한 나머지 세 요소라는 가까운 원인으로 관찰해야 한다고 설명하였다. 따라서 네 가지 요소 구분에서 설명한 관찰모습의 절차도 살펴보아야 할 것이다. 그 내용은 아래와 같다.

Lakkhaṇāditoti pathavīdhātu kiṁ lakkhaṇā, kiṁ rasā, kiṁ paccupaṭṭhānāti evaṁ catassopi dhātuyo āvajjetvā pathavīdhātu kakkhaḷattalakkhaṇā, patiṭṭhānarasā, sampaṭicchanapaccupaṭṭhānā. Āpodhātu paggharaṇalakkhaṇā, brūhanarasā, saṅgahapaccupaṭṭhānā. Tejodhātu uṇhattalakkhaṇā, paripācanarasā, maddavānuppadānapaccupaṭṭhānā. Vāyodhātu vitthambhanalakkhaṇā, samudīraṇarasā. Abhinīhārapaccupaṭṭhānāti evaṁ lakkhaṇādito manasikātabbā.

(Vis.i.362)

해석

'특성 등으로'라는 구절에서 '땅 요소는 어떠한 특성이 있는가? 어떠한 역할이 있는가? 어떠한 나타남이 있는가?'라는 이러한 방법으로 그 네 가지 요소 모두를 숙고하고 나서 '땅 요소는 딱딱한 특성이 있다. 기반이 되는 역할을 한다. 받아들이는 것으로 나타난다. 물 요소는 흐르는 특성이 있다. 붇게 하는 역할이 있다. 모으는 것으로 나타난다. 불 요소는 뜨거운 특성이 있다. 성숙하게 하는 역할이 있다. 부드러움을 주는 것으로 나타난다. 바람 요소는 팽팽한 특성이 있다. 움직임, 움직이게 함, 밀어주는 역할이 있다. 근본 물질 무더기를 앞으로 이끄는 것으로 나타난다'라고 이렇게 특성 등으로 마음 기울여야 한다.[297]

지금 언급한 『마하띠까』와 『위숫디막가』의 내용 중에 정신법과 물질법을 특성, 역할 등으로 관찰해야 하는 것처럼 나타남을 통해서도 관찰해야 하고, 관찰해도 좋다는 사실이 매우 분명하다. 또한 가까운 원인으로 관찰해도 좋다는 사실도 분명하다.

아래의 여러 주석서와 복주서를 통해서도 물질법을 나타남으로 관찰해도 좋고, 관찰할 수 있다는 사실이 더욱 분명하다.

Iti rūpanti idaṁ rūpaṁ, ettakaṁ rūpaṁ, ito uddhaṁ rūpaṁ natthīti ruppanasabhāvañceva bhūtupādāyabhedañca ādiṁ katvā lakkhaṇarasapaccupaṭṭhānapadaṭṭhānavasena anavasesarūpapariggaho vutto.

(DA.ii.53; SA.ii.44)

해석

'이것이 물질이다'라는 구절을 통해 '이것이 물질이다. 이 정도가 물질이다. 이보다 더 넘어선 물질은 없다'라고 무너짐의 특성, 또는 근본 물질과 파생 물질의 종류가 있는 물질 등을 비롯하여 특성-역할-나타남-가까운 원인을 통해 남김없이 모든 물질을 파악

297 『청정도론』 제2권, pp.265~266 참조.

하는 것을 보였다.

Tattha lakkhaṇaṁ nāma tassa tassa rūpavisesassa anaññasādhāraṇo sabhāvo. Raso tasseva attano phalaṁ pati paccayabhāvo. Paccupaṭṭhānaṁ tassa paramatthato vijjamānattā yāthāvato ñāṇassa gocarabhāvo. Padaṭṭhānaṁ āsannakāraṇaṁ, tenassa paccayāyattavuttitā dassitā.

(DAṬ.ii.53)

해석

그 중 '특성'이라는 것은 그 각각의 특정 물질이[298] 다른 물질과[299] 공유하지 않는 고유성품이다.[300] 역할이라는 것은 자신의 결과를 반연하여 그 물질이 도움을 행하는 상태이다. 나타남이라는 것은 그 물질이 빠라맛타 실재성품으로서 분명하게 존재하는 상태이기 때문에 사실대로 바르게 지혜의 영역, 대상이 되는 상태다. 가까운 원인이라는 것은 가까운 조건이다. 그것을 통해 그 물질의 조건과 관련된 상태를 보였다.

Lakkhaṇa … vasenāti kakkhaḷattādilakkhaṇavasena sandhāraṇādirasavasena sampaṭicchanādipaccupaṭṭhānavasena bhūtattayādipadaṭṭhānavasena ca.

(SAT.ii.58)

298 ㉾ 땅 요소 등의 특정 물질이.
299 ㉾ 물 요소 등의 다른 물질과.
300 ㉾ 딱딱함 등의 고유성품이다.

해석

'특성-역할-나타남-가까운 원인 등으로'란 '딱딱함 등의 특성을 통해서, 토대가 됨 등의 역할을 통해서, 받아들임 등의 나타남을 통해서, 나머지 세 가지 무더기 등의 가까운 원인을 통해서'란 뜻이다.[301]

위의 『디가 니까야』의 주석서와 복주서, 『상윳따 니까야』의 주석서와 복주서는 물질을 관찰하는 모습을 보인 'iti rūpaṁ(이것이 물질이다)'이라는 성전에 대한 해석들이다. 그러한 해석의 원문 성전들도 보살에게 정신 · 물질 파악의 지혜nāmarūpa pariggaha ñāṇa가[302] 생겨나는 모습을 보인 구절이다.[303] 이렇게 물질만을 따로 관찰하는 모습을 자세하고 확실하게 보여 놓았기 때문에 물질을 나타남을 통해 관찰해도 좋다는 것이 매우 분명하다. 그와 마찬가지로 가까운 원인을 통해서 관찰해도 좋다는 사실도 매우 분명하다. 느낌 등의 정신 무더기에 대해서 특성-역할-나타남을 통해 관찰하는 모습도 그 주석서와 복주서에서 마찬가지로 보여 놓았다. 따라서 정신도 가까운 원인을 통해 관찰해도 좋다는 사실이 매우 분명하다.

여기에서 인용하여 드러내 보였던 『디가 니까야』의 주석서와 『상윳따 니까야』의 주석서의 내용 중에서 'anavasesarūpapariggaho 남김없이 물질을 파악함'[304]이라고 정신과 물질을 파악하는 것만을 자세하게 보여 놓았다. 조건을 파악하는 것paccayapariggaho이라고는 말하지 않았다. 따라서 "가까운 원인으로 파악하는 것은 조건파악의 지혜와만 관련된다"라

301 ㉯ '~ 가까운 원인을 통해서 남김없이 물질을 파악하는 것을 보인 것이다'라는 뜻이다.

302 정신 · 물질 구별의 지혜nāmarūpa pariccheda ñāṇa를 말한다.

303 각묵스님, 『디가 니까야』 제2권, p.82 참조.

304 ㉯ 'anavasesavedanā-saññā-saṅkhāra-viññāṇapariggaho 남김없이 느낌-인식-형성-의식을 파악함'이라는 구절은 본 대역에서는 설명하지 않았다. 원래 문헌에는 포함되어 있다.

고 이유를 따로 설명할 필요가 없다. 하지만 더욱 분명하게 보이기 위해 『띠까 쬬』[305]를 저술하신 분[306]의 스승인 사리뿟따Sāriputta 장로가 저술한 『사랏타디빠니 띠까Sāratthadīpanī Ṭīkā』도 드러내어 보이겠다.

Sabbaṁ tebhūmakaṁ nāmarūpaṁ "idaṁ rūpaṁ, ettakaṁ rūpaṁ, na ito bhiyyo, idaṁ nāmaṁ, ettakaṁ nāmaṁ, na ito bhiyyo"ti bhūtupādāyabhedaṁ rūpaṁ phassādibhedaṁ nāmañca lakkhaṇara sapaccupaṭṭhānapadaṭṭhānato vavatthapeti, kammāvijjādikañcassa paccayaṁ pariggaṇhāti, ayaṁ ñātapariññā.

(SdṬ.ii.20)

해석

'이것이 물질이다, 이 정도가 물질이다. 이보다 더 넘어선 것은 없다. 이것이 정신이다. 이 정도가 정신이다. 이보다 더 넘어선 것은 없다'라고 근본 물질과 파생 물질로 나누어지는 물질과 또한 접촉 등으로 나누어지는 정신, 이러한 모든 삼계의 정신과 물질들을 특성-역할-나타남-가까운 원인으로 구분한다. 그 정신과 물질의 업과 무명 등의 조건도 파악한다. 이것이[307] 숙지 구분지이다.[308]

---

305 『아비담맛타 상가하Abhidhammattha Saṅgaha 아비담마 집론서』에 대한 복주서의 하나인 『Abhidhammattha Vibhavinī Ṭīkā아비담맛타 위바위니 띠까』의 다른 이름이다. '『아비담맛타 위바위니 띠까』라는 책이 더욱 유명해지기를kyo'이라는 뜻이 담겨 있다고 한다.

306 12세기 스리랑카의 수망갈라사미Sumaṅgalasāmi 스님이다. 대림스님 · 각묵스님 옮김, 『아비담마 길라잡이』 (상), p.62 참조.

307 ㉶ 구분하고 파악하는 것이.

308 숙지 구분지에 해당되는 위빳사나 지혜에는 정신·물질 구별의 지혜와 조건파악의 지혜가 있다. 『청정도론』 제3권, p.387을 참조하라.

위의 복주서에서 'nāmarūpaṁ ~ vavatthapeti(물질과 정신을 ~ 구분한다)'라는 앞부분의 구절을 통해 정신·물질 구별의 지혜를 보였다. 'kammāvijjādikañcassa paccayaṁ pariggaṇhāti(업과 무명 등의 조건도 파악한다)'라는 뒷부분의 구절을 통해 조건파악의 지혜를 보였다. 이렇게 각각 나누어서 보여 놓았기 때문에 '가까운 원인으로 관찰하는 것은 조건파악의 지혜와 관련된다'라고 설명할 필요가 전혀 없다.

또한 『띠까 쬬』를 저술한 분의 스승인 사리뿟따 장로가 이미 "nāmarūpaṁ ~ vavatthapeti 정신물질을 ~ 가까운 원인으로 구분한다"라고 확실하게 설해 놓았기 때문에 『띠까 쬬』에서나 『*Saṅgaha Ṭīkāhaun* 상가하 띠까 구판』에서 가까운 원인의 설명이 포함되지 않았다고 해서[309] 『아비담맛타 상가하Abhidhammattha Saṅgaha 아비담마 집론서』에 가까운 원인이라는 단어가 포함되어서는 안 된다고 해서는 안 된다.[310]

그 보다 더 오래 되었고 더 확실한 근거를 원한다면 『사랏타디빠니 띠까』를 저술한 분 스스로 'Ācariya Dhammapālatthera 스승이신 담마빨라 장로'라고 존중하면서 언급했던 담마빨라Dhammapāla 대장로가 저술한 『이띠웃따까 앗타까타Itivuttaka Aṭṭhakathā 如是語說 주석서』 50절을 보라. 그 주석서에서도 이 『사랏타디빠니 띠까』와 마찬가지로 설해 놓았다. 다른 점은 'kammāvijjādikañcassa paccayaṁ pariggaṇhāti'라는 구절 대신에 'tassa avijjādikañca paccayaṁ pariggaṇhāti'라고 쓴 것만 다르다. 하지만 의미는 서로 다르지 않다. 따라서 그것은 여기에서 드러내어 보이지 않겠다.

여기에서 물질을 나타남으로 관찰하는 모습, 정신과 물질 두 가지 모

309 『위빳사나 수행방법론』 제1권, pp.364~367을 참조하라.

310 『아비담맛타 상가하』에 "lakkhaṇa-rasa-paccupaṭṭhāna-padaṭṭhānavasena nāmarūpa pariggaho diṭṭhivisuddhi nāma(특성-역할-나타남-가까운 원인으로 물질과 정신을 파악하는 것을 견해청정이라고 한다; As.64)"라고 되어 있다.

두를 가까운 원인으로 관찰하는 모습을 여러 성전과 주석서, 복주서들에서 매우 분명하게 보여 놓았기 때문에 "물질을 나타남으로 관찰해서는 안 된다"라거나 "정신·물질 파악의 지혜에서 정신과 물질을 가까운 원인으로 파악해서는 안 된다"라고 비난하면서 말하는 이는 『디가 니까야』 성전과 주석서와 복주서, 『상윳따 니까야』의 주석서와 복주서, 『위숫디막가』와 그 주석인 『마하띠까』, 『이띠웃따까 앗타까타』의 주석서, 『사랏타디빠니 띠까』라는 복주서 등을 거부하는 것이 된다. 사실을 거짓이 되도록, 거짓을 사실이 되도록 여러 가지를 지어내어 말하면서 지혜 있는 선한 이들의 마음을 동요하게 하는 궤론vitaṇḍavāda일 뿐이기 때문에 스스로 궤변론자라고 말하는 것 밖에 되지 않는다.

(2) 바람 요소의 나타남도 빠라맛타 실재성품이다

Paccupaṭṭhānaṁ tassa paramatthato vijjāmānattā yāthāvato ñāṇassa gocarabhāvo.

(DAṬ.ii.53)

해석

나타남이라는 것은 그 물질이 빠라맛타 실재성품으로서 분명하기 때문에 사실대로 바르게 지혜의 대상이 되는 상태다.

위의 복주서에서 "빠라맛타 실재성품으로서 분명하기 때문에 사실대로 바르게 지혜의 대상이 된다"라고 분명하게 설해 놓았으므로 바람 요소의 '이끎이라는 나타남abhinīhārapaccupaṭṭhāna'도 빠라맛타로서 분명하게 존재하는, 사실대로 바른 지혜에 드러나는 빠라맛타 실재성품이라고 알아야 한다. 궤변론자들의 말처럼 빤냣띠 개념이라고 알아서는 안 된다.

빠라맛타 실재성품일 뿐만 아니다. 관찰해야 하는 진짜 요소이기도 하다는 사실을 아래 『마하띠까』를 통해 알아야 한다.

Padaṭṭhānaṁ panettha aññadhammatāya na uddhaṭaṁ.

(Pm.i.449)

해석

가까운 원인은 원래 관찰해야 하는 대상에서 벗어난 다른 법이기 때문에 이 특성 등으로lakkhaṇādito 관찰하는 곳에 주석서의 스승이 드러내어 보이지 않았다.

『위숫디막가』에 '특성 등으로lakkhaṇādito'라는 구절에 따라 관찰하는 모습을 자세하게 보인 곳에서 네 가지 요소를 특성, 역할, 나타남으로 관찰하는 모습만 보였다. 가까운 원인으로 관찰하는 모습은 보이지 않았다. '이렇게 가까운 원인으로 관찰하는 모습을 보이지 않은 이유는 무엇인가?'라고 질문할 여지가 있기 때문에 『마하띠까』에서 위와 같이 설명한 것이다. 말하고자 하는 바는 다음과 같다. 땅 요소 등 네 가지 요소 각각의 가까운 원인은 자신을 제외한 다른 세 가지 요소이다. 따라서 땅 요소를 관찰하기를 원하는 이에게 땅 요소의 가까운 원인인 물 요소, 불 요소, 바람 요소는 원래 관찰대상인 땅 요소와 다른, 벗어난 법일 뿐이다. 그와 마찬가지로 물 요소를 관찰하기를 원하는 이에게 땅 요소, 불 요소, 바람 요소는, 또한 불 요소를 관찰하기를 원하는 이에게 땅 요소, 물 요소, 바람 요소는, 또한 바람 요소를 관찰하기를 원하는 이에게 땅 요소, 물 요소, 불 요소는 원래 관찰대상인 바람 요소와 다른, 벗어난 법일 뿐이다. 따라서 원래 관찰하고자 하는 요소만 바로 직접 관찰하도록 보인 이 '특성 등으로lakkhaṇādito' 라는 구절에 따라서 관찰하는 방법에는 원래 관찰해야 하는 법인 특성, 역할, 나타남만 보였다. 원래 관찰해야 하는 대상과 다른, 벗어난 법인 〔나머지 세 가지 요소라고 하는〕 가까운 원인은 보이지 않았다는 뜻이다.

이 복주서에서 각각 요소 하나, 하나의 가까운 원인인 다른 요소 세 가지를 '원래 관찰대상과 벗어난 다른 어떠한 법aññadhamma'이라고 말한 것을 통해 '특성 등으로lakkhaṇādito'라는 구절에 따라 관찰하는 방법에서 보여 놓은 특성-역할-나타남은 원래 관찰해야 하는 대상에서 벗어난 다른 어떠한 법aññadhamma이 아니다. 원래 관찰해야 하는 빠라맛타 실재성품, 요소법일 뿐이다. 그래서 그것들을[311] '특성 등으로lakkhaṇādito'라는 구절에 따라 관찰하는 방법에서 보여 놓았다고도 말하는 것이 된다. 따라서 바람 요소의 특성, 역할이 빠라맛타로서 진정한 바람 요소인 것과 마찬가지로 바람 요소의 '이끎이라는 나타남abhinīhārapaccupaṭṭhāna'도 빠라맛타로서 진정한 바람 요소라고 확실하게 기억해야 한다.

이렇게 바람 요소의 '이끎이라는 나타남'도 관찰할 만한, 관찰해도 되는 원래 관찰대상인 빠라맛타 실재성품으로서 진정한 바람 요소이기 때문에 관찰할 만한, 관찰해도 되는 바람 요소에서 벗어난, 단지 연속된 결과로서의 나타남phalapaccupaṭṭhāna이 아니다. 관찰하는 위빳사나 지혜에 분명히 드러나는 '이끎이라는 나타남'이다. 이 사실을 아래『마하띠까』의 설명으로 확실하게 결정해야 한다.

Sampaṭicchanākārena ñāṇassa paccupatiṭṭhatīti sampaṭicchana-paccupaṭṭhānā. (Pm.i.449)

311 특성-역할-나타남을 말한다.

해석

같이 생겨나는 법을 받아들이는 모습으로 지혜에 드러나기 때문에 '받아들임이라는 나타남'이라고 한다.

위의 『마하띠까』 구절은 땅 요소의 받아들임이라는 나타남을 설명해 놓은 구절이다. 그 구절을 통해 나머지 물 요소, 불 요소, 바람 요소의 나타남도 '드러나는 양상으로서의 나타남upaṭṭhānākāra paccupaṭṭhāna'이라는 사실을 알게 한다. 바로 그러한 연유로 그 세 가지 요소에 대해서는 나타남의 구절을 다시 설명하지 않았다.

이 정도를 통해서 바람 요소의 '이끎이라는 나타남'은 빤냣띠 개념도 아니고, 연속된 결과로서의 나타남phalapaccupaṭṭhāna도 아니다. 어떠한 모습으로 나타남ākārapaccupaṭṭhāna이라고 하는 빠라맛타로서 바람 요소라는 사실, 바로 그렇기 때문에 그 '이끎이라는 나타남'에 따라서도 바람 요소를 위빳사나로 관찰해야 한다는 사실, 관찰해도 좋다는 사실을 확실하게 기억할 수 있을 것이다.

특히 당부하고 싶은 것은 지금까지의 보충설명에서는 위빳사나로 관찰해도 좋은 법을 관찰해도 좋다는 사실을 보여 놓은 것과 본승本僧에 대해 비난하는 것에 대답하는 것 정도만 포함하였다는 것이다. 다른 이의 견해를 파괴하는 것은 포함하지 않았다. 다른 이를 비난하거나 비하하려는 것도 아니다. 깨끗한 의도로 공손하게 대답해 놓은 것임을 특별히 주의하길 바란다.

이상으로 마하사띠빳타나숫따 대역의 보충설명이 끝났다.

●● 부 록 2

마하사띠빳타나숫따 전체 번역

서문

이와 같이 나는 들었습니다.[312]

한때 세존께서는 깜마사담마라는 꾸루 국의 도읍에 머무셨다. 그때 세존께서는 "비구들이여"라고 비구들을 부르셨다. 그 비구들은 "세존이시여"라고 대답했다. 세존께서는 이렇게 말씀하셨다.

가르침의 선언

"비구들이여, 이것은 중생들의 청정을 위한, 슬픔과 비탄의 극복을 위한, 고통과 근심의 소멸을 위한, 도리의 증득을 위한, 열반의 실현을 위한 하나뿐인 길, 도이니 그것은 바로 네 가지 새김확립이다."

312 본서 p.35 주21 참조.

약설

"네 가지란 무엇인가? 비구들이여, 이 교법에서 비구는 열심히 노력하고 새김을 갖추면서 바르게 알아 몸에 대해 몸이라고 관찰하여 세상에 대한 탐애와 근심을 제거하면서 지낸다. 열심히 노력하고 새김을 갖추면서 바르게 알아 느낌에 대해 느낌이라고 관찰하여 세상에 대한 탐애와 근심을 제거하면서 지낸다. 열심히 노력하고 새김을 갖추면서 바르게 알아 마음에 대해 마음이라고 관찰하여 세상에 대한 탐애와 근심을 제거하면서 지낸다. 열심히 노력하고 새김을 갖추면서 바르게 알아 법에 대해 법이라고 관찰하여 세상에 대한 탐애와 근심을 제거하면서 지낸다."

상설

1. 몸 거듭관찰 (1) 들숨날숨의 장

"비구들이여, 비구는 어떻게 몸에 대해 몸이라고 관찰하며 지내는가? 비구들이여, 이 교법에서 비구는 숲으로 가거나 나무 아래로 가거나 한적한 곳으로 가서 가부좌를 하고 몸을 곧추세우고 새김을 면전에 확립하여 앉는다. 그리고 오직 새기면서 들이쉬고 오직 새기면서 내쉰다. 길게 들이쉬어도 '길게 들이쉰다'고 안다. 길게 내쉬어도 '길게 내쉰다'고 안다. 짧게 들이쉬어도 '짧게 들이쉰다'고 안다. 짧게 내쉬어도 '짧게 내쉰다'고 안다. '모든 몸을 분명하게 알면서 들이쉬리라'고 수련한다. '모든 몸을 분명하게 알면서 내쉬리라'고 수련한다. '몸의 형성을 고요하게 하면서 들이쉬리라'고 수련한다. '몸의 형성을 고요하게 하면서 내쉬리라'고 수련한다."

"비구들이여, 마치 유능한 도공이나 도공의 제자가 물렛줄을 길게 당겨도 '길게 당긴다'고 알고 또한 물렛줄을 짧게 당겨도 '짧게 당긴다'고 아는 것처럼, 비구들이여, 그와 마찬가지로 비구는 길게 들이쉬어도 '길게 들이쉰다'고 안다. 길게 내쉬어도 '길게 내쉰다'고 안다. 짧게 들이쉬어도 '짧게 들이쉰다'고 안다. 짧게 내쉬어도 '짧게 내쉰다'고 안다. '모든 몸을 분명하게 알면서 들이쉬리라'고 수련한다. '모든 몸을 분명하게 알면서 내쉬리라'고 수련한다. '몸의 형성을 고요하게 하면서 들이쉬리라'고 수련한다. '몸의 형성을 고요하게 하면서 내쉬리라'고 수련한다."

"이와 같이 내부의 몸에 대해서도 몸이라고 관찰하며 지낸다. 외부의 몸에 대해서도 몸이라고 관찰하며 지낸다. 내부와 외부의 몸에 대해서도 몸이라고 관찰하며 지낸다. 몸에 대해 생성법도 관찰하면서 지낸다. 몸에 대해 소멸법도 관찰하면서 지낸다. 몸에 대해 생멸법도 관찰하면서 지낸다. 그리고 혹은 '몸만 있다'라고 새김이 현전한다. 그 새김은 지혜를 단계적으로 향상시키기만 한다. 되새김을 단계적으로 향상시키기만 한다. 그는 또한 의지하지 않고 지낸다. 세상 중에 어떤 것도 집착하지 않는다. 비구들이여, 비구는 이와 같이 몸에 대해 몸이라고 관찰하며 지낸다."

1. 몸 거듭관찰 (2) 자세의 장

"또한 비구들이여, 다시 비구는 가면서도 '간다'라고 안다. 서면서도 '선다'라고 안다. 앉으면서도 '앉는다'라고 안다. 누우면서도 '눕는다'라고 안다. 그리고 혹은 그의 몸이 어떠어떠하게 유지된다면 그 몸을 그러그러하게 안다. 이와 같이 내부의 몸에 대해서도 몸이라고 관찰하며 지낸다. … 비구들이여, 비구는 이와 같이 몸에 대해 몸이라고 관찰하며 지낸다."

1. 몸 거듭관찰 (3) 바른 앎의 장

"또한 비구들이여, 다시 비구는 나아가고 물러날 때 알면서 행한다. 바로 보고 옆을 볼 때 알면서 행한다. 굽히고 펼 때 알면서 행한다. 대가사와 발우와 가사를 지닐 때 알면서 행한다. 먹고 마시고 씹고 맛볼 때 알면서 행한다. 대소변을 볼 때 알면서 행한다. 가고 서고 앉고 잠들고 잠깨고 말하고 침묵할 때 알면서 행한다. 이와 같이 내부의 몸에 대해서도 몸이라고 관찰하며 지낸다. … 비구들이여, 비구는 이와 같이 몸에 대해 몸이라고 관찰하며 지낸다."

1. 몸 거듭관찰 (4) 혐오 마음기울임의 장

"또한 비구들이여, 다시 비구는 발바닥으로부터 위에 있고 머리카락으로부터 아래에 있으며 피부로 둘러싸여 여러 가지 더러운 것들로 가득 차 있는 바로 이 몸을 '이 몸에는 머리카락, 털, 손발톱, 이빨, 피부, 살, 힘줄, 뼈, 골수, 콩팥, 심장, 간, 막, 지라, 허파, 창자, 장간막, 위장 음식물, 똥, 뇌수, 쓸개즙, 가래, 고름, 피, 땀, 비계, 눈물, 기름, 침, 콧물, 관절액, 오줌이 있다'라고 반조한다."

"비구들이여, 마치 양쪽에 구멍이 나 있는 자루가 여러 가지 곡물, 즉 부드러운 벼, 거친 벼, 녹두, 제비콩, 참깨, 쌀로 채워졌다고 하자. 시력이 좋은 사람이 자루를 열고 '이것은 부드러운 벼, 이것은 거친 벼, 이것은 녹두, 이것은 제비콩, 이것은 참깨, 이것은 쌀이다'라고 반조하는 것처럼, 비구들이여, 그와 마찬가지로 비구는 발바닥으로부터 위에 있고 머리카락으로부터 아래에 있으며 피부로 둘러싸여 여러 가지 더러운 것들로 가득 차 있는 바로 이 몸을 '이 몸에는 머리카락, 털, 손발톱, 이빨, 피부, 살, 힘줄, 뼈, 골수, 콩팥, 심장, 간, 막, 지라, 허파, 창자, 장간막, 위장 음식물, 똥, 뇌수, 쓸개즙, 가래, 고름, 피, 땀, 비계, 눈물, 기름, 침, 콧물, 관절액, 오줌이 있다'라고 반조한다. 이와 같이 내부의 몸에 대해서도 몸이라고 관찰하며 지낸다. … 비구들이여, 비구는 이와 같이 몸에 대해 몸이라고 관찰하며 지낸다."

1. 몸 거듭관찰 (5) 요소 마음기울임의 장

"또한 비구들이여, 다시 비구는 이 몸을 처해진 대로, 놓여진 대로 '이 몸에는 땅 요소, 물 요소, 불 요소, 바람 요소가 있다'라고 성품으로 반조한다."

"비구들이여, 마치 유능한 백정이나 백정의 조수가 소를 잡아서 네 거리에 살들을 나누어서 앉아 있는 것처럼, 비구들이여, 그와 마찬가지로 비구는 이 몸을 처해진 대로, 놓여진 대로 '이 몸에는 땅 요소, 물 요소, 불 요소, 바람 요소가 있다'라고 성품으로 반조한다. 이와 같이 내부의 몸에 대해서도 몸이라고 관찰하며 지낸다. … 비구들이여, 비구는 이와 같이 몸에 대해 몸이라고 관찰하며 지낸다."

1. 몸 거듭관찰 (6) 아홉 가지 묘지의 장 ①

"또한 비구들이여, 다시 비구는 묘지에 버려져서 하루나 이틀 또는 사흘이 지나 부풀고 검푸르고 곪아가는 시체를 보게 된 것처럼 바로 이 몸을 '나의 이 몸도 실로 이와 같은 성품이 있다. 이와 같이 될 것이다. 이것에서 벗어나지 못하리라'라고 반추한다. 이와 같이 내부의 몸에 대해서도 몸이라고 관찰하며 지낸다. … 비구들이여, 비구는 이와 같이 몸에 대해 몸이라고 관찰하며 지낸다."

1. 몸 거듭관찰 (7) 아홉 가지 묘지의 장 ②

"또한 비구들이여, 다시 비구는 묘지에 버려져서 까마귀에게 먹히거나 매에게 먹히거나 독수리에게 먹히거나 왜가리에게 먹히거나 개에게 먹히거나 호랑이에게 먹히거나 표범에게 먹히거나 승냥이에게 먹히거나 다른 여러 벌레에게 먹히는 시체를 보게 된 것처럼 바로 이 몸을 '나의 이 몸도 실로 이와 같은 성품이 있다. 이와 같이 될 것이다. 이것에서 벗어나지 못하리라'라고 반추한다. 이와 같이 내부의 몸에 대해서도 몸이라고 관찰하며 지낸다. … 비구들이여, 비구는 이와 같이 몸에 대해 몸이라고 관찰하며 지낸다."

1. 몸 거듭관찰 (8) 아홉 가지 묘지의 장 ③

"또한 비구들이여, 다시 비구는 묘지에 버려져서 피와 살이 있는 채로 힘줄에 묶여 해골로 변해 있는 시체를 보게 된 것처럼 바로 이 몸을 '나의 이 몸도 실로 이와 같은 성품이 있다. 이와 같이 될 것이다. 이것에서 벗어나지 못하리라'라고 반추한다. 이와 같이 내부의 몸에 대해서도 몸이라고 관찰하며 지낸다. … 비구들이여, 비구는 이와 같이 몸에 대해 몸이라고 관찰하며 지낸다."

1. 몸 거듭관찰 (9) 아홉 가지 묘지의 장 ④

"또한 비구들이여, 다시 비구는 묘지에 버려져서 살은 없고 피만 묻어 있는 채로 힘줄에 묶여 해골로 변해 있는 시체를 보게 된 것처럼 바로 이 몸을 '나의 이 몸도 실로 이와 같은 성품이 있다. 이와 같이 될 것이다. 이것에서 벗어나지 못하리라'라고 반추한다. 이와 같이 내부의 몸에 대해서도 몸이라고 관찰하며 지낸다. … 비구들이여, 비구는 이와 같이 몸에 대해 몸이라고 관찰하며 지낸다."

1. 몸 거듭관찰 (10) 아홉 가지 묘지의 장 ⑤

"또한 비구들이여, 다시 비구는 묘지에 버려져서 피와 살이 전혀 없이 힘줄에 묶여 해골로 변해 있는 시체를 보게 된 것처럼 바로 이 몸을 '나의 이 몸도 실로 이와 같은 성품이 있다. 이와 같이 될 것이다. 이것에서 벗어나지 못하리라'라고 반추한다. 이와 같이 내부의 몸에 대해서도 몸이라고 관찰하며 지낸다. … 비구들이여, 비구는 이와 같이 몸에 대해 몸이라고 관찰하며 지낸다."

1. 몸 거듭관찰 (11) 아홉 가지 묘지의 장 ⑥

"또한 비구들이여, 다시 비구는 묘지에 버려져서 뼈마디가 연결되어 있지 않고 한 곳에는 손뼈, 한 곳에는 발뼈, 한 곳에는 복숭아뼈, 한 곳에는 종아리뼈, 한 곳에는 허벅지뼈, 한 곳에는 엉덩이뼈, 한 곳에는 갈비뼈, 한 곳에는 등뼈, 한 곳에는 어깨뼈, 한 곳에는 목뼈, 한 곳에는 턱뼈, 한 곳에는 치아뼈, 한 곳에는 머리뼈, 이렇게 사방팔방으로 흩어진

뼈로 변해 있는 시체를 보게 된 것처럼 바로 이 몸을 '나의 이 몸도 실로 이와 같은 성품이 있다. 이와 같이 될 것이다. 이것에서 벗어나지 못하리라'라고 반추한다. 이와 같이 내부의 몸에 대해서도 몸이라고 관찰하며 지낸다. … 비구들이여, 비구는 이와 같이 몸에 대해 몸이라고 관찰하며 지낸다."

1. 몸 거듭관찰 (12) 아홉 가지 묘지의 장 ⑦

"또한 비구들이여, 다시 비구는 묘지에 버려져서 흰 조개껍데기 같은 백골로 변해 있는 시체를 보게 된 것처럼 바로 이 몸을 '나의 이 몸도 실로 이와 같은 성품이 있다. 이와 같이 될 것이다. 이것에서 벗어나지 못하리라'라고 반추한다. 이와 같이 내부의 몸에 대해서도 몸이라고 관찰하며 지낸다. … 비구들이여, 비구는 이와 같이 몸에 대해 몸이라고 관찰하며 지낸다."

1. 몸 거듭관찰 (13) 아홉 가지 묘지의 장 ⑧

"또한 비구들이여, 다시 비구는 묘지에 버려져서 일 년이 지나 더미가 된 시체를 보게 된 것처럼 바로 이 몸을 '나의 이 몸도 실로 이와 같은 성품이 있다. 이와 같이 될 것이다. 이것에서 벗어나지 못하리라'라고 반추한다. 이와 같이 내부의 몸에 대해서도 몸이라고 관찰하며 지낸다. … 비구들이여, 비구는 이와 같이 몸에 대해 몸이라고 관찰하며 지낸다."

1. 몸 거듭관찰 (14) 아홉 가지 묘지의 장 ⑨

"또한 비구들이여, 다시 비구는 묘지에 버려져서 썩어 가루가 된 시체를 보게 된 것처럼 바로 이 몸을 '나의 이 몸도 실로 이와 같은 성품이 있다. 이와 같이 될 것이다. 이것에서 벗어나지 못하리라'라고 반추한다."

"이와 같이 내부의 몸에 대해서도 몸이라고 관찰하며 지낸다. 외부의 몸에 대해서도 몸이라고 관찰하며 지낸다. 내부와 외부의 몸에 대해서도 몸이라고 관찰하며 지낸다. 몸에 대해 생성법도 관찰하면서 지낸다. 몸에 대해 소멸법도 관찰하면서 지낸다. 몸에 대해 생멸법도 관찰하면서 지낸다. 그리고 혹은 '몸만 있다'라고 새김이 현전한다. 그 새김은 지혜를 단계적으로 향상시키기만 한다. 되새김을 단계적으로 향상시키기만 한다. 그는 또한 의지하지 않고 지낸다. 세상 중에 어떤 것도 집착하지 않는다. 비구들이여, 비구는 이와 같이 몸에 대해 몸이라고 관찰하며 지낸다."

상설

2. 느낌 거듭관찰

"비구들이여, 비구는 어떻게 느낌에 대해 느낌이라고 관찰하며 지내는가? 비구들이여, 이 교법에서 비구는 행복한 느낌을 느껴도 '행복한 느낌을 느낀다'라고 안다. 괴로운 느낌을 느껴도 '괴로운 느낌을 느낀다'라고 안다. 괴롭지도 행복하지도 않은 느낌을 느껴도 '괴롭지도 행복하지도 않은 느낌을 느낀다'라고 안다."

"세속적인 행복한 느낌을 느껴도 '세속적인 행복한 느낌을 느낀다'라고 안다. 비세속적인 행복한 느낌을 느껴도 '비세속적인 행복한 느낌을 느낀다'라고 안다. 세속적인 괴로운 느낌을 느껴도 '세속적인 괴로운 느낌을 느낀다'라고 안다. 비세속적인 괴로운 느낌을 느껴도 '비세속적인 괴로운 느낌을 느낀다'라고 안다. 세속적인 괴롭지도 행복하지도 않은 느낌을 느껴도 '세속적인 괴롭지도 행복하지도 않은 느낌을 느낀다'라고 안다. 비세속적인 괴롭지도 행복하지도 않은 느낌을 느껴도 '비세속적인 괴롭지도 행복하지도 않은 느낌을 느낀다'라고 안다."

"이와 같이 내부의 느낌에 대해서도 느낌이라고 관찰하며 지낸다. 외부의 느낌에 대해서도 느낌이라고 관찰하며 지낸다. 내부와 외부의 느낌에 대해서도 느낌이라고 관찰하며 지낸다. 느낌에 대해 생성법도 관찰하면서 지낸다. 느낌에 대해 소멸법도 관찰하면서 지낸다. 느낌에 대해 생멸법도 관찰하면서 지낸다. 그리고 혹은 '느낌만 있다'라고 새김이 현전한다. 그 새김은 지혜를 단계적으로 향상시키기만 한다. 되새김을 단계적으로 향상시키기만 한다. 그는 또한 의지하지 않고 지낸다. 세상 중에 어떤 것도 집착하지 않는다. 비구들이여, 비구는 이와 같이 느낌에 대해 느낌이라고 관찰하며 지낸다."

상설

3. 마음 거듭관찰

"비구들이여, 비구는 어떻게 마음에 대해 마음이라고 관찰하며 지내는가? 비구들이여, 이 교법에서 비구는 애착 있는 마음도 '애착 있는 마음이다'라고 안다. 애착 없는 마음도 '애착 없는 마음이다'라고 안다. 성냄 있는 마음도 '성냄 있는 마음이다'라고 안다. 성냄 없는 마음도 '성냄 없는 마음이다'라고 안다. 어리석음 있는 마음도 '어리석음 있는 마음이다'라고 안다. 어리석음 없는 마음도 '어리석음 없는 마음이다'라고 안다. 위축된 마음도 '위축된 마음이다'라고 안다. 산란한 마음도 '산란한 마음이다'라고 안다. 고귀한 마음도 '고귀한 마음이다'라고 안다. 고귀하지 않은 마음도 '고귀하지 않은 마음이다'라고 안다. 위 있는 마음도 '위 있는 마음이다'라고 안다. 위 없는 마음도 '위 없는 마음이다'라고 안다. 삼매에 든 마음도 '삼매에 든 마음이다'라고 안다. 삼매에 들지 않은 마음도 '삼매에 들지 않은 마음이다'라고 안다. 해탈한 마음도 '해탈한 마음이다'라고 안다. 해탈하지 않은 마음도 '해탈하지 않은 마음이다'라고 안다."

"이와 같이 내부의 마음에 대해서도 마음이라고 관찰하며 지낸다. 외부의 마음에 대해서도 마음이라고 관찰하며 지낸다. 내부와 외부의 마음에 대해서도 마음이라고 관찰하며 지낸다. 마음에 대해 생성법도 관찰하면서 지낸다. 마음에 대해 소멸법도 관찰하면서 지낸다. 마음에 대해 생멸법도 관찰하면서 지낸다. 그리고 혹은 '마음만 있다'라고 새김이 현전한다. 그 새김은 지혜를 단계적으로 향상시키기만 한다. 되새김을 단계적으로 향상시키기만 한다. 그는 또한 의지하지 않고 지낸다. 세상 중에 어떤 것도 집착하지 않는다. 비구들이여, 비구는 이와 같이 마음에 대해 마음이라고 관찰하며 지낸다."

상설

4. 법 거듭관찰 (1) 장애의 장

"비구들이여, 비구는 어떻게 법에 대해 법이라고 관찰하며 지내는가?"

"비구들이여, 이 교법에서 비구는 다섯 가지 장애라는 법에 대해 법이라고 관찰하며 지낸다. 비구들이여, 그러면 비구는 어떻게 다섯 가지 장애라는 법에 대해 법이라고 관찰하며 지내는가? 비구들이여, 이 교법에서 비구는 내부에 감각욕망원함이 있어도 '나의 내부에 감각욕망원함이 있다'라고 안다. 내부에 감각욕망원함이 없어도 '나의 내부에 감각욕망원함이 없다'라고 안다. 생겨나지 않은 감각욕망원함이 어떻게 생겨나는지 그것도 안다. 생겨난 감각욕망원함이 어떻게 제거되는지 그것도 안다. 제거된 감각욕망원함이 어떻게 나중에 생겨나지 않는지 그것도 안다."

"내부에 분노가 있어도 '나의 내부에 분노가 있다'라고 안다. 내부에 분노가 없어도 '나의 내부에 분노가 없다'라고 안다. 생겨나지 않은 분노가 어떻게 생겨나는지 그것도 안다. 생겨난 분노가 어떻게 제거되는지 그것도 안다. 제거된 분노가 어떻게 나중에 생겨나지 않는지 그것도 안다."

"내부에 해태혼침이 있어도 '나의 내부에 해태혼침이 있다'라고 안다. 내부에 해태혼침이 없어도 '나의 내부에 해태혼침이 없다'라고 안다. 생겨나지 않은 해태혼침이 어떻게 생겨나는지 그것도 안다. 생겨난 해태혼침이 어떻게 제거되는지 그것도 안다. 제거된 해태혼침이 어떻게 나중에 생겨나지 않는지 그것도 안다."

"내부에 들뜸후회가 있어도 '나의 내부에 들뜸후회가 있다'라고 안다. 내부에 들뜸후회가 없어도 '나의 내부에 들뜸후회가 없다'라고 안다. 생겨나지 않은 들뜸후회가 어떻게 생겨나는지 그것도 안다. 생겨난 들뜸후회가 어떻게 제거되는지 그것도 안다. 제거된 들뜸후회가 어떻게 나중에 생겨나지 않는지 그것도 안다."

"내부에 의심이 있어도 '나의 내부에 의심이 있다'라고 안다. 내부에 의심이 없어도 '나의 내부에 의심이 없다'라고 안다. 생겨나지 않은 의심이 어떻게 생겨나는지 그것도 안다. 생겨난 의심이 어떻게 제거되는지 그것도 안다. 제거된 의심이 어떻게 나중에 생겨나지 않는지 그것도 안다."

"이와 같이 내부의 법에 대해서도 법이라고 관찰하며 지낸다. 외부의 법에 대해서도 법이라고 관찰하며 지낸다. 내부와 외부의 법에 대해서도 법이라고 관찰하며 지낸다. 법에 대해 생성법도 관찰하면서 지낸다. 법에 대해 소멸법도 관찰하면서 지낸다. 법에 대해 생멸법도 관찰하면서 지낸다. 그리고 혹은 '법만 있다'라고 새김이 현전한다. 그 새김은 지혜를 단계적으로 향상시키기만 한다. 되새김을 단계적으로 향상시키기만 한다. 그는 또한 의지하지 않고 지낸다. 세상 중에 대해 어떤 것도 집착하지 않는다. 비구들이여, 비구는 이와 같이 다섯 가지 장애라는 법에 대해 법이라고 관찰하며 지낸다."

4. 법 거듭관찰 (2) 무더기의 장

"또한 비구들이여, 다시 비구는 다섯 취착무더기라는 법에 대해 법이라고 관찰하며 지낸다. 비구들이여, 그러면 비구는 어떻게 다섯 취착무더기라는 법에 대해 법이라고 관찰하며 지내는가? 비구들이여, 이 교법에서 비구는 '이것이 물질이다. 이것이 물질의 생겨남이다. 이것이 물질의 사라짐이다. 이것이 느낌이다. 이것이 느낌의 생겨남이다. 이것이 느낌의 사라짐이다. 이것이 인식이다. 이것이 인식의 생겨남이다. 이것이 인식의 사라짐이다. 이것이 형성들이다. 이것이 형성들의 생겨남이다. 이것이 형성들의 사라짐이다. 이것이 의식이다. 이것이 의식의 생겨남이다. 이것이 의식의 사라짐이다'라고 안다. 이와 같이 내부의 법에 대해서도 법이라고 관찰하며 지낸다. … 비구들이여, 비구는 이와 같이 다섯 취착무더기라는 법에 대해 법이라고 관찰하며 지낸다."

4. 법 거듭관찰 (3) 감각장소의 장

"또한 비구들이여, 다시 비구는 여섯 가지 내부와 외부의 감각장소라는 법에 대해 법이라고 관찰하며 지낸다. 비구들이여, 그러면 비구는 어떻게 여섯 가지 내부와 외부의 감각장소라는 법에 대해 법이라고 관찰하며 지내는가? 비구들이여, 이 교법에서 비구는 눈도 안다. 형색도 안다. 그 둘을 조건하여 생겨나는 족쇄도 안다. 생겨나지 않은 족쇄가 어떻게 생겨나는지 그것도 안다. 생겨난 족쇄가 어떻게 제거되는지 그것도 안다. 제거된 족쇄가 어떻게 나중에 생겨나지 않는지 그것도 안다. 귀도 안다. 소리도 안다. … 코도 안다. 냄새도 안다. … 혀도 안다. 맛도 안다. … 몸도 안다. 감촉도 안다. … 마음도 안다. 법도 안다. 그 둘을 조건하여 생겨나는 족쇄도 안다. 생겨나지 않은 족쇄가 어떻게 생겨나는지 그것도 안다. 생겨난 족쇄가 어떻게 제거되는지 그것도 안다. 제거된 족쇄가 어떻게 나중에 생겨나지 않는지 그것도 안다. 이와 같이 내부의 법에 대해서도 법이라고 관찰하며 지낸다. … 비구들이여, 비구는 이와 같이 여섯 가지 내부와 외부의 감각장소라는 법에 대해 법이라고 관찰하며 지낸다."

4. 법 거듭관찰 (4) 깨달음 구성요소의 장

"또한 비구들이여, 다시 비구는 일곱 가지 깨달음 구성요소라는 법에 대해 법이라고 관찰하며 지낸다. 비구들이여, 그러면 비구는 어떻게 일곱 가지 깨달음 구성요소라는 법에 대해 법이라고 관찰하며 지내는가? 비구들이여, 이 교법에서 비구는 내부에 새김 깨달음 구성요소가 있어도 '나의 내부에 새김 깨달음 구성요소가 있다'라고 안다. 내부에 새김 깨달음 구성요소가 없어도 '나의 내부에 새김 깨달음 구성요소가 없다'라고 안다. 생겨나지 않은 새김 깨달음 구성요소가 어떻게 생겨나는지 그것도 안다. 생겨난 새김 깨달음 구성요소가 어떻게 수행하여 완전히 성취되는지 그것도 안다. 내부에 법 간택 깨달음 구성요소가 있어도 … 내부에 정진 깨달음 구성요소가 있어도 … 내부에 희열 깨달음 구성요소가 있어도 … 내부에 경안 깨달음 구성요소가 있어도 … 내부에 삼매 깨달음 구성요소가 있어도 … 내부에 평온 깨달음 구성요소가 있어도 '나의 내부에 평온 깨달음 구성요소가 있다'라고 안다. 내부에 평온 깨달음 구성요소가 없어도 '나의 내부에 평온 깨달음 구성요소가 없다'라고 안다. 생겨나지 않은 평온 깨달음 구성요소가 어떻게 생겨나는지 그것도 안다. 생겨난 평온 깨달음 구성요소가 어떻게 수행하여 완전히 성취되는지 그것도 안다. 이와 같이 내부의 법에 대해서도 법이라고 관찰하며 지낸다. … 비구들이여, 비구는 이와 같이 일곱 가지 깨달음 구성요소라는 법에 대해 법이라고 관찰하며 지낸다."

4. 법 거듭관찰 (5) 진리의 장
약설

"또한 비구들이여, 다시 비구는 네 가지 진리라는 법에 대해 법이라고 관찰하며 지낸다. 비구들이여, 그러면 비구는 어떻게 네 가지 진리라는 법에 대해 법이라고 관찰하며 지내는가? 비구들이여, 이 교법에서 비구는 '이것이 괴로움이다'라고 사실대로 안다. '이것이 괴로움의 생겨남이다'라고 사실대로 안다. '이것이 괴로움의 소멸이다'라고 사실대로 안다. '이것이 괴로움의 소멸에 이르게 하는 실천이다'라고 사실대로 안다."

4. 법 거듭관찰 (5) 진리의 장
상설

① 괴로움의 진리

"비구들이여, 괴로움이라는 성스러운 진리란 무엇인가? 태어남도 괴로움이다. 늙음도 괴로움이다. 죽음도 괴로움이다. 슬픔 · 비탄 · 고통 · 근심 · 절망도 괴로움이다. 싫어하는 것과 함께하는 것도 괴로움이다. 좋아하는 것과 함께하지 못하는 것도 괴로움이다. 원하지만 얻지 못하는 것을 원하는 것도 괴로움이다. 간단히 말해서 다섯 취착무더기가 괴로움이다."

"비구들이여, 태어남이란 무엇인가? 이런저런 중생들이 이런저런 중생 무더기에서 태어나고 출생하고 입태하고 발생하고 무더기가 나타나고 감각장소를 얻는 것, 이것을 비구들이여 태어남이라고 한다."

"비구들이여, 늙음이란 무엇인가? 이런저런 중생들이 이런저런 중생

무더기에서 늙고 노쇠하고 치아가 빠지고 백발이 되고 피부가 주름지고 목숨이 줄어들고 감각기관이 노화되는 것, 이것을 비구들이여 늙음이라고 한다."

"비구들이여, 죽음이란 무엇인가? 이런저런 중생들이 이런저런 중생무더기에서 임종하고 떠나가는 상태이고 부서지고 사라지고 사망하고 죽고 죽음을 행하고 무더기가 부서지고 시체가 내던져지고 생명기능이 끊어지는 것, 이것을 비구들이여 죽음이라고 한다."

"비구들이여, 슬픔이란 무엇인가? 비구들이여, 이런저런 무너짐과 만나거나 이런저런 괴로운 법들과 맞닿은 이의 슬픔, 슬퍼함, 슬퍼하는 상태, 내면의 슬픔, 내면의 심한 슬픔, 이것을 비구들이여 슬픔이라고 한다."

"비구들이여, 비탄이란 무엇인가? 비구들이여, 이런저런 무너짐과 만나거나 이런저런 괴로운 법들과 맞닿은 이의 한탄, 비탄, 한탄하는 것, 비탄하는 것, 한탄하는 상태, 비탄하는 상태, 이것을 비구들이여 비탄이라고 한다."

"비구들이여, 고통이란 무엇인가? 비구들이여, 육체적 고통, 육체적 불쾌감, 육체적 접촉으로 인한 고통과 불쾌한 느낌, 이것을 비구들이여 고통이라고 한다."

"비구들이여, 근심이란 무엇인가? 비구들이여, 정신적 고통, 정신적 불쾌감, 정신적 접촉으로 인한 고통과 불쾌한 느낌, 이것을 비구들이여 근심이라고 한다."

"비구들이여, 절망이란 무엇인가? 비구들이여, 이런저런 무너짐과 만나거나 이런저런 괴로운 법들과 맞닿은 이의 좌절감, 절망감, 좌절감의 상태, 절망감의 상태, 이것을 비구들이여 절망이라고 한다."

"비구들이여, 싫어하는 것과 함께하는 괴로움이란 무엇인가? 비구들이여, 이 세상에서 원하지 않고 좋아하지 않고 마음에 들지 않는 형색과 소리와 냄새와 맛과 감촉과 법, 그리고 혹은 불이익을 바라고 쇠망을 바라고 불행을 바라고 속박안온을 바라지 않는 이들과 모이고 함께하고 만나고 섞여야 하는 것, 이것을 비구들이여 싫어하는 것과 함께하는 괴로움이라고 한다.

"비구들이여, 좋아하는 것과 함께하지 못하는 괴로움이란 무엇인가? 비구들이여, 이 세상에서 원하고 좋아하고 마음에 드는 형색과 소리와 냄새와 맛과 감촉과 법, 그리고 혹은 이익을 바라고 번영을 바라고 행복을 바라고 속박안온을 바라는 어머니나 아버지나 형제나 자매나 친구나 동료나 친척들과 모이지 못하고 함께하지 못하고 만나지 못하고 섞이지 못하는 것, 이것을 비구들이여 좋아하는 것과 함께하지 못하는 괴로움이라고 한다."

"비구들이여, 원하지만 얻지 못하는 것을 원하는 괴로움이란 무엇인가? 비구들이여, 태어나는 법인 중생들에게 '우리에게 태어나는 법이 없으면 참으로 좋을 텐데'라는 바람이 생겨나더라도 이것은 바라는 것으로는 실로 성취할 수 없다. 이것도 원하지만 얻지 못하는 것을 원하는 괴로움이다. 비구들이여, 늙는 법인 중생들에게 … 병드는 법인 중생들에게 … 죽는 법인 중생들에게 … 슬퍼하고 비탄하고 고통스러워하고 근심하고 절망하는 법인 중생들에게 '우리에게 슬퍼하고 비탄하고 고통스러워하고 근심하고 절망하는 법이 없으면 참으로 좋을 텐데'라는 바람이 생겨나더라도 이것은 바라는 것으로는 실로 성취할 수 없다. 이것도 원하지만 얻지 못하는 것을 원하는 괴로움이다."

"비구들이여, 간단히 말해서 다섯 취착무더기라는 괴로움이란 무엇인가? 그것은 바로 물질 취착무더기, 느낌 취착무더기, 인식 취착무더기, 형성 취착무더기, 의식 취착무더기이다. 비구들이여, 이것을 간단히 말해서 다섯 취착무더기라는 괴로움이라고 말한다. 비구들이여, 이것을 괴로움이라는 성스러운 진리라고 한다."

② 생겨남의 진리

"비구들이여, 괴로움의 생겨남이라는 성스러운 진리란 무엇인가? 그것은 갈애이니 다시 생을 생겨나게 하고 즐김과 애착이 함께하며 여기저기서 즐기는 것이다. 즉 감각욕망 갈애, 존재 갈애, 비존재 갈애이다."

"또한 비구들이여, 그 갈애가 생겨날 때는 어디에서 생겨나고 잠재할 때는 어디에서 잠재하는가? 세상에서 어떤 좋아할 만하고 즐거워할 만한 것, 그 갈애가 생겨날 때는 그곳에서 생겨나고 잠재할 때는 그곳에서 잠재한다. 그러면 세상에서 좋아할 만하고 즐거워할 만한 것은 무엇인가? 세상에서 눈은 좋아할 만하고 즐거워할 만한 것이다. 그 갈애가 생겨날 때는 그곳에서 생겨나고 잠재할 때는 그곳에서 잠재한다. 세상에서 귀는 … 코는 … 혀는 … 몸은 … 마음은 좋아할 만하고 즐거워할 만한 것이다. 그 갈애가 생겨날 때는 그곳에서 생겨나고 잠재할 때는 그곳에서 잠재한다. 세상에서 형색은 … 소리는 … 냄새는 … 맛은 … 감촉은 … 법은 좋아할 만하고 즐거워할 만한 것이다. 그 갈애가 생겨날 때는 그곳에서 생겨나고 잠재할 때는 그곳에서 잠재한다. 세상에서 눈 의식은 … 귀 의식은 … 코 의식은 … 혀 의식은 … 몸 의식은 … 마음 의식은 좋아할 만하고 즐거워할 만한 것이다. 그 갈애가 생겨날 때는 그곳에서 생겨나고 잠재할 때는 그곳에서 잠재한다. 세상에서 눈 접촉은 … 귀 접촉은 … 코 접촉은 … 혀 접촉은 … 몸 접촉은 … 마음 접촉은 좋아할 만하고 즐거워할 만한 것이다. 그 갈애가 생겨날 때는 그곳에서 생겨나고 잠재할 때는 그곳에서 잠재한다. 세상에서 눈 접촉생성 느낌은

… 귀 접촉생성 느낌은 … 코 접촉생성 느낌은 … 혀 접촉생성 느낌은 … 몸 접촉생성 느낌은 … 마음 접촉생성 느낌은 좋아할 만하고 즐거워할 만한 것이다. 그 갈애가 생겨날 때는 그곳에서 생겨나고 잠재할 때는 그곳에서 잠재한다. 세상에서 형색 인식은 … 소리 인식은 … 냄새 인식은 … 맛 인식은 … 감촉 인식은 … 법 인식은 좋아할 만하고 즐거워할 만한 것이다. 그 갈애가 생겨날 때는 그곳에서 생겨나고 잠재할 때는 그곳에서 잠재한다. 세상에서 형색 의도는 … 소리 의도는 … 냄새 의도는 … 맛 의도는 … 감촉 의도는 … 법 의도는 좋아할 만하고 즐거워할 만한 것이다. 그 갈애가 생겨날 때는 그곳에서 생겨나고 잠재할 때는 그곳에서 잠재한다. 세상에서 형색 갈애는 … 소리 갈애는 … 냄새 갈애는 … 맛 갈애는 … 감촉 갈애는 … 법 갈애는 좋아할 만하고 즐거워할 만한 것이다. 그 갈애가 생겨날 때는 그곳에서 생겨나고 잠재할 때는 그곳에서 잠재한다. 세상에서 형색 사유는 … 소리 사유는 … 냄새 사유는 … 맛 사유는 … 감촉 사유는 … 법 사유는 좋아할 만하고 즐거워할 만한 것이다. 그 갈애가 생겨날 때는 그곳에서 생겨나고 잠재할 때는 그곳에서 잠재한다. 세상에서 형색 고찰은 … 소리 고찰은 … 냄새 고찰은 … 맛 고찰은 … 감촉 고찰은 … 법 고찰은 좋아할 만하고 즐거워할 만한 것이다. 그 갈애가 생겨날 때는 그곳에서 생겨나고 잠재할 때는 그곳에서 잠재한다. 비구들이여, 이것을 괴로움의 생겨남이라는 성스러운 진리라고 한다."

③ 소멸의 진리

"비구들이여, 괴로움의 소멸이라는 성스러운 진리란 무엇인가? 바로 그 갈애가 남김없이 빛바래고 소멸함, 버려짐, 놓아버려짐, 벗어남, 들붙지 않음이다."

"또한 비구들이여, 그 갈애가 제거될 때는 어디에서 제거되고 소멸할 때는 어디에서 소멸하는가? 세상에서 어떤 좋아할 만하고 즐거워할 만한 것, 그 갈애가 제거될 때는 그곳에서 제거되고 소멸할 때는 그곳에서 소멸한다. 그러면 세상에서 좋아할 만하고 즐거워할 만한 것은 무엇인가? 세상에서 눈은 좋아할 만하고 즐거워할 만한 것이다. 그 갈애가 제거될 때는 그곳에서 제거되고 소멸할 때는 그곳에서 소멸한다. 세상에서 귀는 … 코는 … 혀는 … 몸은 … 마음은 좋아할 만하고 즐거워할 만한 것이다. 그 갈애가 제거될 때는 그곳에서 제거되고 소멸할 때는 그곳에서 소멸한다. 세상에서 형색은 … 소리는 … 냄새는 … 맛은 … 감촉은 … 법은 좋아할 만하고 즐거워할 만한 것이다. 그 갈애가 제거될 때는 그곳에서 제거되고 소멸할 때는 그곳에서 소멸한다. 세상에서 눈 의식은 … 귀 의식은 … 코 의식은 … 혀 의식은 … 몸 의식은 … 마음 의식은 좋아할 만하고 즐거워할 만한 것이다. 그 갈애가 제거될 때는 그곳에서 제거되고 소멸할 때는 그곳에서 소멸한다. 세상에서 눈 접촉은 … 귀 접촉은 … 코 접촉은 … 혀 접촉은 … 몸 접촉은 … 마음 접촉은 좋아할 만하고 즐거워할 만한 것이다. 그 갈애가 제거될 때는 그곳에서 제거되고 소멸할 때는 그곳에서 소멸한다. 세상에서 눈 접촉생성 느낌은 … 귀 접촉생성 느낌은 … 코 접촉생성 느낌은 … 혀 접촉생성 느낌은 … 몸 접촉생성 느낌은 … 마음 접촉생성 느낌은 좋아할 만하고 즐거워할 만한 것이다. 그 갈애가 제거될 때는 그곳에서 제거되고 소멸할 때는 그곳에서 소멸한다. 세상에서 형색 인식은 … 소리 인식은 … 냄새 인식은 … 맛 인식은 … 감촉 인식은 … 법 인식은 좋아할 만하고 즐거워할 만한 것이다. 그 갈애가 제거될 때는 그곳에서 제거되고 소멸할 때는 그곳에서 소멸한다. 세상에서 형색 의도는 … 소리 의도는 … 냄새 의도는 … 맛 의도는 … 감촉 의도는 … 법 의도는 좋아할 만하고 즐거워할 할 만한 것이다. 그 갈애가 제거될 때는 그곳에서 제거되고 소멸할 때는 그곳에서 소멸한다. 세상에서 형색 갈애는 … 소리 갈애는 … 냄새 갈애는 … 맛 갈애는 … 감촉 갈애는 … 법 갈애는 좋아할 만하고 즐거워할 만한 것이다. 그 갈애가 제거될 때는 그곳에서 제거되고 소멸할 때는 그곳에서 소멸한다. 세상에서 형색 사유는 … 소리 사유는 … 냄새 사유는 … 맛 사유는 … 감촉 사유는 … 법 사유는 좋아할 만하고 즐거워할 만한 것이다. 그 갈애가 제거될 때는 그곳에서 제거되고 소멸할 때는 그곳에서 소멸한다. 세상에서 형색 고찰은 … 소리 고찰은 … 냄새 고찰은 … 맛 고찰은 … 감촉 고찰은 … 법 고찰은 좋아할 만하고 즐거워할 만한 것이다. 그 갈애가 제거될 때는 그곳에서 제거되고 소멸할 때는 그곳에서 소멸한다. 비구들이여, 이것을 괴로움의 소멸이라는 성스러운 진리라고 한다."

④ 도의 진리

"비구들이여, 괴로움의 소멸에 이르게 하는 실천이라는 성스러운 진리란 무엇인가? 그것은 바로 여덟 가지 구성요소를 갖춘 성스러운 도이다. 즉 바른 견해, 바른 사유, 바른 말, 바른 행위, 바른 생계, 바른 노력, 바른 새김, 바른 삼매이다."

"비구들이여, 바른 견해란 무엇인가? 비구들이여, 괴로움에 대한 지혜, 괴로움의 생겨남에 대한 지혜, 괴로움의 소멸에 대한 지혜, 괴로움의 소멸에 이르게 하는 실천에 대한 지혜, 이것을 비구들이여 바른 견해라고 한다."

"비구들이여, 바른 사유란 무엇인가? 출리의 사유, 분노없음의 사유, 해함없음의 사유, 이것을 비구들이여 바른 사유라고 한다."

"비구들이여, 바른 말이란 무엇인가? 거짓말을 삼가는 것, 이간하는 말을 삼가는 것, 거친 말을 삼가는 것, 쓸데없는 말을 삼가는 것, 이것을 비구들이여 바른 말이라고 한다."

"비구들이여, 바른 행위란 무엇인가? 살생을 삼가는 것, 도둑질을 삼가는 것, 삿된 음행을 삼가는 것, 이것을 비구들이여 바른 행위라고 한다."

"비구들이여, 바른 생계란 무엇인가? 비구들이여, 이 교법에서 성제자는 삿된 생계를 버리고 바른 생계로 생활을 영위한다. 비구들이여, 이것을 바른 생계라고 한다."

"비구들이여, 바른 노력이란 무엇인가? 비구들이여, 이 교법에서 비구는 아직 생겨나지 않은 저열한 불선법은 생겨나지 않도록 의욕을 일으키고 노력하고 정진을 쏟고 마음을 다잡고 매진한다. 이미 생겨난 저열한 불선법을 제거하기 위해 의욕을 일으키고 노력하고 정진을 쏟고 마음을 다잡고 매진한다. 아직 생겨나지 않은 선법이 생겨나도록 의욕을 일으키고 노력하고 정진을 쏟고 마음을 다잡고 매진한다. 이미 생겨난 선법을 지속시키고 사라지지 않게 하고 증장시키고 충만하게 하고 수행을 구족하기 위해서 의욕을 일으키고 노력하고 정진을 쏟고 마음을 다잡고 매진한다. 비구들이여, 이것을 바른 노력이라고 한다."

"비구들이여, 바른 새김이란 무엇인가? 비구들이여, 이 교법에서 비구는 열심히 노력하고 새김을 갖추면서 바르게 알아 몸에 대해 몸이라고 관찰하여 세상에 대한 탐애와 근심을 제거하면서 지낸다. 열심히 노력하고 새김을 갖추면서 바르게 알아 느낌에 대해 느낌이라고 관찰하여 세상에 대한 탐애와 근심을 제거하면서 지낸다. 열심히 노력하고 새김을 갖추면서 바르게 알아 마음에 대해 마음이라고 관찰하여 세상에 대한 탐애와 근심을 제거하면서 지낸다. 열심히 노력하고 새김을 갖추면서 바르게 알아 법에 대해 법이라고 관찰하여 세상에 대한 탐애와 근심을 제거하면서 지낸다. 비구들이여, 이것을 바른 새김이라고 한다."

"비구들이여, 바른 삼매란 무엇인가? 비구들이여, 이 교법에서 비구는 감각욕망에서 완전히 떠나고 불선법에서 떠나 사유도 있고 고찰도 있고 떠남에서 생긴 희열과 행복이 있는 초선정에 도달하여 지낸다. 사유와 고찰이 사라졌고 내부에서 생겨나고 깨끗하게 하며 마음하나됨을 생겨나게 하고 사유와 고찰이 없고 삼매에서 생긴 희열과 행복이 있는 제2선정에 도달하여 지낸다. 희열도 사라졌고 평온하게, 또한 새기고 바르게 알면서 지내며 행복도 몸으로 경험하고 성자들이 '평온하고 새김을 갖춰 행복하게 지낸다'라고 칭송하는 제3선정에 도달하여 지낸다. 행복이 제거되었기 때문에, 또한 괴로움도 제거되었기 때문에, 또한 즐거움과 근심은 이전에 사라졌기 때문에 괴롭지도 않고 행복하지도 않으며 평온 때문에 새김이 완전히 청정한 제4선정에 도달하여 지낸다. 비구들이여, 이것을 바른 삼매라고 한다. 비구들이여, 이것을 괴로움의 소멸에 이르게 하는 실천이라는 성스러운 진리라고 한다."

"이와 같이 내부의 법에 대해서도 법이라고 관찰하며 지낸다. 외부의 법에 대해서도 법이라고 관찰하며 지낸다. 내부와 외부의 법에 대해서도 법이라고 관찰하며 지낸다. 법에 대해 생성법도 관찰하면서 지낸다. 법에 대해 소멸법도 관찰하면서 지낸다. 법에 대해 생멸법도 관찰하면서 지낸다. 그리고 혹은 '법만 있다'라고 새김이 현전한다. 그 새김은 지혜를 단계적으로 향상시키기만 한다. 되새김을 단계적으로 향상시키기만 한다. 그는 또한 의지하지 않고 지낸다. 세상 중에 어떤 것도 집착하지 않는다. 비구들이여, 비구는 이와 같이 네 가지 진리라는 법에 대해 법이라고 관찰하며 지낸다."

이익에 관한 말씀

"비구들이여, 누구든지 이 네 가지 새김확립을 이와 같이 칠 년을 수행한다면 그에게는 현재 바로 이 생에서 구경지, 혹은 집착이 남아 있다면 아나함의 경지, 두 가지 결과 중 어느 한 가지 결과를 확실하게 기대할 수 있다. 비구들이여 칠 년은 그만두자. 비구들이여, 누구든지 이 네 가지 새김확립을 이와 같이 육 년을 … 오 년을 … 사 년을 … 삼 년을 … 이 년을 … 일 년을 … 비구들이여, 일 년은 그만두자. 비구들이여, 누구든지 이 네 가지 새김확립을 이와 같이 칠 개월을 수행한다면 그에게는 현재 바로 이 생에서 구경지, 혹은 집착이 남아 있다면 아나함의 경지, 두 가지 결과 중 어느 한 가지 결과를 확실하게 기대할 수 있다. 비구들이여 칠 개월은 그만두자. 비구들이여, 누구든지 이 네 가지 새김확립을 이와 같이 육 개월을 … 오 개월을 … 사 개월을 … 삼 개월을 … 이 개월을 … 일 개월을 … 보름을 … 비구들이여, 보름은 그만두자. 비구들이여, 누구든지 이 네 가지 새김확립을 이와 같이 칠 일을 수행한다면 그에게는 현재 바로 이 생에서 구경지, 혹은 집착이 남아 있다면 아나함의 경지, 두 가지 결과 중 어느 한 가지 결과를 확실하게 기대할 수 있다.

결론의 말씀

"'비구들이여, 이것은 중생들의 청정을 위한, 슬픔과 비탄의 극복을 위한, 고통과 근심의 소멸을 위한, 도리의 증득을 위한, 열반의 실현을 위한 하나뿐인 길, 도이니 그것은 바로 네 가지 새김확립이다'라는 것은 이것을 연유로 설한 것이다."

세존께서는 이와 같이 설하셨다. 비구들은 세존의 말씀에 흡족해 하며 크게 기뻐하였다.

역자후기

"Dukkhaṁ kho agāravo viharati appatisso."

"실로 존중하지 않고 의지하지 않고[313] 지내는 것은 괴로움이다."[314]

위 구절은 부처님께서 성도하신 뒤 머무셨던 칠처선정 중 다섯 번째 칠 일에 부처님께서 숙고하신 내용입니다. 거룩하신 부처님조차도 세상에서 존중할 만한, 의지할 만한 사람을 존중하거나 의지하지 않고 지내는 것은 괴로움이라고 생각하시고는 세상에서 의지할 만한 이를 찾으셨습니다. 물론 당신보다 계나 삼매, 통찰지, 해탈, 해탈지견의 덕목으로 동등하거나 나은 존재를 보지 못하셨기 때문에 당신이 깨달은 법을 의지하고 머무르리라고 숙고하십니다.

거룩하신 부처님께서도 그러하신데, 그 제자들이라면 말할 필요도 없을 것입니다. 부처님이라는 위없는 스승님을 의지하면서 어렵지 않게 팔정도를 실천하여 모든 고통에서 벗어날 수 있습니다. 그래서 다음과 같이 설하기도 하셨습니다.

313 존중할 사람이나 의지할 사람이 없이.

314 S.i.140; 『상윳따 니까야』 제1권, p.493 참조.

"Sakalamevidaṁ, ānanda, brahmacariyaṁ, yadidaṁ kalyāṇamittatā kalyāṇasahāyatā kalyāṇasampavaṅkatā."

"아난다여, 좋은 친구가 있다는 것, 좋은 동료가 있다는 것은 청정 범행의 전부이다."[315]

하지만 부처님께서 직접 설하신 경전의 내용이 너무나 심오하여 올바르게 이해하기 힘들 수도 있기 때문에 여러 제자들이 그 경의 정확하고도 자세한 의미를 주석서로 편찬하여 후대에 물려주었습니다. 그 주석서의 의미도 또한 여러 복주서의 스승들께서 다시 해설해 남겨주었습니다. 그러한 주석서나 복주서를 의지하여 경의 올바른 의미를 후대 제자들은 더욱 잘 이해할 수 있게 되었습니다.

불교 수행의 지침서라고 할 수 있는 이 「마하사띠빳타나숫따Mahāsatipaṭṭhānasutta 새김확립 긴 경 大念處經」의 가르침도 마찬가지라 생각됩니다. 주석서나 복주서를 의지하여 부처님께서 직접 설하신 내용을 더 정확하고 상세하게 그 내용을 알 수 있습니다. 하지만 그럼에도 불구하고 여전히 실제 수행과 관련하여서는 그 의미를 정확하게 이해하기가 매우 어렵습니다. 다행히 존경하는 마하시 사야도께서 이 「마하사띠빳타나숫따」 빠알리 원본을 대역으로 번역하시면서 실제 수행과 접목시켜 더욱 자세하게 설명해 주신 덕분에 그 경의 내용을 틀리지 않고 바르게, 정확하게 이해할 수 있게 되었습니다.

315 S.iii.1; 여기에서 '청정범행'이란 성스러운 도를 말한다. '전부이다'라는 것은 '완전하게 성취하게 한다. 가장 중요한 원인이다'라는 뜻이다. 『*Mahāvaggasaṁyoukpāḷito Nissaya*』, p.4; 『상윳따 니까야』 제5권, pp.175~176 참조.

이러한 의미에서 이제 이 『마하사띠빳타나숫따 대역』의 한국어 번역본도 수행의 바른 준거를 더욱 정확하게 알고자 하는 수행자들에게 매우 큰 도움이 될 것이라 생각합니다. 또한 이 경을 의지하여 수행을 지도하고 있는 스승들도 더욱 정확하게 가르칠 수 있을 것입니다. 실제로 미얀마의 마하시 센터 수행지도 비구의 자격에는 이 「마하사띠빳타나숫따」를 빠알리어와 함께 이 대역까지 수지해야 한다는 조문이 있습니다.[316]

이 책도 역자의 이전 번역서인 『위빳사나 수행방법론』과 마찬가지로, 함께 지내면서 항상 큰 도움을 주고 계시는 우 소다나 사야도*U Sodhana Sayadaw*의 권유로 번역하게 되었습니다. 언제나 올바른 수행의 길로 이끌어주시는 스승님께 다시 한 번 감사의 예경을 올립니다. 부처님이라는 근본 스승님, 직계 제자들, 주석서와 복주서의 스승님들, 그 주석서와 복주서를 다시 미얀마어로 하나하나 대역하여 전해준 미얀마 사야도들, 특히 이 『마하사띠빳타나숫따 대역』을 마련해 주신 마하시 사야도, 그리고 여러 가지 어려운 내용들을 해석하는 데 큰 도움을 주신 우 소다나 사야도, 이러한 진실로 의지할 만한 여러 스승님들을 문헌으로 혹은 직접 모시고 존중하고 존경하고 의지하고 가까이 할 수 있다는 것이 얼마나 다행스러운 일인지 모릅니다.

또한 은사스님을 비롯하여 법산스님, 범라스님, 일묵스님, 그리고 여러 도반스님들, 또한 빠알리 성전들을 훌륭하게 번역해 놓으신 각묵스님과 대림스님, 전재성 박사님을 비롯한 많은 분들께 감사드립니다. 특히 책을 펴내는 데 좋은 인연을 소개해 주신 무념스님께 감사드립니다.

316 *Mahāsi Sayadaw*, 「*Mahāsi Vinayavinicchaya Saṅgaha*마하시 율 판결집」, p.310.

마하시 사야도의 이 중요한 책을 한국어로 번역하는 데 흔쾌히 허락해 주신 불교 진흥회*Buddhasāsanānuggaha aphwe* 회장 우 띤소우린 박사*Dr. U Tinsoulin*를 비롯한 관계자 여러분의 도움에 사~두를 외칩니다. 마하시 사야도의 가르침이 왜곡되지 않도록 꼼꼼히 번역자를 점검하는 모습을 통해 마하시 사야도와 올바른 가르침에 대한 믿음과 존경심, 정법을 바르게 선양하려는 의지를 엿볼 수 있었습니다.

그리고 한국마하시선원과 진주녹원정사 회원들을 비롯하여 필수품과 법으로 불법을 뒷받침하면서 도움을 주신 여러 재가불자 여러분과 가족들, 특히 이 책을 출판하는 데 모든 비용을 법보시해 주신 이장천, 권봉화, 이종철, 김정림, 이진비 가족분들의 신심에도 사~두를 외칩니다. 또한 열다섯 번 이상이나 꼼꼼히 원고를 교정해 주신 까루나 님, 마지막에 소중한 의견을 주신 담마짜리 님과 홍수연 님, 좋은 책을 만들어주신 나눔커뮤니케이션 관계자 여러분들의 정성에도 사~두를 외칩니다.

이 모든 분들에게,
또한 바른 법을 찾는 모든 수행자들에게 이 공덕 몫을 회향합니다.
그 모든 이들에게
새김확립이라는 유일한 길이 분명하게 드러나기를,
그 모든 이들이 새김확립이라는 오직 한 길을 따라 실천하기를,
그렇게 열심히 실천하는 모든 이들이
다른 곳으로 벗어나지 않고 오직 한 갈래로
진정한 행복인 열반의 감로수를 마음껏 누리기를,
그리하여 부처님의 바른 법이 오랫동안 유지되기를.

중생들을 청정하게 슬픔비탄 극복하게||
고통근심 사라지게 옳은도리 얻게하고||
열반실현 일곱이익 유일한길 사념처네||
신수심법 거듭관찰 정지정념 노력갖춰||
세상욕심 근심버려 머무는것 새김확립||
몸관찰에 호흡자세 바른앎과 신체혐오||
사대관찰 아홉묘지 열네가지 주제관찰||
아홉가지 느낌관찰 마음에는 십육마음||
법관찰에 오장애와 오취온과 감각장소||
칠각지와 네진리로 스물하나 주제이니||
사념처를 칠년부터 칠일까지 닦는다면||
구경지나 아나함중 하나기대 가능하네||

불기 2560(2016)년 5월

법의 그늘, 담마차야Dhammachāyā에서

비구 일창 담마간다Dhammagandha 삼가 씀

●● 참고문헌

번역 저본

Mahāsi Sayadaw, 『Mahāsatipaṭṭhānathouk Pāḷi Nissaya』, Yangon, Buddhasāsanānuggaha aphwe, 2000

빠알리 삼장 및 번역본

The Chaṭṭha Saṅghāyana Tipitaka Version 4.0 (CST4), VRI

Ashin Nandavaṁsa, 『Thoukmahāvā Aṭṭhakathā Nissaya』, Pitakatounboun Pāḷito Nissaya Asoung, Nissaya DVD-ROM, Yangon, Buddhacetaman, Seinyatanā Dhammācariya Sāthintaik

Ashin Janaka Bhivaṁsa, 『Thoukmahāvā Aṭṭhākathā Bhāsāṭīkā』, Pitakatounboun Pāḷito Nissaya Asoung, Nissaya DVD-ROM, Yangon, Buddhacetaman, Seinyatanā Dhammācariya Sāthintaik

Ashin Paññissara, 『Dīgha Nikāya Mahāvagga Ṭīkā Nissaya』, Pitakatounboun Pāḷito Nissaya Asoung, Nissaya DVD-ROM, Yangon, Buddhacetaman, Seinyatanā Dhammācariya Sāthintaik

Dhammācariya U Maun Maun Lei, 『Thoukmahāvā Aṭṭhākathā Myanmarpyan』, Yangon, Sāsanāyeiwangyiṭhāna Sāsanāyeiujyiṭhāna pounheiktaik, 2009

Mahāsi Sayadaw, 『Visuddhimagga Myanmarpyan』 4vols, Yangon, Buddhasāsanānuggaha aphwe, 1992
__________, 『Visuddhimagga Mahāṭikā Nissaya』 4vols, Yangon, Buddhasāsanānuggaha aphwe, 1968
Myanmarnaingan Buddhasāsanāphwe, 『Dīgha Nikāya Sīlakkhandha Ṭīkā Nissaya』, Pitakatounboun Pāḷito Nissaya Asoung, Nissaya DVD-ROM, Yangon, Buddhacetaman, Seinyatanā Dhammācariya Sāthintaik
__________, 『Mahāvaggasaṁyoukpāḷito Nissaya』, Pitakatounboun Pāḷito Nissaya Asoung, Nissaya DVD-ROM, Yangon, Buddhacetaman, Seinyatanā Dhammācariya Sāthintaik
__________, 『Mūlapaṇṇāsa Aṭṭhakathā Nissaya』, Pitakatounboun Pāḷito Nissaya Asoung, Nissaya DVD-ROM, Yangon, Buddhacetaman, Seinyatanā Dhammācariya Sāthintaik
Neiyin Sayadaw, 『Thoukmahāvāpāḷito Nissaya』, Pitakatounboun Pāḷito Nissaya Asoung, Nissaya DVD-ROM, Yangon, Buddhacetaman, Seinyatanā Dhammācariya Sāthintaik
Sankyanu, 『Cūḷavaggapāḷito Nissaya』, Pitakatounboun Pāḷito Nissaya Asoung, Nissaya DVD-ROM, Yangon, Buddhacetaman, Seinyatanā Dhammācariya Sāthintaik

각묵스님 옮김, 『디가 니까야』 전3권, 초기불전연구원, 2006
__________, 『상윳따 니까야』 전6권, 초기불전연구원, 2009
김서리 역주, 『담마빠다』, 소명출판, 2013
대림스님 옮김, 『청정도론』 전3권, 초기불전연구원, 2004
__________, 『맛지마 니까야』 전4권, 초기불전연구원, 2012

__________, 『앙굿따라 니까야』 전6권, 초기불전연구원, 2006~2007
전재성 역주, 『디가 니까야』, 한국빠알리성전협회, 2011
__________, 『맛지마 니까야』, 한국빠알리성전협회, 2009, 개정초판
__________, 『쭐라박가-율장소품』, 한국빠알리성전협회, 2014

사전류

Rhys Davids and W.Stede, 『Paḷi-English Dictionary (PED)』, London, PTS, 1986
G.P.Malalasekera, 『Dictionary of Pāḷi Proper names (DPPN)』, London, PTS, 1938
Ashin Dhammassāmī Bhivaṁsa, 『Pāḷi-Myanmar Abhidhān』, Yangon, Khinchouthun Sapei, 2005
Department of the Myanmar Language Commission, 『Myanmar-English Dictionary』, Yangon, Ministry of Education, 1993

전재성, 『빠알리-한글사전』, 한국빠알리성전협회, 2005

기타 참고도서

Ashin Saṁvara, 『Amyhaidhamma tayato bhāvanā apain』, Suvaṇṇa, 1998
Mahāsi Sayadaw, 『Dhammasacca tayato』, Yangon, Buddhasāsanānuggaha aphwe, 2008
__________, 『Mahāsi Vinayavinicchaya Saṅgaha』, Yangon, Buddhasāsanānuggaha aphwe, 1997
__________, 『Vipassanā Shunikyan』 2vols, Yangon, Buddhasāsanānuggaha aphwe, 1997

각묵스님, 『네 가지 마음챙기는 공부』, 초기불전연구원, 2008(개정판2쇄)
대림스님/각묵스님, 『아비담마 길라잡이』 전2권, 초기불전연구원, 2002
마하시 아가 마하 빤디따 지음, 김한상 옮김, 『초전법륜경』, 행복한 숲, 2011
마하시 사야도 지음, 비구 일창 담마간다 옮김, 『위빳사나 수행방법론』 전2권, 불방일, 2016
무념 · 응진 역, 『법구경 이야기』 전3권, 옛길, 2008

주요 번역 술어

A

abhijjhā 탐애
ajjhatta/ajjhattika 안(內)의, 내부의
aññā 구경지 究竟智
anatta 무아
anāgāmi 아나함
anicca 무상
anupassanā 거듭관찰
aṅga 구성요소
appanā 몰입
arahant 아라한
ariya sacca 성스러운 진리
assāsapassāsa 들숨날숨
attā 자아
avihiṁsā 해함없음
avijjā 무명 無明
avyāpāda 분노없음
ayoniso 비합리적
ādinava 허물
ālaya 들붙음, 집념
ānāpānassati 들숨날숨 새김
āpo 물
ārammaṇa/ ālambaṇa 대상
āsava 누출(번뇌)
–kkhaya 누출다함 漏盡
ātāpin 열심인

B

bahiddhā 밖의, 외부의
bhava 존재
bhāvanā 수행
bhāveti 수행하다, 닦다, 생겨나게 하다
bhikkhu 비구, 수행자
bodhi 깨달음
bodhipakkhiyadhamma 깨달음 동반법 菩提分法
bojjhaṅga 깨달음 구성요소
Buddha 부처님
byasanna 무너짐
byādhi 병
byāpāda 분노

C

cakkhu 눈 眼
cetanā 의도
citta 마음
–visuddhi 마음청정

cittānupassanā 마음 거듭관찰

D

dhammā 법
　-viccaya 법 간택
　-sambojjhaṅga 법 간택 깨달음 구성요소
dhammānupassanā 법 거듭관찰
dhātu 요소
diṭṭhi 견해, 사견
domanassa 근심
dosa 성냄
dukkha 괴로움(일반적), 고통(육체적 고통을 특별히 의미할 때)

E

ekaggatā 하나됨

G

gandha 냄새 香
gatapaccāgatika 오가며 실천하기
ghāna 코
gocara 영역

H

hetu 원인

I

iriyāpatha 자세, 위의
iṭṭha 원하는

J

jarā 늙음 老
jāti 태어남
jhāna 선정
jivhā 혀

K

kamma 업, 행위
kammaṭṭhāna 수행주제
kāmacchanda 감각욕망원함
kāmaguṇa 감각욕망 대상
kāmā 감각욕망
kāya 몸
　-gatāsati 몸에 대한 새김
　-ānupassanā 몸 거듭관찰
khandha 무더기
khaya 다함

kicca 작용
kilesa 번뇌
kukkucca 후회
kusala 선(善)한

L

lakkhaṇa 특성
liṅga 성 性
loka 세상

M

magga 도 道
mahaggata 고귀한
manasikāra 마음기울임
manāpa 마음에 드는
mano 마음 意
middha 혼침
moha 어리석음 痴

N

ñata pariñña 숙지 구분지
ñāṇa 지혜
ñāya 도리
nekkhamma 출리 出離
neyya 제도가능자
nibbāna 열반
nirāmisa 비세속적인
nirodha 소멸
nīvaraṇa 장애

P

paccavekkhaṇa 반조
paccaya pariggaha 조건파악
paccupaṭṭhāna 나타남
pahāna 제거
pajānāti 분명히 알다, 알다
paññatti 개념, 시설
paññā 통찰지
parideva 비탄
pariyuṭṭhāna 드러난
passaddhi 경안 輕安
patiṭṭha 기반
paṭhavī 땅
paṭigha 적의
paṭikkhepa 반대, 없애 버림
paṭikūla 혐오스러운
paṭipadā 실천
paṭissati 되새김
paṭivedha 통찰
pāḷi 성전
phala 과, 결과
phassa 접촉
phoṭṭhabba 감촉
pīti 희열

pubbabhāga 앞부분
puggala 개인
puñjakitāni 더미가 된

R

rasa 맛, 역할
rāga 애착
rūpa 물질, 형색

S

sabhāva 고유성품
 -lakkhaṇa 고유특성
sacca 진리 諦
sacchikiriyā 실현
sadda 소리
sallakkheti 주시하다
saṁyojana 족쇄
samatha 사마타, 가라앉음
 -yānika 사마타 선행 수행자
samatikkamati 극복하다
samādhi 삼매
sambojjhaṅga 깨달음 구성요소
sammāājīva 바른 생계 正命
sammākammanta 바른 행위 正業
sammappadhāna 바른 정근 正勤
sammoha 미혹
sampajāna 바른 앎
samuccheda 근절
samudaya 생겨남
samudīraṇa 움직임
santati 상속
saṅkappa 사유, 생각
saṅkhāra 형성
saññā 인식
sati 새김
 -paṭṭhāna 새김확립
 -sambojjhaṅga 새김 깨달음 구성요소
satta 중생
sāmisa 세속적인
sikkhā 수련
sikkhati 수련하다
soka 슬픔
somanassa 즐거움
sotāpanna 수다원
sukha 행복, 행복함

T

tadaṅga 부분
taṇhā 갈애
tapa 난행
tejo 불
thīna 해태
 -middhā 해태혼침

U

uddhacca 들뜸
-kukkucca 들뜸후회
ugghaṭitaññū 약설지자 略說知者
upacāra 근접
upakkilesa 부수번뇌
upanissaya 강하게 의지하는
upādāna 취착
-kkhandha 취착무더기
upāyāsa 절망
upekkhā 평온

V

vaya 사라짐
vāyāma 노력
vāyo 바람 風
vedanā 느낌 受
-ānupassanā 느낌 거듭관찰
vicāra 고찰
vicikicchā 의심
vihimsā 해함
vikkhambhana 억압
viññāṇa 의식
vipañcitaññū 상설지자 詳說知者
vipassanā 위빳사나, 관찰
vipassanā yānika 위빳사나 행자
vitakka 사유
vīriya 정진
vītikkama 범하는
vitthambhana 팽팽함
vyāpada 분노

Y

yathābhūta 사실대로 바르게, 여실히
yoniso 합리적

찾아보기

ㄱ

감각장소 āyatana 200
근접삼매 upacāra samādhi 163, 181, 261
깨달음 구성요소 bojjhaṅga 208
꾸루 Kuru 36

ㄷ

담마빨라 Dhammapāla 장로 302
더미가 된 puñjakitāni 155
도리 ñāya 38
되새김 paṭissati 68
들숨날숨 assāsapassāsa 64, 97, 293
띳사 Tissa 장로 49

ㅁ

마하나가 Mahānāga 장로 118
마하시와 Mahāsiva 장로 157, 162, 261
마하풋사데와 Mahāphussadeva 장로 117
무더기 khandha 195, 273

ㅂ

바람 요소 vāyo dhātu 123, 144
바른 앎 sampajāna 107
부분 제거 tadaṅga pahāna 103
비구 bhikkhu 58
비합리적 마음기울임 ayoniso manasikāra 185

ㅅ

사리뿟따 Sāriputta 장로 301
산따띠 Santati 장관 43
상속 santati 11
새김확립 satipaṭṭhānā 40, 84
생겨남과 사라짐 samudayavaya 74
수브라흐마 Subrahma 52
수행주제 kammaṭṭhāna 83

ㅇ

앞부분 위빳사나 pubbabhāga vipassanā 48
억압 소멸 vikkhambhana nirodha 103

열심 ātāpa 60
오가며 실천하기 gatapaccāgatika 116
요소 dhātu 274

ㅈ

장애 nīvaraṇa 182
제석천왕 Sakka 51
족쇄 saṁyojana 206
존재 갈애 bhavataṇhā 241
진리 sacca 220

ㅊ

찰나삼매 khaṇika samādhi 11, 60, 163, 181, 262

ㅎ

수련 sikkhā 66
합리적 마음기울임 yoniso manasikāra 185
혐오 paṭikūla 140, 181, 261

저자

마하시 사야도 우 소바나U Sobhana

1904년 7월 29일, 미얀마의 세익쿤에서 출생하여 1916년에 사미계, 1923년에 비구계를 수지하였다. 1929년부터 따운와인갈레이 강원에서 강사로 지내다가 1931년에는 밍군 제따완 사야도의 가르침을 받아 위빳사나 수행을 직접 실천하였다. 1941년에는 사사나다자 시리빠와라 담마짜리야(국가인증우수법사)에 합격하였다. 1949년부터는 양곤의 마하시 수행센터에서 위빳사나 수행을 지도하며 국내는 물론 국외로도 바른 위빳사나 수행법을 널리 선양하였다. 1954년의 제6차 경전결집 때에는 질문자와 최종결정자의 역할을 맡았고, 1957년에는 악가마하빤디따(최승대현자)의 칭호를 수여받았다. 1982년 8월 14일, 세랍 78세, 법랍 58세로 마하시 수행센터에서 입적하였다. 『*Vipassanā Shunikyan*위빳사나 수행방법론』, 『*Visuddhimagga Mahāṭīkā Nissaya* 위숫디막가 대복주서 대역』를 비롯하여 70권이 넘는 저서와 법문집이 있다.

감수자

우 소다나U Sodhana 사야도

1957년 미얀마 머그웨이 주에서 출생하여 1972년에 사미계, 1979년 에 비구계를 수지했다. 1992년에 담마짜리야 법사 시험에 합격했고 잠시 마다웅 강원에서 강사로 재직했다. 1995년에 마하시 수행센터에서 수행한 뒤 외국인 법사학교에서 5년간 수학했다. 그 뒤 마하시 수행 센터에서 수행지도법사로 수행자를 지도하다 2002년에 처음 한국에 왔다. 2007년 8월부터 한국마하시선원 선원장으로 지내며 경전과 아비담마를 강의하면서 강릉 인월사와 호두마을 등지에서 위빳사나 수행을 지도하고 있다. 2013년에 양곤 마하시 수행센터 국외 나야까 사야도로 임명됐고, 2017년 12월에는 공식적으로 칭호를 수여받았다.

역자

비구 일창 담마간다Dhammagandha

1972년 경북 김천에서 출생하여 1996년 서울대 화공과를 졸업하고 해인사 백련암에서 원융 스님을 은사로 출가했다. 범어사 강원을 졸업했고 2000년과 2005년 두 차례 미얀마에 머물면서 비구계를 수지한 뒤 미얀마어와 빠알리어 등을 공부했으며 찬매 센터, 파옥 센터, 마하시 센터 등에서 수행했다. 현재 진주 녹원정사에서 초기불교에 대해 정기적으로 강의를 하고 있으며, 한국마하시선원과 호두마을에서 지내며 우 소다나 사야도의 법문을 통역하고 있다. 저서로 『부처님을 만나다』와 『가르침을 배우다』, 역서로 『위빳사나 수행방법론』(전2권), 『위빳사나 백문백답』, 『통나무 비유경』, 『어려운 것 네 가지』 등이 있다.

법보시 명단(1쇄, 2쇄)

감 수 | 우 소다나 사야도
번 역 | 비구 일창 담마간다
교 정 | 까루나, 담마짜리
보 시 | 이장천 권봉화
이종철 김정림 이진비

삽바다낭 담마다낭 지나띠||
Sabbadānaṁ dhammadānaṁ jināti.
모든 보시 중에서 법보시가 으뜸이니라.

이당 노 뿐냥 닙바낫사 빳짜요 호뚜||
Idaṁ no puññaṁ nibbānassa paccayo hotu.
이러한 우리들의 공덕으로 열반에 이르기를.

이망 노 뿐냐바강 삽바삿따낭 바제마||
Imaṁ no puññabhāgaṁ sabbasattānaṁ bhājema.
이러한 우리들의 공덕 몫을 모든 존재들에게 회향합니다.

사두| 사두| 사두||
Sādhu, Sādhu, Sādhu.
훌륭합니다, 훌륭합니다, 훌륭합니다.

- 이 책에서 교정할 내용들을 아래 주소로 메일 보내주시면 다음에 책을 펴낼 때 많은 도움이 될 것입니다. 많은 교정 부탁드립니다(nibbaana@hanmail.net).

- 한국마하시선원에서 운영하는 도서출판 불방일에서는 마하시 사야도의 법문은 「큰북」 시리즈로, 우 소다나 사야도의 법문은 「불방일」 시리즈로, 비구 일창 담마간다의 법문은 「법의 향기」 시리즈로, 독송집이나 법요집은 「큰북소리」로 출간하고 있습니다. 여러분들의 많은 법보시를 기원합니다(농협 355-0041-5473-53 사단법인 한국마하시선원).

마하사띠빳타나숫따 대역

초판 1쇄 발행일 | 2016년 5월 9일
초판 2쇄 발행일 | 2018년 9월 14일

지 은 이 | 마하시 사야도
번　　역 | 비구 일창 담마간다
감　　수 | 우 소다나 사야도

펴 낸 이 | 사단법인 한국마하시선원
편집진행 | 홍수연 김이하
디 자 인 | (주)나눔커뮤니케이션 02)333-7136

펴 낸 곳 | 도서출판 불방일
등　　록 | 691-82-00082
주　　소 | 경기도 안양시 만안구 경수대로 1201번길 10
(석수동 178-19) 2층
전　　화 | 031)474-2841
팩　　스 | 031)474-2841
홈페이지 | http://koreamahasi.org
이 메 일 | nibbaana@hanmail.net

* 이 책의 국립중앙도서관 출판시도서목록은 서지정보유통지원시스템 홈페이지(http://seoji.nl.go.kr)와 국가자료공동목록시스템(http://www.nl.go.kr/kolisnet)에서 이용하실 수 있습니다.
(CIP 제어번호 : CIP2016010357)

* 잘못된 책은 구입하신 서점에서 바꿔드립니다.

값 25,000원
ISBN 979-11-956850-0-4 93220

93220
9 791195 685004
ISBN 979-11-956850-0-4